VAMOS ÀS

compras!

PACO UNDERHILL

VAMOS ÀS compras!

TRADUÇÃO

Ricardo Bastos Vieira
Profissional de Comunicação e Marketing da Petrobras

6ª Tiragem

ELSEVIER

CAMPUS

Do original: Why We Buy
Tradução autorizada do idioma inglês da edição publicada por Simon & Schuster Paperbacks

Copidesque: Shirley Lima da Silva Braz
Revisão: Andréa Campos Bivar e Jussara Bivar
Editoração Eletrônica: Estúdio Castellani

Elsevier Editora Ltda.
Conhecimento sem Fronteiras
Rua Sete de Setembro, 111 – 16º andar
20050-006 – Centro – Rio de Janeiro – RJ – Brasil

Rua Quintana, 753 – 8º andar
04569-011 – Brooklin – São Paulo – SP – Brasil

Serviço de Atendimento ao Cliente
0800-0265340
sac@elsevier.com.br

ISBN 978-85-352-3074-1
Edição original: ISBN 978-1-4165-9524-3

Nota: Muito zelo e técnica foram empregados na edição desta obra. No entanto, podem ocorrer erros de digitação, impressão ou dúvida conceitual. Em qualquer das hipóteses, solicitamos a comunicação ao nosso Serviço de Atendimento ao Cliente, para que possamos esclarecer ou encaminhar a questão.

Nem a editora nem o autor assumem qualquer responsabilidade por eventuais danos ou perdas a pessoas ou bens, originados do uso desta publicação.site: *www.campus.com.br*

CIP-Brasil. Catalogação-na-fonte
Sindicato Nacional dos Editores de Livros, RJ

U44v Underhill, Paco
Vamos às compras! : a ciência do consumo nos mercados globais / Paco Underhill ; tradução de Ricardo Bastos Vieira. – Nova ed. rev. e atualizada. – Rio de Janeiro : Elsevier, 2009 – 6ª reimpressão.

Tradução de: Why we buy : the science of shopping (Updated and revised for the internet, the global consumer, and beyond)
ISBN 978-85-352-3074-1

1. Pesquisa de mercado. 2. Comportamento do consumidor. 3. Compras. I. Título.

09-0108. CDD: 658.834
CDU: 658.7

Quem poderia ter adivinhado, quando as primeiras linhas deste documento foram digitadas, na primavera de 1997, que, 10 anos e 27 traduções em diversos idiomas mais tarde, este livro ainda estaria vivo? Fico agradecido pelo fato de que, no verão de 1999, quando o livro foi publicado, meu pai, Francis Underhill, o tenha visto. Não acredito que ele tenha compreendido inteiramente o que eu havia produzido, mesmo depois de ter lido o livro. Ele tinha vários interesses, mas fazer compras não estava entre eles. Ele faleceu naquele outono. Eu estava lá. Preparei um martíni para ele e o ajudei a ficar em uma posição confortável na cama. Ele se foi, adormecido ao lado de minha mãe, sua mulher por mais de 50 anos. Ainda hoje, falo com ele.

O Autor

Paco Underhill é o fundador e CEO da Envirosell, Inc. Alguns de seus clientes são Starbucks, McDonald's, Adidas e Nokia. Escreve com regularidade para a NPR (National Public Radio), *The Wall Street Journal* e *The New York Times*.

Agradecimentos

Quando me formei na universidade, na primavera de 1975, uma parede inteira de meu dormitório estava empastelada com cartas de rejeição de revistas literárias. O que teria acontecido se apenas uma delas tivesse sido de aceitação? Meu desejo era ser escritor.

Em vez disso, fui para a cidade de Nova York e, como é relatado neste livro, passei a fazer outras coisas, embora ainda continuasse a escrever. Em 1979, a revista literária *Unmuzzled OX* publicou um de meus contos em uma antologia denominada *The Poet's Encyclopedia*. Vivendo em meio à comunidade artística da parte sul de Nova York, fiquei encantado ao ver meu nome impresso. Ao longo dos anos, publiquei artigos em revistas especializadas e escrevi um ou dois capítulos para livros que já desapareceram há muito. Minha maior receita literária foram $200. Isso não significa que eu tivesse deixado de escrever, mas eram textos, em sua maioria, de relatórios de pesquisa e muitas e muitas propostas de trabalho.

Ironicamente, este livro tem raízes no mundo das revistas. Dois eminentes jornalistas foram decisivos na transformação de minha carreira. Erik Larsen, autor de muitos best-sellers de não-ficção, foi meu co-autor do primeiro perfil da Envirosell, para uma edição de 1993 da revista *Smithsonian*. Depois que a matéria saiu, a Envirosell passou a ser conhecida. E então, no verão de 1996, logo depois que nos mudamos para o novo escritório, na esquina da Rua 20 com Broadway, um sujeito magricela e de cabelos encaracolados bateu à nossa porta e se apresentou como jornalista especializado em ciências, da revista *The New Yorker*. Quase liguei para lá a fim de confirmar se eles tinham alguém de nome Malcolm Gladwell em seus quadros. Como mencionarei, a matéria feita por Gladwell, intitulada "A Ciência das Compras", foi publicada no final de 1996 e mudou para melhor a sorte da Envirosell.

A partir de então, aprendi como priorizar telefonemas de estranhos. Centenas de pessoas enviaram currículos pedindo para trabalhar conosco. Passei a receber convites para palestras, seminários e conferências; centenas de jornais e revistas repentinamente passaram a querer falar comigo. Logo eu, um cara tímido, careca, barbudo e gaguejante (que Malcolm descreveu em seu artigo como "quase amalucado"). E falar é algo que tenho feito. Passo oito horas por semana com a imprensa. Escuto, respondo a perguntas, dou informações quando as tenho e opiniões quando não.

Entre as coisas que aconteceram após a publicação do artigo da *New Yorker*, a idéia de escrever um livro adquiriu um novo significado. Minha velha amiga Alexandra Anderson Spivey me apresentou a Glen Hartley e à sua mulher e sócia, Lynn Chu, na Writer's Representatives e eles se tornaram meus agentes. A atenção que dedicam a mim tem sido inestimável. Em sua lista de clientes, sinto-me uma moedinha de cobre em meio a um pote de dobrões de ouro. Em determinado momento, na lista de best-sellers de não-ficção do *The New York Times* havia cinco agenciados dessa dupla.

Alice Mayhew é minha editora na Simon & Schuster há mais de uma década. Ela tem ajudado a reescrever a história americana com livros biográficos sobre ex-presidentes e com trabalhos sobre a Segunda Guerra Mundial. Às vezes, fico me perguntando (mas nunca pergunto a ela) por que ela escolheu trabalhar comigo. Apenas me sinto feliz por seu brilhantismo, rigor e sólido intelecto.

Bill Tonelli, um veterano editor de revistas, me ajudou a fazer este livro acontecer. Ele é um cara estiloso e uma alma gentil e generosa. Peter Smith, filho de meu professor de inglês favorito no ensino médio e editor contribuinte da revista *O, the Oprah Magazine*, me orientou na redação desta atualização. Minha assistente, Angela Mauro, foi uma leitora paciente e incansável colaboradora.

Pequenos excertos do manuscrito revisado deste livro apareceram em algumas colunas que escrevi para as revistas *DDI* e *The Conference Board Review*, sob as respectivas orientações editoriais de RoxAnna Sway e Vadim Liberman.

Ninguém vai muito longe no mundo dos negócios sem amigos e mentores. Richard Kurtz foi meu primeiro professor de pesquisa de mercado. Mitch Wolf foi uma das primeiras pessoas a me orientar. Ambos permanecem como ícones de minha vida. Hoje, tenho clientes com quem trabalho há mais de 15 anos. Agradeço a coragem que lhes foi necessária para contratar nossos serviços pela primeira vez, quando isso ainda era um tanto exótico e até mesmo arriscado. Jim Lucas, hoje na Draft; Mike Ernest, na Hanesbrands; Kevin Kitakoski, hoje na Johnson & Johnson; Robin Pearl, na Estée Lauder; Steven Smith, na Hewlett-Packard; Linda Thompson, na Microsoft; Tom Cook, na King-Casey; Joe Gallo, na Verizon Wireless; Ernesto Diaz, na Sam's Club; e Kris Loukusa, hoje na T-Mobile, são apenas alguns. Outros, como Wilton Connor e Bob Cecil, já se aposentaram ou não foram incluídos nesta lista.

A comunidade de designers de lojas e o Retail Design Institute têm sido cruciais para o sucesso da Envirosell. Nominalmente, Ken Nisch, da JGA, em Detroit; Kevin Kelley, da Shook Kelley, em Los Angeles; Andrew McQuilkin, da RRCH, em Cincinnati; Joe Nevin, da Bergmeyer Associates, em Boston; Denny Gerdeman e sua esposa, Elle Chute, da Chute Gerdeman, em Columbus; Russell Sway, da Sway Associates, em Atlanta, e por último, mas não menos importante, Monk Askew, em Baltimore.

A comunidade é constituída pelos designers e profissionais de colocação de produtos em pontos-de-venda nas próprias lojas. Judy Bell, na Target; Christine Belich, na Sony Style; Michael Cape, na Old Navy; James Damian, na Best Buy; Janis Healy, na West Marine; Glen Russell, na Sears Holdings; Charles Zimmerman, na Wal-Mart; e Carmen Spofford, na Federated. Esses são apenas alguns que sempre nos apoiaram ao longo dos anos.

Temos um baú do tesouro de pessoas que acreditam em nós – da Philips, Microsoft, PepsiCo, Adidas e Unilever –, que cruzaram o batente de nossos escritórios e se tornaram parte de nossa fibra ao longo dos últimos oito anos. Muitos deles nos procuraram graças a este livro, prontos para começar.

Como ocorre com todos os consultores, tenho colegas com quem troco informações, histórias de guerra e *leads*. Wendy Liebman, da WSL Strategic Retail, é uma deusa, Watts Wacker é o bobo da corte, Mark Gobe é o eminente designer, Faith Popcorn é uma identificadora de tendências, Marshal Cohen é o mestre das vinhetas de som, Kate Newlin, a reinventora, e George Whalin, o sábio orientador. Todos são amigos com quem troco e-mails, telefonemas e boas vibrações.

Costumo me autodescrever como um refugiado do mundo acadêmico. Dito isso, devo revelar que ainda mantenho alguns bons amigos espalhados pelo universo do ensino: Marianne Wolf, em Cal Poli, em San Luis Obispo; Doc Ogden, na Kutztown University; Ray Burke, na Indiana University, e meu companheiro Joe Weishar, na FIT, em Nova York.

Nos primeiros dias da Envirosell, eu havia afirmado, com algum sarcasmo, que o principal critério para que alguém trabalhasse comigo seria que a pessoa deveria ser interessante. Assim, se ficássemos presos no aeroporto de O'Hare, teríamos sobre o que conversar. Três pessoas daquela primeira geração da Envirosell permanecem comigo: Tom Moseman, Craig Childress e Anne-Marie Luthro. Sou grato a seus anos de serviço. Todos os três têm algum tipo de conexão com a University of Iowa. Dá pra entender?

Os capítulos internacionais desta edição traçam o perfil de nossos parceiros estrangeiros. Não me faltam colegas morando fora dos Estados Unidos. Abdullah Sharif, de Dubai, Kenji Onodera, de Tóquio, Alan O'Neill, de Dublin, Jean-Pierre Baade, de Paris, e Mark Gillian, das Filipinas, são alguns dentre muitos outros. A United Artists, o clube de nossos gurus, é constituído por José Luis Nueno, da Espanha, David Bosshart, da Suíça, Martin Lindstrom, da Dinamarca, e Kjell Nordstrom, da Suécia. Em geral, reunimo-nos duas vezes por ano para comer, beber e conversar. Esses encontros são sempre a melhor parte de meu ano.

Tenho também a família que Deus me deu e as famílias que escolhi: minha irmã, Lisa, seu marido, Michael, e seus filhos, Gabriel e Miranda; minha mãe, Savie; Paul e Kate Raymer e seus filhos; e outros ligados a mim por sangue ou casamento. As três famílias que me adotaram e que cuidam de mim há mais de 30 anos são os Haymans, os Hewitts e os Lehners.

Todo garoto tem seus amigos e os meus são de ambos os sexos: Joseph Guglietti, Rob Kaufelt, John Barkley, Patrick Rodmell, Hazam Gamal, Peter Kay, Stan Beck, Terry Shook, John Ryan, Rob LoCascio e Rick Moffitt são os meninos, enquanto Erika Szychowski, Haesook Kim, Sara Bowen, Dacota Julson, Medora Barkley, Susan Towers e Liz Gamal são as meninas.

Minha adorável e única companheira Sheryl Henze é uma flautista consagrada que trabalha à noite e em fins de semana. Este livro foi construído durante esses períodos, para que eu não me metesse em encrencas.

Nota do Autor

Para alguns de vocês, este livro pode ser um velho conhecido – um presente de aniversário, comprado no aeroporto, pela internet, na Amazon.com, ou recomendado por um professor na universidade ou em algum programa de treinamento. Obrigado por tê-lo novamente em suas mãos. A maior parte das obras estocadas na seção de negócios de uma livraria tem vida de prateleira curta. Elas aparecem e somem e são esquecidas em menos de um ano. Este livro já dura 10 anos e está disponível em 27 idiomas. Quando a caneta começou a percorrer o papel em 1997, eu não fazia idéia de que minha história teria um apelo tão grande para tantos leitores.

Da Rússia ao Japão, da Espanha à Tailândia, recebi visitas e e-mails de pessoas que apenas queriam dizer olá, muitas procurando por emprego, e não poucas me contando suas próprias histórias. Professores universitários da China, um ministro marxista do governo da província de Bengala, na Índia, um designer de jóias espanhol – a lista é longa. Minha peça de correspondência favorita veio de um homem, proprietário de uma desentupidora de esgotos em Missouri. Era uma carta manuscrita em papel pautado. Não sei quantas cartas esse homem escreve por ano, mas sei que tive o privilégio de receber uma delas. Ele havia lido o livro e queria minha opinião sobre a cor que deveria pintar seu caminhão.

Em 2007, reli *Vamos às compras!* e cheguei à conclusão de que algumas partes da história tiveram continuidade, mas outras ficaram datadas. O livro precisava de uma atualização e foi isso que fiz. Se você gostou de lê-lo da primeira vez, gostará ainda mais agora. Se estiver lendo-o pela primeira vez, goste ou não de fazer compras, creio que você se divertirá com a leitura e jamais olhará o mundo das compras e do consumo da mesma maneira.

Paco Underhill
Janeiro de 2009

Sumário

I

EM VEZ DE SAMOA, LOJAS: A CIÊNCIA DAS COMPRAS

II

ANDE COMO UM EGÍPCIO: O MECANISMO DAS COMPRAS

III

OS HOMENS SÃO DA HOME DEPOT, AS MULHERES SÃO DA BLOOMINGDALE'S: A DEMOGRAFIA DAS COMPRAS

IV

VEJA-ME, SINTA-ME, TOQUE-ME, COMPRE-ME: A DINÂMICA DAS COMPRAS

V

DESCANSOS DE TELA, JET LAG E DAROESES EM TRANSE: A CULTURA DAS COMPRAS

I

Em vez de Samoa, lojas: a ciência das compras

CAPÍTULO 1

Nasce uma ciência

Ok, ande, ande, ande... pare!

Psiu! Esconda-se atrás do vaso com a palmeira. Pegue a prancheta e o lápis.

Nosso objeto de estudo é uma mulher quarentona, com um *trench coat* bege sobre um vestido azul. Ela está na seção de artigos de banho. Sente com os dedos a textura de várias toalhas. Anote isso: está afagando uma, duas, três, quatro até agora. Acaba de olhar a etiqueta de preço de uma. Anote isso também. Cuidado! Não se aproxime demais. Você não quer que ela o veja. Ela acaba de pegar duas toalhas do mostruário do balcão e está saindo com elas. Anote a hora. Agora, siga-a pelo corredor até sua próxima parada.

E, assim, começa mais um dia de trabalho nos vinhedos da ciência – ciência das compras, mais especificamente.* Mas comecemos pela abordagem de uma questão fundamental: Desde quando existe uma disciplina acadêmica com esse nome?

Bem, digamos que a antropologia tivesse dedicado um ramo ao estudo de *shoppers in situ* (uma forma sofisticada de dizer pessoas no ato de fazer compras), interagindo com o ambiente de varejo (não só lojas, mas

* *Nota do Tradutor*: Para simplificar, o original *science of shopping* foi traduzido como "ciência das compras", mas, por precisão, seria "ciência do ato de fazer compras". Da mesma forma, o termo *shopper* ("aquele que está fazendo compras"), sem equivalente em português, e que neste livro significa mais estritamente "aquele que está fazendo compras no varejo", foi mantido no original.

também bancos e restaurantes), ou seja, o local físico, incluindo, entre outras coisas, cada prateleira, gôndola, balcão e mostruário de mercadorias, além de cartazes, banners, folhetos, cartazes eletrônicos, entradas e saídas, janelas e paredes, elevadores e escadas rolantes, escadas e rampas, filas do caixa, do caixa automático, dos banheiros e dos provadores – e cada centímetro de cada corredor. Em suma, em todos os cantos, desde a parte mais afastada do estacionamento até as entranhas da própria loja, *se* a antropologia já estiver estudando tudo isso – e não apenas o ponto-de-venda, é claro, mas sim o que os seres humanos estiverem fazendo exata e precisamente – cientificamente – ali, aonde vão e não vão, que trilha percorrem, o que vêem ou deixam de ver, lêem ou deixam de ler; como lidam com os objetos que encontram. Como *fazem compras*, poderíamos dizer: a exata mecânica anatômica e psicologia comportamental de como retiram um suéter da prateleira para examiná-lo, ou lêem uma caixa de comprimidos para azia ou um cardápio de lanchonete, ou como apanham uma cesta de compras ou reagem à visão de uma fila no caixa automático. Como já disse, e repito: *se* a antropologia estivesse prestando atenção – e não apenas prestando atenção, mas coletando, digerindo, tabulando e fazendo referências cruzadas de cada fragmento de dado, desde os mais genéricos (quantas pessoas entram na loja em uma manhã típica de sábado, segundo idade, sexo e tamanho de grupo?) aos mais específicos (será que um número maior de pessoas do sexo masculino que fazem compras em supermercados têm menos de 35 anos e lêem as informações nutricionais impressas na lateral das embalagens de cereal compra o produto com mais freqüência do que os que apenas olham para a ilustração da parte da frente?), bem, então não teríamos de ter inventado a ciência das compras. Em 1997, quando este livro foi originalmente escrito, o mundo acadêmico sabia mais sobre o mercado da Papua Nova Guiné do que o que acontecia no supermercado da esquina ou no shopping center local. A antropologia do século XX não tinha nada a ver com o que acontecia no seu quintal.

Em 1997, eu já vinha lutando pelo que acreditava ser o certo há mais de uma década – e, desde então, muita coisa mudou. Hoje, empresas do mundo todo já empregam antropólogos para fazer parte do que é popularmente chamado de grupos de foco de consumidores e shoppers. Estudos etnológicos (isto é, uma ciência que divide o ser humano em raças, culturas e outras características, algumas óbvias, outras nem tanto) fazem parte das principais pesquisas de mercado hoje conduzidas no mundo. Mas, quando, então, anunciei a intenção de fazer isso, meus colegas de academia acharam que eu estava me vendendo e os profissionais de marketing ou de vendas a quem recorri me olhavam como se eu fosse de outro planeta.

Àquela época e ainda hoje, saindo do meu escritório e descendo o corredor, existe um depósito com mais de 100 máquinas filmadoras – de vídeo de 8mm, digitais, de hard drive e até mesmo algumas mais antigas de película de Super-8mm para filmagens em *time-lapse* (passagem de tempo). Para que se possa saber qual é qual, cada filmadora tem um nome – as câmeras de vídeo têm nomes de estrelas do rock e as de fotografia digital são os signos do zodíaco. Descobrimos que dar um nome a esses aparelhos, em vez de números, faz com que durem mais. Assim, se Jimi Hendrix estiver mal, vai para a assistência técnica mais rápido do que se fosse apenas a câmera 26. Nesse mesmo depósito estão pilhas e pilhas de caixas de fitas de vídeo de 8mm virgens, duas horas por fita, 500 fitas por caixa. No mundo todo, fazemos mais de 50 mil horas de fita por ano. Além disso, temos dezenas de PDAs, ou computadores pessoais de mão, anotamos cuidadosamente as respostas de milhares de entrevistas conduzidas junto aos shoppers. Ali no depósito também temos laptops e muitos outros equipamentos como tripés, adaptadores, lentes e outros acessórios de máquinas fotográficas, inclusive pilhas de fita de vedação. Ah, e muitas valises, já bem gastas pelo uso, para toda essa parafernália, porque as viagens são freqüentes. Muito freqüentes. O estúdio ao lado do depósito de equipamentos dispõe de duas ilhas completas de edição, com 11 estações nas quais podemos assistir a todas essas fitas. Sim, porque assistimos posteriormente a tudo que filmamos. Temos equipamentos mais que suficientes naquelas salas para produzir documentários de altíssima qualidade e, a bem da verdade, até para equipar um departamento de alguma grande universidade de antropologia social ou de psicologia experimental – desde que ela tenha, é claro, uma boa reputação relativa à elaboração de pesquisas originais, realizadas em várias partes do mundo.

Contudo, mesmo com todos esses recursos de alta tecnologia, nossa mais importante ferramenta de pesquisa ao longo dos últimos 30 anos continua sendo uma folha de papel, à qual denominamos *track sheet*, ou formulário de acompanhamento, nas mãos de pessoas a quem chamamos de monitores. Monitores são pesquisadores de campo da ciência das compras, estudiosos de pessoas no ato de fazer compras ou, mais precisamente, de shoppers. Essencialmente, os monitores circulam invisíveis pelas lojas seguindo shoppers e observando tudo o que fazem. Em geral, um monitor começa esperando discretamente perto da entrada de uma loja até que um shopper entre. Começa, então, o "monitoramento". Sem ser notado, o monitor irá "colar" no indivíduo (ou indivíduos) e anotará no formulário de acompanhamento virtualmente tudo o que ele fizer enquanto estiver na loja (exceto, por motivos óbvios, as idas ao banheiro e à cabine do provador).

De forma coerente com a ciência que evoluiu no mundo real – isto é, longe das torres de marfim do mundo acadêmico –, nossos monitores não seguem o modelo do pesquisador normal. No começo, contratamos estudantes de pós-graduação em psicologia ambiental, mas descobrimos que eles não eram os mais adequados para a tarefa. Geralmente, vinham para o trabalho com a cabeça cheia de teorias recém-aprendidas que desejavam verificar se funcionariam na prática. Dessa forma, não tinham a paciência necessária para observar os shoppers em suas minúcias, constatando o que efetivamente faziam. Entretanto, pessoas criativas, como teatrólogos, artistas, atores, escritores e até um manipulador de marionetes, mostraram-se perfeitos para esse trabalho. Eles não têm teorias para sustentar ou para derrubar, apenas mentes abertas e uma imensa curiosidade sobre o que as pessoas fazem e como e por que o fazem. São desapaixonados e, no entanto, ávidos observadores, sem preocupações de horário. Desejam apenas documentar com precisão como o comportamento humano funciona na arena do varejo. Conseguem enxergar a floresta, as árvores e tudo mais que houver para ver.

Quando encontramos alguém com temperamento e inteligência para esse tipo de trabalho, nós lhe damos um treinamento em nossos escritórios. Há muito a ser aprendido. Por exemplo, como observar e, ao mesmo tempo, tomar notas; ou como saber se alguém está lendo um cartaz ou apenas se olhando no espelho ao lado. E temos de ensinar a habilidade mais importante de um monitor: Como ficar o mais próximo possível do objeto de estudo sem ser notado? É crucial para nossos estudos que o shopper não saiba que está sendo observado. Não há outro modo de se ter certeza de que o comportamento observado é natural. A verdade é que, até hoje, surpreendemo-nos com a proximidade que é possível ter dentro de uma loja e, ainda assim, permanecer invisível. Posicionar-se atrás do shopper não é uma boa idéia – qualquer um de nós fica com a sensação de estar sendo observado. Mas, se você permanecer ao lado do shopper, sua visão periférica o perceberá como apenas mais um cliente – isto é, inofensivo e apenas mais um na multidão. Dessa posição, é possível ficar próximo o bastante para ver exatamente o que o shopper está fazendo. É possível certificar-se de que ele tocou em, digamos, nove luvas de golfe, e não oito ou dez. O próximo passo do treinamento do monitor é levá-lo para o mundo real, para dentro de uma loja, e vê-los em ação. A maioria fracassa nesse ponto. É possível ensinar a técnica, mas não a inteligência ou o ligeiro fascínio necessário para que esse trabalho seja bem-feito. E ele se torna um estranho vício – muitos de nossos monitores estão conosco há uma década ou mais.

John faz trabalho de campo para minha empresa, a Envirosell, há mais de 10 anos. Em seu tempo vago, ele é professor de jardim-de-infância. Treinado para monitorar crianças de 5 anos, será que ele tem paciência? Claro que sim. Ele acaba de completar para nós sua tarefa de campo n. 200. Ele tem altura mediana, cabelos castanhos, é gordinho, sorri com o canto dos olhos e tem pés grandes. Não tem qualquer problema em ficar de pé o dia inteiro. Em nossa equipe de monitores, também temos novatos – que ainda nem chegaram a 20 tarefas –, monitores intermediários, seniores, líderes de equipe... e Noah que, após 13 anos de monitoramento e de liderança de equipes, agora dirige uma equipe de mais de 40 monitores em nossos escritórios centrais na cidade de Nova York. Descobrimos Noah em Nashville. Ele foi uma substituição de última hora, um dedicado estudante de música que, com apenas três horas de trabalho de monitoramento, descobriu sua vocação. A primeira vez que entrou em meu escritório estava suado por conta do nervosismo (era sua primeira vez em Nova York). Treze anos mais tarde, ainda não consegui que abandonasse o hábito de me chamar de *Mister* Paco.

Além de medir e contar cada movimento significativo de uma única saída para compras, nossos monitores devem também contribuir com incisivas observações de campo, descrevendo as nuances de comportamento de shoppers, e fazer boas inferências com base nessas observações. Essas notas acrescentam uma camada adicional – com base em informações informais – sobre determinado ambiente e o modo como as pessoas o usam. Nossos monitores cruzam o continente e o mundo. Em 2008, tínhamos escritórios na Cidade do México, São Paulo, Milão, Bangalore, Moscou e Tóquio, cada um deles com a própria equipe de monitores. No mundo todo, os monitores da Envirosell passam mais tempo dentro de lojas em um único mês do que a maioria das pessoas em vários anos. Eles visitam todos os tipos imagináveis de varejo, de bancos a restaurantes, de fast-food e de butiques de luxo a atacadistas com lojas do tamanho de galpões. Desde 1997, vimos trabalhando duro para expandir nosso repertório de sites de campo, acrescentando salas de concerto, estádios, estações de trem e aeroportos, além de bibliotecas, museus, hotéis e websites (falaremos mais sobre isso mais tarde). Mas nossa especialidade ainda é aquilo que sempre fizemos. Das 50 maiores empresas de comércio do mundo, trabalhamos com cerca da metade e, somente nos Estados Unidos, mais de um terço de nossos clientes fazem parte da lista das 100 maiores empresas da revista *Fortune*.

E quanto aos formulários usados por nossos monitores? Também são maravilhosos instrumentos de compilação de dados. Eles passaram por uma evolução constante ao longo desses últimos 30 anos em que fazemos essa pesquisa e são, sem dúvida alguma, a chave de todo o empreendimento. Uma grande conquista, se me permitem dizer, da arte de armazenamento e recuperação de informações não-digitais. Já experimentamos sistemas de escaneamento, exóticos pacotes de software... e continuamos com nosso velho sistema. Funciona, é flexível e, graças a um líquido corretor e a uma máquina copiadora, pode ser corrigido de forma econômica e rápida. Nossa capacidade de reação ao que e a quem encontrarmos passando pela porta de qualquer que seja a locação para onde formos é crítica para nosso sucesso. Eu diria que, em pelo menos um terço do tempo que passamos na locação, encontramos coisas completamente diferentes daquilo que nosso cliente disse que encontraríamos. A loja tem seis corredores, e não sete, o layout das prateleiras foi misteriosamente invertido, aquela máquina interativa que fomos contratados para estudar chegou à loja há um mês e, até hoje, não funciona.

Nossos primeiros modelos de formulário eram capazes de registrar até, digamos, 10 diferentes variáveis de comportamento de shoppers. Hoje, já chegamos a cerca de 40. O formulário é reinventado a cada projeto de pesquisa que assumimos, mas, em geral, começa a partir de um detalhado mapa da locação na qual iremos trabalhar, seja uma loja, agência bancária, estacionamento (para um projeto de drive-thru) ou uma das seções (às vezes, um único corredor) da loja. O mapa mostra cada porta, corredor, display, prateleira, gôndola e balcão. Há também espaço para informações sobre o shopper (sexo, raça, idade estimada, descrição de como está vestido) e sobre o que ele faz na loja. Usando um sistema de notação taquigráfica, desenvolvido por nós ao longo dos anos, e uma combinação de símbolos, letras e sinais, um monitor é capaz de registrar, por exemplo, que um homem calvo, de barba, vestindo um suéter vermelho e jeans azul entrou em uma loja de departamentos em um sábado, às 11:07, foi direto a um mostruário de carteiras no primeiro andar, pegou ou tocou um total de 12 peças, olhou a etiqueta de preço em quatro delas, escolheu uma e, às 11:16, dirigiu-se a um mostruário de gravatas logo ao lado, pegou em sete delas, leu as etiquetas de todas, viu o preço de duas, não comprou nenhuma e se dirigiu ao caixa para pagar. Mas espere. No caminho, parou diante de um manequim por alguns instantes e examinou a etiqueta de preço da jaqueta que ele vestia. Anotamos isso também, da mesma forma que notamos que ele (o homem, não o manequim) entrou na fila do caixa às 11:23 e saiu da loja às 11:30. Dependendo do tamanho da loja e do tempo médio que um shopper permanece no local, um monitor consegue estudar até 50 deles por dia. Em geral, teremos vários monitores em uma mesma loja e um único projeto poderá envolver o estudo simultâneo de três ou quatro locações. Para megalojas, como um hipermercado ou uma varejista de desconto, poderemos deslocar de 10 a 12 monitores para trabalhar no local.

Ao fim de um trabalho, aqueles formulários terão acumulado uma quantidade incrível de informações. Eles voltam para o escritório, onde um assistente administrativo experiente passa um dia ou um pouco mais transferindo todas as informações, cada anotação em todos os formulários, para um banco de dados computadorizado. Ao longo dos anos, gastamos dezenas de milhares de dólares e incontáveis horas frustrantes com programadores de informática tentando montar uma base de dados que pudesse adequar-se ao tipo de trabalho que fazemos. O grande problema é que, enquanto processamos os mesmos números, da mesma maneira, a cada trabalho, cada projeto geralmente exige que façamos algo ligeiramente diferente – para colecionar diferentes tipos de dados ou para imaginar novas comparações de fatos recém-descobertos. Contratamos uma consultoria sofisticada que gastou seis meses quebrando a cabeça na tentativa de construir para nós um sistema informatizado. Eles nos pedem que listemos tudo que desejarmos que o programa faça, mas, a cada semana, acrescentamos meia dúzia de novas coisas que acabam desfazendo todo o trabalho realizado no último mês. E, é claro, a execução de um serviço deve ser rápida, não havendo tempo para mudar o sistema completamente para cada tarefa – pode ser que precisemos fazer uma nova comparação para determinado projeto hoje e, depois, não precisarmos dessa função pelos próximos sete meses.

No começo dos anos 90, surgiu o Microsoft Excel. Por onde andava esse programa até entrar em minha vida? Ele foi concebido como um programa de planilha para ajudar contadores a fazer os cálculos relativamente simples de que necessitam. Mas a beleza do Excel está em sua arquitetura aberta – você pode entrar lá e envenenar o motor. Ele também oferece uma maneira simples de se escreverem macros, ou linhas de código, que permitem que você os altere facilmente. Hoje, embora ainda usemos Excel, adotamos também outros programas, como o Access e o SPSS. Mas, durante muitos anos, o Excel tornou nosso trabalho possível. É como se a Microsoft tivesse produzido uma bicicleta genial, a qual transformamos em um poderoso veículo analisador de dados para andar em qualquer terreno. Quando a Microsoft se tornou nossa cliente e mostramos o que havíamos feito com o Excel, seus técnicos ficaram de queixo caído.

Quando os vídeos retornam das locações, cabe a outra equipe assistir a cada fotograma. Dependendo do tamanho da loja, é possível ter 10 câmeras rodando oito horas por dia e apontando para áreas específicas – uma entrada, por exemplo, ou determinada prateleira de produtos. O vídeo produz uma quantidade ainda maior de dados brutos. Se, por exemplo, um cliente quiser que determinemos o quanto determinado design de caixa registradora pode afetar a fadiga de um empregado, talvez possamos usar o vídeo e um cronômetro para estabelecer quanto tempo um caixa leva para passar um produto no caixa às 10:00, em comparação às 16:00.

A lista de particularidades que somos capazes de estudar – o que chamamos de "entregáveis" ("*deliverables*") – cresce a cada novo projeto que aceitamos. Na última contagem, medimos cerca de mil diferentes aspectos relativos à interação shopper/loja. O resultado de tudo isso é que hoje conhecemos uma boa quantidade de fatos a respeito do comportamento de seres humanos em uma loja. Podemos dizer quantos homens comprarão o jeans que experimentaram no provador em comparação ao número de mulheres que fizeram o mesmo (65% contra 25%). Podemos informar quantas pessoas, entre os freqüentadores da cantina de empregados da IBM, lêem as informações nutricionais no verso da embalagem de um pacote de salgadinhos de milho antes de comprá-lo (18%), em comparação com os freqüentadores de um restaurante da Subway (2%). Ou quantas pessoas que passeiam aos sábados em uma loja de computadores antes do meio-dia irão fazer uma compra (4%), em comparação com os que estarão ali após as 17:00 (21%). Ou quantos shoppers em uma loja de artigos domésticos de um shopping usam as cestas de compras da loja (8%) e, desses, quantos acabam comprando alguma coisa (75%) em comparação com os que compram sem cesta (34%). Além disso, é claro, usamos tudo que aprendemos no passado para sugerir maneiras de aumentar o número de shoppers que apanham cestas, uma vez que a ciência das compras é, no mínimo, uma disciplina altamente prática, preocupada em usar material de pesquisa, comparações e análises para tornar lojas e produtos mais receptivos para os clientes.

Como essa ciência é inventada ao longo das tarefas que desempenhamos, ela se torna um campo de estudos vivo e vibrante – isso significa que nunca sabemos exatamente o que vamos encontrar até encontrarmos – e, mesmo nesses casos, algumas vezes temos de fazer uma pausa para entender o que estamos vendo. Na verdade, hoje, na maior parte do que fazemos, depois de 30 anos, temos uma idéia razoável do que vamos encontrar. Mas o que torna a ciência das compras interessante é que as coisas mudam e ainda nos surpreendemos. Gosto de pensar no varejo como a régua de nossa evolução. À medida que evoluímos como espécie, as mudanças se evidenciam tanto no que diz respeito ao modo como fazemos compras quanto em relação ao que compramos. Isso posto, existem constantes que se relacionam ao que somos biologicamente, e dedicamos grande parte deste livro a essas constantes.

Por exemplo, descobrimos um fenômeno sobre o qual jornalistas adoram fazer matérias – o que passou a ser conhecido como "efeito roça-traseiro" –, de forma completamente fortuita, um acidente feliz. Como parte de um estudo sobre lojas de departamento, apontamos uma câmera para uma das principais entradas do térreo e, por acaso, o enquadramento incluía um mostruário de gravatas, posicionado perto da porta, no corredor principal. Ao examinarmos as fitas para ver como os shoppers negociavam sua vez de passar pela porta em um horário de grande movimento, começamos a notar algo esquisito a respeito do mostruário de gravatas. As pessoas se aproximavam, paravam e examinavam as peças até que alguém entrando na loja ou a caminho da saída esbarrasse nelas por trás uma ou duas vezes. Depois de alguns desses esbarrões, a maioria dos shoppers saía do caminho, desistindo de procurar uma gravata. Assistimos a cenas assim inúmeras vezes, até que se tornou claro que as pessoas – mulheres principalmente, embora isso também valha, em uma escala um pouco menor, para homens – não gostam de ter seu traseiro roçado ou tocado por trás. Para evitar essa situação, os consumidores até mesmo desistirão da compra de algo de que realmente precisam. Quando consultamos nosso cliente, descobrimos que as vendas daquele mostruário específico estavam bem abaixo do esperado. O fator roça-traseiro, deduzimos, era a razão para esse desempenho inferior.

E, efetivamente, quando mostramos nossas conclusões ao presidente da empresa, ele pulou da cadeira, pegou o telefone e ordenou que alguém reposicionasse o mostruário imediatamente em um local próximo, mas fora do caminho da entrada da loja. Algumas semanas mais tarde, soubemos que as vendas daquele mostruário haviam aumentado rápida e substancialmente. Desde então, já descobrimos inúmeros casos semelhantes em que os shoppers foram desencorajados por lojas apertadas demais. Em todos esses casos, foram necessários apenas rápidos ajustes. Portanto, a idéia de se ter uma "bolha" em torno do indivíduo pode ser aplicada ao ato de fazer compras – e podemos ampliar esse conceito um pouco mais. Não é que odiemos multidões. Um grande agrupamento de pessoas pode ser uma experiência excitante. Em um estádio de futebol ou mesmo em uma liquidação de uma loja de grife, já sabemos o que esperar – muito empurra-empurra. É claro que não é uma experiência recomendável para os claustrofóbicos – dá até certo medo, mas, afinal, fomos nós que optamos por ir a esses lugares. O roça-traseiro é ruim quando somos surpreendidos por uma situação inesperada.

Outro "acidente" que resultou de um paciente processo de observação e análise ocorreu em um estudo realizado em um supermercado para um fabricante de ração para cães. Ao monitorar o corredor de produtos para animais de estimação, percebemos que, enquanto a ração para cães era selecionada por adultos, as guloseimas – biscoitos sabor fígado, por exemplo – eram geralmente escolhidas por crianças ou idosos. Depois de refletir sobre o assunto, chegamos à conclusão de que, para as pessoas mais velhas, cãezinhos são como crianças, criaturas a serem mimadas com doces. E, embora dar a ração ao cachorrinho possa não ser a tarefa preferida de uma criança, entupi-lo com biscoitinhos pode ser divertido. Os pais atendiam aos pedidos de seus filhos ali da mesma forma que no corredor de balas e doces para gente.

Como ninguém jamais prestara atenção em exatamente quem estava comprando guloseimas para cães, esses produtos, em geral, ficavam na parte alta das gôndolas do supermercado. Nossas câmeras filmaram crianças efetivamente escalando as prateleiras para pegar o produto no topo. Vimos uma senhora idosa usar uma caixa de papel-alumínio para atingir sua marca favorita de biscoitos para cães e derrubá-la da prateleira. Nossa recomendação ao cliente: transfira as guloseimas para cães para uma prateleira mais baixa, onde crianças e idosos possam alcançá-las. Assim foi feito e as vendas dispararam instantaneamente.

Mesmo as verdades mais simples podem perder-se no meio de todos os detalhes do planejamento e da formação de estoques de uma loja. Uma frase que costumo repetir interminavelmente para meus clientes é: o óbvio nem sempre é aparente.

Quando estudávamos a seção de cosméticos de uma rede de drogarias, percebemos a seguinte cena: uma mulher de sessenta e poucos anos se aproximou de uma prateleira de parede, examinou-a cuidadosamente e, em seguida, ajoelhou-se para ter acesso ao único item de que precisava – um creme-base para o rosto, que, devido à sua falta de glamour, estava exposto na prateleira mais baixa do mostruário. Da mesma forma, em uma loja de departamentos, observamos um homem gordo à procura de seu tamanho de cueca em um enorme mostruário no corredor. Ele se inclinou perigosamente rente ao chão para tentar encontrá-las. Em ambos os casos, pela lógica, os mostruários deveriam ajustar-se aos shoppers que os usam, e não aos designers que os conceberam. Nossa recomendação foi que colocassem o creme em uma prateleira mais alta e algo cujo consumo fosse direcionado a jovens nas prateleiras inferiores. Shoppers jovens encontrarão o produto que procuram onde quer que estejam empilhados.

Em alguns estudos, sintetizamos cada fragmento de informação que possamos coletar em um relatório abrangente da loja como um todo ou de apenas parte dela. Um grande fabricante de jeans queria saber como seu produto era vendido em lojas de departamento. Assim, em um fim de semana, instalamo-nos na seção de jeans de quatro lojas, duas em Massachusetts e duas nos subúrbios de Los Angeles. As áreas eram semelhantes. Tinham um formato quadrado, com 8 a 12 mostruários tipo mesa e algumas prateleiras na parede. Começamos desenhando um mapa detalhado de cada ambiente, indicando os mostruários e os acessos, além de cartazes e outros materiais promocionais porventura expostos. Durante o fim de semana, rastreamos 727 shoppers e observamos muitos outros com nossas câmeras. Prestamos especial atenção aos acessos, isto é, as entradas e saídas das seções. Até que nosso cliente soubesse quais eram os caminhos mais utilizados pelos shoppers, seria impossível tomar decisões informadas sobre os melhores locais para expor produtos e colocar materiais promocionais de ponto-de-venda.

Quando concluímos o estudo, já era possível dizer exatamente o percentual de utilização de cada acesso pelas pessoas. Com essa informação, ficava claro, por exemplo, que a maior parte dos cartazes estava afixada em locais inadequados. O bom senso recomendava que fossem colocados de frente para a entrada principal da loja, mas, na verdade, a maior parte dos shoppers vinha de uma direção completamente diferente. Até mesmo o grande luminoso de néon com o nome e o logotipo da loja e um monitor que exibia vídeos de rock estavam em local errado, voltados para o lado de menor circulação da loja. Monitoramos o movimento das pessoas de mesa a mesa e anotamos onde paravam, quais cartazes liam, se percebiam o vídeo e como manipulavam a mercadoria. Observamos também se levavam alguma peça para os provadores. Quando pediam a opinião do acompanhante sobre alguma peça, anotávamos isso também. Fizemos entrevistas com algumas das pessoas captadas em vídeo, de modo que pudéssemos correlacionar dados demográficos, opiniões e atitudes a seu comportamento. Para verificar, por exemplo, se jovens shoppers com educação de ensino médio que dizem depender da marca do jeans para comprá-lo verificam a etiqueta de preço. Depois de terminada a pesquisa, com os números somados e analisados, levado em conta tudo que filmamos, tentamos descobrir o que fazia sentido e o que podíamos aprender.

Assim, por exemplo, se descobríssemos a ocorrência de um alto percentual de shoppers do sexo masculino tendendo a comprar o que encontrassem logo no primeiro mostruário e que esses homens tendiam a entrar na seção pelo corredor que vem da seção de acessórios para homens, e não pelo lado de moda feminina ou da escada rolante, então recomendaríamos a nosso cliente colocar o mostruário mais próximo à seção de acessórios masculinos. Ou talvez haja algum outro fator determinante: talvez homens acompanhados de mulheres e entrando na seção pelo lado adjacente à seção de artigos femininos comprem mais jeans do que homens desacompanhados. Nesse caso, o melhor mostruário seria aquele mais próximo da seção de artigos femininos. Entretanto, ninguém podia ter certeza de nada antes de compilarmos os dados.

Em outros casos, somos contratados para estudar algumas interações de varejo em grandes detalhes. Fomos contratados por um fabricante de xampu *premium* que desejava saber sobre o processo decisório de mulheres que compram produtos de beleza genéricos ou de marca própria. O cliente estava interessado na "equação de valor" que as mulheres relevam em cada experiência de compra. Como a shopper que adquire produtos genéricos ou de marca própria em um supermercado pela manhã e à tarde em uma loja de luxo, como a Bloomingdale's, decide que produto comprar e onde? Será que ela avalia que sua pele merece um produto *premium*, mas seus cabelos não precisam de nada além de um genérico? Antigamente, apenas os shoppers preocupados com preço compravam produtos genéricos ou de marca própria. Hoje, todo mundo os compra. Qual é o segredo?

Vamos chamá-la de shopper número 24, uma mulher de trinta e pouco anos, vestindo calças amarelas e um suéter branco, acompanhada de uma menina em idade pré-escolar, que entrou no corredor de produtos de higiene pessoal e beleza de um supermercado às 10:37 da manhã de uma quarta-feira. Ela carrega uma cesta de compras, e não um carrinho, e já pegou um frasco de vitamina C de marca própria e uma embalagem grande de talco Johnson's. Ela tem em mãos uma lista de compras e um folheto promocional da loja. Ela vai direto para a prateleira de xampus e pega um da marca Pantene. Lê o rótulo da frente, depois verifica o preço. Compara com o preço do xampu de marca da loja e coloca esse em sua cesta de compras, saindo da seção 49 segundos depois de ter entrado. Nesse curto espaço de tempo, coletamos muitos dados – no total, cerca de 25 diferentes unidades de dados. Se, em determinado dia, monitorarmos 100 shoppers no corredor de produtos de higiene pessoal e beleza, teremos 2.500 entradas de dados separadas. À saída da loja, entrevistamos a mulher. Fizemos 20 perguntas. Assim, cada uma daquelas 25 unidades de dados deve ser cruzada com cada uma das 20 perguntas – um desafio e tanto de tabulação, acredite. Até recentemente, nenhuma universidade havia arriscado fazer algum estudo semelhante. Assim, ficou a cargo do mundo dos negócios – varejistas, bancos, cadeias de restaurante, fabricantes e designers de cartazes e de embalagens – assumir a criação dessa ciência. Foi exatamente o que fizeram e o que continuam fazendo até hoje, contratando nossa empresa e nos enviando para o mercado para fazer trabalho de campo.

Dou muito valor à natureza acidental da ciência de compras e talvez isso se deva ao fato de que tudo começou mais ou menos por acaso, quando eu era estudante e admirador de um dos maiores cientistas sociais americanos, William H. Whyte, autor de obras extremamente influentes, como *The Organization Man*, *The Last Landscape*, *City: Rediscovering the Center of Social Life of Small Urban Spaces*. Ele também foi o fundador, em 1974, do Projeto para Espaços Públicos (PPS – Project for Public Spaces), que sobrevive até hoje e que ainda é uma magnífica contribuição para a preservação da atual boa saúde do ambiente urbano. William H. Whyte, ou "Holly", como era chamado pelos amigos, foi, na época em que ainda estava ativo, uma figura quixotesca e amada (ele morreu em 1999). Tinha os cabelos brancos e o aspecto aristocrático característico de um banqueiro

WASP.* No entanto, apaixonara-se pelas ruas de Nova York e trabalhava duro para aprender como as pessoas poderiam fazer melhor uso delas. A maior contribuição de Whyte foi seu trabalho de pesquisa que investigava como as pessoas usavam o espaço público (ruas, parques, praças etc.). Usando fotografia de passagem de tempo, monitores ocultos e entrevistas, ele e seus associados ficavam em vigília em, digamos, uma praça ou parque urbano e o estudavam, minuto a minuto, durante vários dias. Quando terminavam, eram capazes de dizer absolutamente tudo sobre cada banco, muro, vereda, fonte, arbusto e, especialmente, sobre como as pessoas interagiam com esses objetos, usando-os como locais para almoçar, pegar sol, socializar, paquerar, cochilar ou apenas para ficar sem fazer nada alegre e pacificamente. Whyte e seus colegas mediam tudo – a largura ideal de uma mureta para que as pessoas sentassem, como a luz do sol, a sombra e o vento afetam o uso de um parque e como o espaço público no entorno – os edifícios, as construções, as escolas, o bairro – determinava a qualidade de vida local.

Whyte, que iniciou a carreira como editor da revista *Fortune*, era essencialmente um cientista das ruas – o primeiro, o que é incrível quando se pensa em quanto tempo as ruas existiam antes que alguém tivesse essa idéia. Seu trabalho tem sido muito utilizado para melhorar os espaços públicos, tornando-os mais úteis para os cidadãos, o que, por sua vez, torna as cidades melhores e também mais úteis. Os métodos de Whyte eram uma espécie de lente através da qual um ambiente físico podia ser estudado e melhorado. Meu trabalho sobre o ato de fazer compras deve muito ao legado de Whyte.

Em 1977, eu trabalhava na City University de Nova York como professor temporário, dando aulas sobre técnicas de trabalho de campo para o departamento de psicologia ambiental. Eu trabalhava também em uma empresa da qual era sócio, o Ear Inn, um bar na parte sul da ilha de Manhattan. Ali, eu tinha um cliente que fora contratado para conceber o sistema de sinalização do Lincoln Center, o complexo de artes cênicas, onde fica a Metropolitan Opera House, o Avery Fisher Hall e mais uma dúzia de outras casas de espetáculo. Ele me disse que estavam precisando

**Nota do Tradutor*: Sigla de White Anglo-Saxon Protestant (Branco Anglo-Saxão Protestante), categoria geralmente identificada como uma classe social mais alta.

estudar os padrões de uso e de circulação dos túneis subterrâneos que conectavam os edifícios aos estacionamentos e ao metrô. Além disso, à época, existia uma pequena loja provisória de souvenires ali embaixo e o Lincoln Center desejava saber se seria viável aumentá-la. Mas, antes de mais nada, era preciso assegurar-se de que a loja não criaria problemas de congestionamento na circulação de pedestres. Com a ajuda de meu cliente, consegui o emprego.

Assim, recrutei alguns de meus alunos para ajudar e instalamos algumas câmeras, escolhemos alguns pontos de observação e mergulhamos no trabalho de contar e mapear. Foi fácil verificar a questão da aglomeração de pessoas. Isolamos com cordas uma área exatamente do tamanho da loja que queriam construir e, em seguida, filmamos e observamos o fluxo dos pedestres durante os horários de maior movimento. À época, sugerimos que, com a área disponível, eles deveriam instalar alguns bancos para que as pessoas descansassem, transformando o local em um destino, em vez de apenas um corredor. Na época, o cliente se recusou a aceitar o conselho, mas hoje os bancos estão lá. Além disso, recomendei enfaticamente que dobrassem o tamanho do banheiro feminino. Eles também recusaram esse conselho. Hoje, 30 anos mais tarde, a fila do banheiro feminino estende-se porta afora nos horários de pico. Uma vergonha.

Enquanto eu compilava os dados para escrever o relatório e olhava as muitas horas de filme que havíamos rodado, percebi que, pelo ângulo de uma das filmadoras, era possível observar todo o interior da loja, inclusive a caixa registradora. Ali, observei duas shoppers na fila para pagar. Uma era uma senhora aparentemente rica, provavelmente freqüentadora de ópera, que empilhara uma pequena torre de caixas no balcão. A seu lado, uma adolescente comprou algo que precisou apenas de um pequeno saco de papel marrom como embalagem. O filme não mostrava os detalhes do que acontecia, mas fiquei intrigado.

No dia seguinte, fui até a loja e conversei com a balconista. Ela me disse que a mulher mais velha era esposa de um diplomata mexicano e que havia decidido comprar algumas caixinhas de música de luxo para dar de presente quando voltasse para seu país. As caixinhas eram caras e ela comprou uma dúzia, pagando no total quase $9 mil. Ela precisava fechar a compra rapidamente, antes do final do intervalo, e combinou com a balconista que as caixas seriam entregues mais tarde em sua casa. Havia também a questão da isenção do imposto sobre a venda, uma vez que, com passaporte diplomático, tinha direito a esse privilégio. Em suma, uma transação complicada.

Mas tudo isso teve de esperar até que a balconista concluísse a transação com a adolescente, que estava à frente na fila com sua única compra: uma caneta esferográfica com o desenho de uma bailarina.

Estava claro, até mesmo para um acadêmico como eu, que o procedimento do caixa poderia ser mais simples e merecia uma pequena reorganização. Aquelas duas transações não deveriam estar competindo pela atenção da mesma funcionária. Foi então que tive um estalo. Por que não utilizar as ferramentas da antropologia urbana para estudar como as pessoas interagem com o ambiente de varejo?

Alguns anos antes, eu havia testemunhado uma discussão entre o estimado sociólogo e autor Erving Goffman e Jack Fruin, engenheiro-chefe da Administração Portuária de Nova York e Nova Jersey, que estava, à época, envolvido com um gigantesco empreendimento: o planejamento e a construção do Aeroporto Internacional de Newark. Jack expressava sua enfática frustração com o mundo acadêmico. Ele havia tentado contratar alguns experts pós-graduados para orientar o trabalho de seus engenheiros e arquitetos, mas, em vez das informações objetivas que esperava obter, estava sendo sufocado pela típica falta de capacidade desses acadêmicos em sustentar qualquer fato, não importa o quão insignificante, que não tivesse sido completamente provado por meio de pesquisas. A rigor, a posição defendida por Goffman estava intelectualmente correta, mas, a certa altura, lembro claramente de ter pensado que *me divertiria muito mais trabalhando para Jack do que para ele. Erwing estava se escondendo atrás de sua torre de marfim, enquanto Jack estava lá, na linha de frente, realizando coisas.*

Não muito tempo depois do trabalho do Lincoln Center, eu estava conversando com amigos em um bar no Greenwich Village, e uma das pessoas sentadas à mesa era um jovem executivo da Epic Records, uma subsidiária da CBS. Descrevi para ele minha brilhante idéia de mensurar as coisas que acontecem nas lojas – o conceito de que talvez houvesse algo que valesse a pena aprender no ato da compra mediante o uso de ferramentas científicas. E, depois de algumas cervejas, minha idéia deve ter parecido interessante, porque o cara disse: "Por que você não me encaminha uma proposta?"

Na manhã seguinte, cheio de ambição, levantei-me da cama excitado, sentei à frente de minha máquina de escrever portátil e redigi um plano. Enviei para ele rapidamente e esperei. E esperei. Bem, esperei por quase um ano. É claro que, nesse ínterim, tentei entrar em contato por carta, telefone, mas não obtive resposta alguma. Lembre-se de que esses eram tempos sombrios para a ciência das compras.

Até que um belo dia, quando eu menos esperava, recebi o telefonema de uma mulher que trabalhava em pesquisa de mercado para a CBS Records. Ela disse que haviam encontrado minha proposta no fundo de um arquivo poeirento e que ficara fascinada. Estaria eu ainda interessado em estudar uma loja de discos?

"É claro", respondi, explodindo de alegria em meu íntimo ao saber que uma grande empresa americana estava efetivamente interessada – ao custo de, se me lembro bem, $5 mil – em contratar minha pesquisa sobre os hábitos do shopper moderno. Telefonei imediatamente para alguns de meus alunos, reuni alguns cadernos e filmadoras de *time-lapse* e dirigi-me à loja de discos em um shopping ao norte do estado de Nova Jersey.

Agora, depois de décadas de trabalho, de dois milhões de horas de gravação em vídeo e de muita observação, esse estudo parece quase charmosamente rudimentar. Mas, à época, a sensação era de que as descobertas se renovavam rápida e avassaladoramente.

Por exemplo, no final dos anos 70, quando o estudo foi realizado, as maiores vendas da loja eram as de discos compactos, de 45 rpm. A loja sabiamente exibia, ao lado do mostruário de discos, a tabela de compactos mais vendidos da revista *Billboard* – um estímulo às vendas. Mas nossos filmes mostravam que a maioria dos shoppers de compactos eram adolescentes e que as tabelas estavam afixadas tão alto na parede que os garotos precisavam ficar na ponta dos pés e esticar o pescoço para verificar quem exatamente estava no topo da lista. Sugerimos ao gerente que as tabelas fossem afixadas em uma altura mais baixa e, uma semana mais tarde, ele ligou para dizer que as vendas de compactos haviam subido 20%. Simples assim, sem maiores complicações! Coloque as listas em um lugar mais baixo na parede! Funcionou!

Gastamos um bocado de tempo naquele fim de semana observando as pessoas na fila para pagar naquilo que a indústria de varejo denomina área de caixa/embalagens. Independentemente do que pensam os arquitetos da loja e os gerentes de produto, em vários aspectos, a área de caixa/embalagem é a mais importante de qualquer loja. Se as transações não forem ágeis, se a organização não for imediatamente percebida, os shoppers ficarão frustrados ou desanimados. Muitas vezes, nem mesmo entrarão na loja se a fila do caixa parecer longa ou caótica.

Nessa loja, havia vários grandes mostruários de novos lançamentos bem diante da porta de entrada, a apenas alguns metros do caixa. Isso não era um problema quando a loja estava vazia, mas, se houvesse shoppers na fila, os mostruários ficavam completamente escondidos. Coloquem suportes e uma fita para delimitar a fila, sugerimos. E, novamente, o efeito foi imediato. As vendas de discos daqueles mostruários aumentaram instantaneamente.

Será que isso tudo não parece óbvio? Para nós, também parece, especialmente depois de termos gasto tanto tempo observando, filmando, anotando os tempos, entrevistando e assim por diante. Até então, no entanto, esses eram os problemas que haviam permanecido escondidos de nossa visão comum.

Ao observar os shoppers da loja de discos, percebemos um padrão estranho. A seção de LPs (isso foi antes de existirem CDs, lembre-se) estava sempre mais cheia do que a de fitas cassete, embora as vendas se equivalessem. Seguindo os shoppers, a razão se tornou aparente. Como as capas dos LPs eram maiores, era mais fácil ler a lista de músicas e ver as fotografias. Os shoppers de fitas iam primeiro à seção de LPs para se informar e depois se dirigiam à seção de fitas para pegar suas escolhas. Nossa sugestão foi que os corredores da seção de LPs fossem alargados, para que os shoppers não se sentissem amassados ou empurrados, o que positivamente derruba as vendas. Recomendamos também que a loja deveria investir em um carpete mais durável para as seções com maior volume de tráfego.

Minha lembrança final daquele estudo é de um videoclipe que, ainda hoje, mostro para minhas platéias. Um jovem roubando fitas de música clássica. Somente depois de observá-lo várias vezes surrupiando fitas, percebi que a sacola em que ele as enfiava era de uma loja que não existia no shopping. Passei essa informação para a equipe de segurança interna do cliente, dizendo-lhes que deveriam ficar atentos sempre que sacolas "erradas" fossem vistas em suas lojas (lembre-se de que isso foi antes da existência do sistema eletrônico de segurança). Recebi uma informação de retorno dizendo que eles haviam evitado milhares de dólares em roubos usando esse método de detecção.

E assim nasceu uma ciência.

Antes de existir a ciência das compras, havia pelo menos duas outras maneiras de medir o que acontecia dentro de uma loja. A mais comum era examinar "a fita" – a informação que vinha da caixa registradora, que nos diz o que, quando e quanto foi comprado. É assim que agem virtualmente todas as empresas varejistas, desde as maiores redes até a banca de jornais da esquina. É uma boa maneira de verificar como a loja como um todo se desempenhou neste trimestre ou no ano ou em qualquer dia específico ou até mesmo em determinado horário. Em última análise, essa é uma medida que dá conta da saúde financeira e do crescimento (ou declínio) do negócio, mas, como uma ferramenta diagnóstica, ou como um modo de se saber o que acontece na loja e como, ela não ajuda muito. Pesquisas de vendas registram suas vitórias, mas não detectam onde você está perdendo dinheiro. O que mais prejudica é quando você consegue que o shopper entre na loja, percorra o corredor e pare na frente do produto – e, por alguma razão, não compre. Quando os executivos tentam fazer um excesso de inferências a partir desse tipo de informação de vendas, podem tomar decisões completamente erradas. Eis aqui um bom exemplo ocorrido em uma loja de shopping pertencente a uma cadeia de drogarias em Massachusetts. Era a primeira loja de shopping da empresa e a diretoria estava ansiosa para ver os resultados. Com base unicamente nas vendas totais, nosso cliente estava satisfeito de um modo geral e, em particular, com o desempenho da seção de aspirinas da loja.

Entretanto, com base em muitos de nossos estudos anteriores sobre drogarias e sobre a categoria aspirina, um dado crucial estava em um nível muito baixo. A taxa de conversão do produto – o percentual de shoppers que o compravam – estava bem abaixo do esperado. Em outras palavras, muitos shoppers paravam na seção de aspirinas, pegavam as embalagens e as liam, mas poucos efetivamente compravam o produto. A taxa de conversão de aspirinas é geralmente alta. Não é o tipo de produto que se examine ao acaso. As pessoas tendem a se dirigir àquela seção apenas quando precisam. Assim, passamos algum tempo observando especificamente as prateleiras de aspirina e, além disso, plantamos uma câmera ali para filmar o movimento. Em apenas três dias, identificamos um padrão. As aspirinas estavam localizadas no corredor principal da loja, no caminho de geladeiras com refrigerantes localizadas ao fundo da loja e que tendiam a atrair um bom número de shoppers. Isso poderia levar alguém a acreditar que as aspirinas venderiam bem, mas acontecia justamente o contrário. Os principais shoppers de refrigerantes eram jovens adolescentes e nossa observação constatou que muitos deles entravam na loja em fila em direção aos refrigeradores. Na verdade, esse era o local favorito do shopping ao qual os jovens empregados das lojas gostavam de ir para comprar rapidamente um refrigerante em seu horário de folga.

Esses jovens não tinham o mais remoto interesse em aspirina. Os shoppers do produto, em geral mais velhos, que efetivamente queriam comprar aspirina, ficavam em frente às prateleiras um tanto nervosos, procurando a marca de sua preferência ou verificando qual opção sairia mais em conta e, ao mesmo tempo, tentando sair do caminho dos adolescentes, que subiam e desciam os corredores. Na verdade, uma quantidade substancial de shoppers de aspirina ficava tão irritada ou desconcertada pelos adolescentes que abandonava prematuramente sua compra e ia embora sem levar nada. Era uma versão modificada do efeito roça-traseiro – os shoppers não chegavam a ser empurrados, mas apenas incomodados. Em vídeo, era possível identificar claramente a postura dos shoppers – eles ficavam praticamente encostados face a face com as prateleiras, uma posição não exatamente ideal para fazer compras. E, quando os cronometramos, verificamos que estavam gastando muito menos tempo no local do que seria esperado, conforme nossa experiência de trabalhos anteriores.

Isso aparece em nosso trabalho o tempo todo. Uma loja tem vários públicos diferentes e deve, portanto, desempenhar diversas funções, todas no mesmo local. Às vezes, essas funções co-existem em perfeita harmonia, mas em alguns casos – especialmente em lojas que vendem produtos variados, como refrigerantes e remédios – colidem entre si. Também vimos esse tipo de coisa em uma revenda da Harley-Davidson, onde um *showroom* de 1.000m^2 deve acomodar homens abastados, vítimas de andropausa, buscando recuperar a virilidade perdida comprando motos, aficionados da classe operária em busca de peças sobressalentes e adolescentes sonhadores interessados em artigos da moda com o logo da Harley. Os três grupos não querem nada um com o outro. Quando as funções de um local entram em rota de colisão, é preciso encontrar uma maneira de acomodar o maior número possível de usuários. Na drogaria, com base no que aprendemos, recomendamos a nosso cliente uma providência contra-intuitiva: colocar o mostruário de aspirinas fora do fluxo principal da loja. Sabíamos que, no total, haveria menos shoppers se dirigindo à seção, mas as vendas de aspirina aumentariam. Quando as prateleiras foram transferidas de lugar, as vendas aumentaram 20%.

Fizemos uma pesquisa para uma grande rede de livrarias que, recentemente, colocara uma grande mesa de livros com desconto bem na entrada de uma de suas lojas, de modo que fosse a primeira coisa que os shoppers avistassem. E o resultado foi admirável – quase todos paravam para, pelo menos, uma olhada rápida, e o percentual daqueles que compravam pelo menos um livro era alto. Isso significava que, segundo a fita do caixa, a mesa era um sucesso estrondoso.

Acontece que, quando monitoramos os shoppers, descobrimos que o número daqueles que se dirigiam à mesa e depois visitavam o restante da loja era menor do que deveria ser. Em um caso assim, a cada hora um monitor percorria toda a loja para anotar quantas pessoas se encontravam em cada seção, inclusive na área do caixa, no café e assim por diante. Isso faz parte do teste de densidade que realizamos como parte de todos os nossos estudos de loja. É um teste que nos fornece informações importantes. Por exemplo, dá um retrato instantâneo do número de pessoas dentro da loja e de sua localização; indica quando alguma característica do layout ou da arquitetura do local pode estar inibindo as pessoas de visitar determinadas áreas; e mostra como os shoppers transitam (ou deixam de transitar) dentro da loja. E, de fato, segundo a contagem de seção a seção, o número de shoppers que se dirigia ao restante da loja estava caindo de maneira uniforme. Além disso, os mapas de nossos formulários de acompanhamento da trajetória de shoppers dentro da loja começaram a indicar um ciclo revelador: as pessoas entravam na loja, paravam na mesa dc ofertas, visitavam talvez mais um ou dois mostruários, mas nunca se afastavam da entrada da loja antes de se dirigir ao caixa. Isso, nem é preciso dizer, não era uma coincidência – os shoppers escolhiam um livro da mesa de descontos e, em seguida, se dirigiam diretamente ao caixa, pagavam por suas barganhas e saíam sem ao menos olhar os best-sellers ou qualquer outro livro com margem de lucro normal. As entrevistas que fizemos com os shoppers revelaram também um infeliz efeito colateral. Graças à proeminência da mesa de descontos, a loja estava ganhando uma reputação de livraria de descontos, e não de um lugar no qual as pessoas poderiam ir em busca dos últimos lançamentos e das obras que estavam sendo comentadas na mídia. O sucesso da mesa de descontos estava levando ao fracasso do restante da loja.

Já chega sobre o que temos a dizer sobre fitas de caixa.

A segunda forma de se saber o que acontece dentro de uma loja, empregada pela maioria das mais famosas empresas de pesquisa (seja política, comercial ou outra), é perguntar às pessoas sobre o que tinham acabado de ver, de fazer ou sobre o que haviam pensado fazer. Isso pode ser feito face a face, on-line, pelo telefone ou em um grupo de foco. Basta pedir às pessoas para externar suas opiniões.

Vejamos como exemplo uma pesquisa telefônica conduzida por Republicanos e Democratas ou uma simples entrevista pessoal que se realiza quando o shopper está saindo de uma loja ou de um shopping center. Depois de uma longa lista de perguntas, algumas informações demográficas são levantadas (idade, escolaridade, renda, sexo, raça etc.). Nesses dois casos, um volumoso relatório, repleto de suposições, é compilado. Por exemplo, mães, casadas, com dois filhos, na faixa dos 40 anos, caucasianas, com educação superior, moradoras de subúrbios, em estados do Centro-Leste americano e que dirigem caminhonetes prefeririam a pasta de amendoim da marca Jif se ela tivesse menos gordura. Ou homens que compram Coca-Cola em lojas de conveniência dizem que seu refrigerante preferido seria menos conspícuo nas prateleiras se tivesse outra cor que não a vermelha. Ou um quarto de todas as pessoas com educação superior come massa uma vez por semana. As possibilidades de referências cruzadas são infinitas e um grande volume de conhecimento de marketing pode ser extraído de estudos como esses. Mas eles não revelam muito sobre o que realmente acontece dentro da loja, quando shoppers e produtos finalmente se encontram face a face, debaixo do mesmo teto. É verdade que existem pesquisas que pedem informações às pessoas sobre o que viram e fizeram lá dentro, mas as respostas são, geralmente, suspeitas. Às vezes, as pessoas não se recordam de cada detalhe do que viram ou fizeram dentro da loja – quando estavam fazendo as compras, não sabiam que precisariam lembrar-se de tudo. Em um estudo sobre perfumes que realizamos, alguns entrevistados disseram ter considerado seriamente a compra de marcas que a loja não vendia. Em um estudo sobre promoção em ponto-de-venda de cigarros em uma loja de conveniência, os shoppers disseram ter visto cartazes do Marlboro, embora não houvesse qualquer propaganda do produto no local.

Se entrássemos em lojas apenas quando fosse preciso comprar algo e, uma vez lá, comprássemos apenas o necessário, a economia quebraria.

Felizmente, a festa da economia, que teve início na segunda metade do século XX, alimentou um movimento de compras muito maior do que alguém jamais poderia ter imaginado, mais compras do que em qualquer momento da história. Hoje, é quase preciso que você se esforce para não comprar alguma coisa. Mesmo longe de lojas, museus e restaurantes, você, ainda assim, estará diante das ofertas na internet, 24 horas por dia, sete dias por semana, e de sua prima pobre, as compras diretas via televisão. Seria preciso evitar também todos aqueles catálogos que entopem sua caixa de correio.

Em conseqüência, todos os experts concordam: hoje, estamos vivendo em uma sociedade com um perigoso excesso de ofertas no varejo – existem produtos demais à venda através de um excesso de canais. A economia, mesmo em seus momentos de maior esplendor, não consegue acompanhar o crescimento do varejo. A julgar pelas taxas de natalidade, estamos criando lojas em um ritmo muito mais acelerado do que a entrada no mercado de novas gerações de shoppers.

Em 2008, o que ocorre na maioria dos países do primeiro mundo é que estamos construindo lojas e shoppings não para servir a novos clientes, mas para roubá-los da concorrência. Não é ironia que a vanguarda do varejo hoje não esteja na América do Norte ou na Europa Ocidental, mas em Moscou, Dubai, Xangai e Mumbai, as mais novas mecas do varejo – onde o dinheiro é novo, a economia está em expansão e tem-se enorme demanda reprimida.

Apesar disso, nos Estados Unidos, o foco tem sido vendas na mesma loja – como aumentar o volume de negócios ocupando o mesmo espaço? Esse foco na tática tem sido outro fator responsável pela aceleração do crescimento da ciência das compras.

Há outra razão pela qual, hoje, a ciência das compras é uma força.

Algumas gerações atrás, as mensagens comerciais destinadas aos ouvidos do consumidor vinham de forma altamente concentrada e confiável. Havia três redes nacionais de televisão, somente rádio AM, algumas poucas revistas de circulação nacional e os jornais locais, de cada cidade, que todos os adultos liam. Produtos de marcas famosas eram anunciados nesses meios de comunicação e a mensagem era transmitida de forma intensa, clara e confiável. Hoje, temos centenas de canais de televisão, controles remotos, TiVo (que nos permite gravar os programas eliminando os comerciais), rádio FM e por satélite, uma variedade incalculável de revistas, cada uma dirigida a um interesse específico, a internet, com sites em infinita expansão, que podemos visitar para nos informar ou por diversão e um número decrescente de leitores de jornal. Tudo isso significa que hoje é mais difícil do que nunca atingir os consumidores e convencê-los do que quer que seja.

Ao mesmo tempo, estamos assistindo ao declínio da influência das marcas. Há uma ou duas gerações, escolhíamos nossas marcas logo cedo na vida e nos mantínhamos fiéis a elas até nossa última compra. Se você fosse um fã do Buick, comprava Buicks pelo resto de sua vida. Se Marlboro fosse sua marca, você fumava Marlboros. Você escolhia seu lado: Coca-Cola ou Pepsi-Cola, Kenmore ou Whirlpool, Zest ou Ivory, e ficava com ela para sempre. Hoje, de muitas maneiras, cada decisão é uma nova decisão. Nada pode ser aceito como verdade absoluta.

Isso quer dizer que cada vez menos decisões são influenciadas do lado de fora da loja e que grande parte de nossas decisões é tomada no momento da compra. Ou seja, na hora de comprar, em vez de dependerem da fidelidade à marca, ou da influência da propaganda ou do marketing, os shoppers ficam sujeitos a impressões e informações que adquirem dentro da loja. Os índices de compras por impulso já furaram o teto da loja – não só em supermercados, mas em todos os outros lugares também. Mesmo grandes decisões estão sendo tomadas *in loco*, no ambiente de vendas.

Em conseqüência, os meios de comunicação mais importantes para a transmissão de mensagens e para fechar vendas são a loja e os corredores. O prédio, a locação, tornou-se um grande anúncio tridimensional de si mesmo. A sinalização, a posição dos mostruários, o espaço para as gôndolas e para o mobiliário de loja, tudo isso faz aumentar ou diminuir a probabilidade de o shopper comprar determinado item (ou qualquer item). A ciência das compras foi desenvolvida para que pudéssemos saber como usar todas essas ferramentas. Como criar cartazes que as pessoas leiam. Como se assegurar de que todas as mensagens estejam no local apropriado. Como criar mostruários que os shoppers possam manipular com facilidade e conforto. Como assegurar que os shoppers percorram – e desejem percorrer – todos os cantos da loja. A lista é longa – em minha opinião, longa o suficiente para encher as páginas deste livro.

Finalmente, nossos estudos demonstram que, de maneira geral, quanto mais tempo o shopper permanece na loja, mais ele acaba comprando. E o tempo que alguém gasta dentro de uma loja depende de quão agradável e confortável é a experiência. Da mesma forma que o trabalho de Holly Whyte melhorou os parques e as praças urbanas, a ciência das compras cria ambientes de varejo mais adequados. Em última análise, eu afirmaria que estamos oferecendo uma forma de defesa do consumidor que beneficia também nossos clientes.

Quando comecei a escrever este livro, em 1997, a Envirosell desenvolvia um trabalho pioneiro no mundo das lojas e dos ambientes comerciais. Dez anos mais tarde, o termo "ciência das compras" faz parte do vocabulário de qualquer comerciante ou profissional de marketing. E, hoje, muitas empresas alegam fazer o que fazemos. Afinal, a observação é uma forma seminal de aprendizado do ser humano. Portanto, por que não iniciar um negócio voltado para a observação? Para cada empresa que copiou aquilo que fazemos, dou minhas boas-vindas à comunidade de pessoas dedicadas a tornar nossa vida melhor. Ao mesmo tempo, existem intrusos que deixaram as águas turvas.

O primeiro? Empresas de tecnologia que simplificaram a coleta de dados. Elas dispõem de pacotes de software que podem ser acoplados às câmeras de vigilância da loja e contar corpos, um depois do outro. Qual é a relevância de se medir o número de pessoas que passam por um cartaz ou por um mostruário? Será que isso significa que elas viram, leram ou compraram algo? Fico sentado em meu escritório, situado na esquina da Rua 20 com a Broadway, em Nova York, e atendo a uma torrente de empresas de tecnologia que desejam demonstrar seus produtos de vanguarda. Quantas vezes já ouvi a expressão: "Isso irá revolucionar o varejo!" A maior parte é o que chamo de tecnologia à procura de uma aplicação. Ela pode fazer aquilo e aquilo outro e conseguir essa determinada informação. Haverá sempre alguém disposto a pagar por isso.

É também muito comum que eu receba telefonemas de pessoas que imploram que eu lhes reserve uma hora em minha agenda, mas, antes que nos encontremos, chega um acordo de confidencialidade de 17 páginas. Devo explicar que, se alguém me contratar, ficarei feliz em assinar documentos sem restrições, mas ligar para mim, sem mais nem menos, e ainda esperar que eu leia um documento legal de 17 páginas chega às raias do repulsivo. Ao longo desses anos, consegui ter um bom plano. Estarei disposto a me reunir por uma hora com qualquer um que deseje me mostrar algo. Darei uma resposta sincera – se a empresa se comprometer a doar $750 para uma instituição de caridade de minha escolha. Já levantei dezenas de milhares de dólares para diversas instituições beneficentes de Nova York.

Algumas coisas que recebo são ridículas, como um pacote de software concebido para monitorar o movimento de tanques de guerra a partir de satélites espiões. Coloque um número suficiente de câmeras com lentes grande angulares no teto e *voilá*! – ciência das compras instantânea. Não poucas dessas empresas são ligadas a organizações sérias, de financiamento de projetos. Suas apresentações de alto investimento são turbinadas por jantares em Las Vegas durante convenções de negócios e um baú cheio de promessas. As financiadoras de projetos enxergam essas empresas não como empresas de pesquisa ou de consultoria, mas como de software. Uma vez fechado o negócio, o resultado é automatizado. Você assina um contrato de dois anos que prevê a entrega de relatórios semanais. O único problema é que, dois meses mais tarde, você acaba de ler mais um relatório e pergunta: Que diabos devemos fazer com isso? Temos vários clientes que deixaram nossa empresa para comprar um desses caros pacotes e, dois anos depois, voltaram a nos contratar. Ficamos felizes em tê-los de volta.

Faço ainda outra objeção em relação ao que, no escritório, denominamos Envirosell Lite, que é quando pessoas não treinadas e inexperientes são enviadas para o campo para fazer o mesmo trabalho que fazemos: observar o que é visto, o que é tocado e o que é lido. Pode parecer simples, mas esses termos devem ser definidos cuidadosamente ou o resultado do levantamento será uma sopa de termos empolados e obscuros. Hoje, temos vários concorrentes que vendem uma versão de baixo custo daquilo que fazemos. O resultado que se obtém é equivalente ao preço que se paga.

CAPÍTULO 2

O que varejistas e profissionais de marketing não sabem

Talvez agora seja útil fazer uma pausa e examinar a ciência das compras sob a perspectiva não do cientista, mas do praticante – isto é, do varejista e do profissional de marketing. Eles certamente fazem parte da equação que estamos estudando. São os fornecedores das experiências de compras, por assim dizer. O varejista também é quem deverá absorver todas as nossas lições e, depois, aplicar os princípios do que aprendemos. O profissional de marketing precisa entender como seus produtos, ou categoria de produtos, são analisados pelo shopper e então comprados. E como é sua loja que está sendo estudada, é justo perguntar: Quanto o varejista ainda não sabe?

Mais do que você imagina. Por exemplo, é prova do estado ainda amplamente inexplorado do indomado ambiente varejista que um homem extremamente inteligente e capaz, um alto executivo de uma cadeia multibilionária, se enganasse redondamente quando lhe fizessem esta simples pergunta: Quantas das pessoas que entram em suas lojas acabam comprando alguma mercadoria?

Se fosse ele, você saberia, não saberia? É o que você pensa. Mas, acredite, esse sujeito não é nenhum ignorante. Ele sabe bastante do que acontece em milhares de lojas de sua rede e diariamente aprende cada vez mais – coisas realmente importantes, como total das notas (número de transações *e* seu valor), valor médio das vendas, vendas em qualquer uma de suas lojas, comparadas com as vendas no mesmo dia do ano anterior, vendas nas diferentes regiões, lucratividade por item, categoria e loja e, talvez, até a fase da lua.

Ele sabe tudo isso.

Quando perguntei a um deles quantas das pessoas que entram em suas lojas compram algo, sua resposta foi: quase todas, sem dúvida. E, quando digo que essa foi sua resposta, quero dizer que foi também a resposta da imensa organização trituradora de dados, interligada por PCs, que digere números, amante dos dados cifrados sob seu comando. Todos lá concordavam: o que denominamos de taxa de conversão – a porcentagem de shoppers que se tornavam compradores – estava em torno de 100%. Afinal, raciocinava a empresa, seus pontos-de-vendas eram lojas de destino e as pessoas só iam lá se tivessem alguma compra bem específica em mente. Acreditavam, portanto, que a única hipótese de os shoppers *não* comprarem seria quando sua escolha estivesse em falta no estoque.

Na verdade, o próprio conceito de taxa de conversão, implicando que os shoppers precisem, de certa forma, ser transformados – "convertidos" – em compradores, era desconhecido para esse homem e sua empresa (como ainda o é para muitos outros executivos e empresas bem-sucedidos).

Eu estava fazendo a pergunta porque acabáramos de realizar um amplo estudo das lojas dessa rede. Eu conhecia a taxa de conversão, com base nas centenas de horas em que contamos, entre outras coisas, o número de pessoas que entravam e o número dos que compravam. Era uma ótima taxa de conversão para lojas daquele tipo. Mas era cerca de metade do que aquele homem pensava. Para ser preciso, 48% dos shoppers adquiriam algo.

O homem, por acreditar no valor da informação, ficou pasmo, mas ansioso por saber mais. Entretanto, outras pessoas em sua organização mostraram-se céticas, indignadas, afrontadas e certas de que havíamos cometido um terrível erro de cálculo. Assim, realizaram a própria versão doméstica de nosso estudo, postando-se à entrada de uma ou duas lojas contando o número de pessoas que entravam e o número das que saíam carregando sacolas.

O resultado foi idêntico ao nosso. O que, no final, foi uma boa notícia para eles. Significava que uma boa empresa poderia modificar algumas coisas muito específicas e se tornar ainda melhor. Se você conversar com o executivo, ele dirá que nosso estudo provocou "uma mudança fundamental em algumas das crenças e opiniões arraigadas dessa empresa". De qualquer maneira, eles começaram a mudar algumas coisas no layout das lojas, nos mostruários, nas promoções em pontos-de-venda e na formação da equipe. E não tenho dúvida de que melhorarão a taxa de conversão e, em conseqüência, ganharão mais dinheiro.

Nossas descobertas também foram importantes para a visão mais ampla da empresa. Mostramos que um crescimento significativo – que Wall Street exige e que todo o mundo aprecia – pode ser estimulado no nível da loja, sem necessidade de expansão do império, uma estratégia dispendiosa que, mais cedo ou mais tarde, se esgota. Em 2007, as vendas nas mesmas lojas já existentes são o principal indicador da boa saúde de uma rede.

Os profissionais de marketing também estavam completamente no escuro até o final do século XX. Até a década passada, havia elementos, dados, sobre vendas ou a compilação dos registros de caixa. Hoje, no entanto, quase todas as principais empresas de produtos de consumo coletam informações por intermédio de grupos de foco de shoppers e de consumidores. Em geral, eles debatem furiosamente sobre a diferença entre o que acontece com as pessoas dentro da loja (shoppers) e o que acontece quando chegam em casa com os produtos (consumidores). Tudo isso levado em conta, esses grupos de insight representam uma mudança positiva. No entanto, para os estudiosos de marketing instalados em seus escritórios nas universidades, geralmente ocorrem alguns desconectores desconcertantes. Em 2008, tornou-se mais fácil coletar dados do que tentar descobrir o que significam ou então mapear as ações que podem ou devem ser tomadas. Desde que a ciência das compras foi inventada, passaram a existir várias empresas que só falam sobre o tamanho de seus bancos de dados. Monitoramos cerca de um milhão de shoppers com as câmeras de segurança, e coisas assim. No entanto, ao final das contas, o que significa isso? Para mim, 10 anos depois de eu ter escrito a primeira edição deste livro, a correta evolução da ciência das compras é a empresa analisar o que fazer com a informação e, com base na mensuração feita, qualquer que seja ela, perguntarem a si mesmos: "Será que isso nos ajudou a ganhar ou a economizar dinheiro?"

Mas voltemos ao básico. As taxas de conversão variam muito, dependendo do tipo de loja ou produto. Em algumas seções do supermercado, a taxa de conversão provavelmente chega perto de 100% (penso nos laticínios ou papel higiênico). Em uma galeria de arte cheia de quadros caros, ou em uma joalheria de luxo, talvez um visitante em cada 100 compre algo, e isso é muito. Porém, qualquer que seja o produto vendido, ninguém pode negar que a taxa de conversão é um indicador de desempenho de vital importância. O marketing, a propaganda, as promoções e a localização podem atrair os shoppers, mas depois cabe à mercadoria, aos funcionários e à própria loja transformá-los em compradores. A taxa de conversão mede o que você faz com aquilo que tem – mostra quão bem (ou quão mal) o empreendimento como um todo está funcionando onde mais importa: na loja. Não importa se mil shoppers entraram em sua loja em determinado dia. É preciso saber quantos desse total efetivamente compraram alguma coisa.

Entretanto, a conversão em sua forma mais simples tem seus limites. Nos últimos 10 anos, várias empresas montaram contadores eletrônicos na entrada de suas lojas e os conectaram à caixa registradora. *Voilá!* Taxas de conversão instantâneas em tempo real. Contudo, a verdadeira história geralmente está oculta nos detalhes. Qual é a diferença entre homens e mulheres? O que acontece quando se acrescenta uma criança ao processo, ou um africano, ou um latino-americano? O contador na entrada da loja conta corpos e isso é tudo. É apenas um detalhe, mas é bastante improvável que uma família de quatro pessoas saia da loja com quatro aparelhos de televisão de plasma – um por pessoa. Contudo, um dos mais avançados desses sistemas consegue calcular massa corporal e diferenciar homens e mulheres, mas eu não apostaria minhas economias nisso. Recebemos muitos telefonemas de empresas que instalaram sistemas de contagem e, depois de três meses recebendo um fluxo diário de dados, ainda estão se perguntando como transformar toda essa informação em uma ferramenta proativa, trabalhável e contínua. Para gerentes de loja, pode ser frustrante quando o escritório central dispara números e eles respondem: "Bem, é claro que temos uma taxa de conversão mais baixa, uma vez que muita gente que está matando tempo e caminhando casualmente entra na loja. Como vocês devem saber, estamos localizados ao lado de uma loja de utensílios domésticos e, assim, atraímos um batalhão de donas de casa."

No entanto, muitos grandes homens de negócios desconhecem a taxa de conversão. Não se pode dizer que seja uma forma, enfatizada pelas faculdades de administração, de medir um negócio. Não diz respeito a margens de lucro, retorno sobre o investimento, fluxo de caixa ou coisas semelhantes, mas sim ao que acontece entre as quatro paredes de uma loja.

Conheço outras formas subutilizadas de medir o que ocorre dentro de uma loja. Certa vez, perguntei a um alto executivo do ramo de cosméticos quanto tempo as mulheres, cada vez que visitam a loja, realmente gastam comprando maquiagem.

"Cerca de 10 minutos", respondeu.

"Humm", retruquei, sabendo pelo estudo que acabáramos de realizar para ele que uma shopper comum gastava, em média, dois minutos na seção de cosméticos. A shopper comum que efetivamente comprava algo gastava apenas 30 segundos a mais. Falando em um contexto mais amplo, o tempo médio de visita a um hipermercado ou a uma loja de múltiplos departamentos – seja um Wal-Mart Supercenter, nos Estados Unidos, o Carrefour, na Europa, ou o Pick 'n' Pay, na Cidade do Cabo, na África do Sul – é de cerca de 30 minutos. Isso é tempo cronometrado. Mas, se você perguntar a alguém quanto tempo gastou na loja, a pessoa normalmente responderá com o dobro desse número. Em qualquer ambiente comercial, o tempo existe em três formas. O tempo real, o tempo percebido e uma combinação de ambos.

Ora, o tempo que um shopper passa em uma loja (supondo que esteja fazendo compras, e não esperando na fila) talvez seja o mais importante fator individual na determinação de quanto comprará. Repetidamente, nossos estudos têm mostrado uma relação direta entre esses números. Se o shopper está percorrendo toda a loja (ou, pelo menos, grande parte dela) e pensa em comprar muitas mercadorias (o que significa que está examinando, tocando e avaliando), uma boa quantidade de tempo é necessária. Em uma loja de produtos eletrônicos que estudamos, os não-compradores gastavam cinco minutos e seis segundos na loja, comparados aos nove minutos e vinte e nove segundos dos compradores. Em uma loja de brinquedos, os compradores gastavam mais de 17 minutos, comparados com os 10 minutos dos não-compradores. Em algumas lojas, os compradores gastam três ou quatro vezes mais tempo que os não-compradores. Vários fatores contribuem, de uma forma ou de outra, para a extensão do processo de compra e estudá-los constitui grande parte de nossa atividade. A maioria dos conselhos que damos aos varejistas envolve meios de fazer os shoppers passarem mais tempo dentro da loja. Mas é preciso saber quanto tempo as pessoas gastam fazendo compras em sua loja ou comprando seus produtos para saber como aumentar esse período.

O reverso dessa medalha é o que chamamos de índice de confusão – isto é, o número de pessoas que ficam zanzando pela loja a esmo. Lembre-se de que o tempo é relativo. Assim, se os 10 minutos que você passar no Wal-Mart ou na Target forem gastos andando em círculos, vão dar a impressão de que você já está lá há meia hora. E, no final, embora você possa encontrar ao acaso algo de bom, se não achar o que estava procurando, seu esforço terá sido em vão. Uma das maiores vitórias que obtivemos nesses últimos 10 anos foi com as superlojas de materiais de escritório. Em 1997, sempre que a Staples, a OfficeMax ou a Office Depot abriam uma nova loja, era no formato armazém. As prateleiras ficavam a 4 ou 5m do chão – o que, para dizer o mínimo, era um desafio para os shoppers que não estavam acostumados a fazer compras ali com regularidade. Achar os produtos era uma dificuldade. Em muitos corredores, um terço das pessoas não queria comprar nada daquela seção. Estavam apenas olhando, ou matando tempo, ou, o que era mais provável, não tinham a menor idéia de onde podiam encontrar papel para impressora. A maioria dos shoppers pegava aquilo que estava em sua lista de compras e saía. A Staples foi a primeira superloja a promover mudanças com base em nossas sugestões. Eles desenvolveram o que chamamos de "conceito de arena" – os corredores no meio da loja são baixos e vão se tornando gradualmente mais altos à medida que se aproximam do perímetro da loja. A mudança – devo dizer – é realmente notável. Você entra... e mesmo em uma megaloja consegue ver tudo. Tudo mesmo. Quase ninguém desce um dos corredores da loja sem querer estar lá. A OfficeMax e a Office Depot desenvolveram as próprias versões da arena. Em alguns casos, as vendas subiram 20% ou mais. Será que as novas lojas retêm as pessoas por mais tempo? Pode apostar que sim. E o tempo que as pessoas gastam lá dentro é consideravelmente maior.

Eis aqui outro bom meio de julgar uma loja: por sua taxa de interceptação, ou seja, a porcentagem de shoppers que têm algum contato com um funcionário. Isso é importantíssimo hoje em dia, quando muitas empresas estão cortando custos de *overhead*, reduzindo pessoal, trabalhando com menos funcionários de tempo integral e com mais funcionários que ganham salário mínimo. Todas as nossas pesquisas mostram esta relação direta: quanto maior o contato shopper/funcionário, maior a média de vendas. Conversar com um funcionário tem a propriedade de seduzir mais o shopper.

Estudamos uma grande rede de vestuário cuja taxa de interceptação era de 25%, significando que três quartos de todos os shoppers não dirigiam uma única palavra aos vendedores. Essa taxa era perigosamente baixa – significava que, com toda probabilidade, os shoppers estavam percorrendo as lojas frustrados, perdidos ou confusos, ou, simplesmente, em busca de informações, tentando e suando para encontrar um funcionário com uma resposta. Significava também que os funcionários não podiam dedicar muito tempo vendendo ativamente para alguém. Eles estavam suprindo as prateleiras e trabalhando no caixa, não sobrando muito tempo para outras atividades. Isso era praticamente uma garantia de que o desempenho da loja estava abaixo de seu potencial. Era também uma pista reveladora da causa do problema.

No mundo todo, o ser humano, como espécie, gosta de ser reconhecido, mas também dá valor à sua privacidade. Um de nossos clientes tem uma regra. Se um empregado se aproximar de um shopper a menos de 2m, deve dizer olá. Não gosto dessa regra porque a pessoa que trabalha na loja perde a capacidade de avaliação, mas aprecio a idéia por trás dela.

Eis outro indicador, bastante simples: o tempo de espera. Esse, como discutiremos adiante, é o fator individual mais importante para a satisfação dos clientes. Mas poucos varejistas percebem que, quando os shoppers têm de esperar muito tempo na fila (ou em outro lugar), a impressão do serviço em geral torna-se negativa. Executivos ocupados detestam esperar por qualquer coisa, mas alguns varejistas não percebem que as pessoas normais sentem o mesmo. Um vice-presidente de uma rede de artigos domésticos surpreendeu-se quando lhe mostramos um vídeo em que uma mulher que acabara de gastar 22 minutos fazendo compras entrou na longa fila do caixa, esperou até perceber que a fila quase não se movia e abandonou o carrinho de compras, deixando o local. Nós não nos surpreendemos – vemos isso acontecer o tempo todo. Certa vez, trabalhamos para um banco que estava prestes a instituir uma política em que os clientes que tivessem de esperar cinco ou mais minutos receberiam $5. Após estudar as filas dos caixas durante dois dias, informamos a nosso cliente que essa política custaria o triplo do que ele havia estimado. A empresa abandonou o plano e pôs mãos à obra para diminuir a espera.

Finalmente, quero me referir a um último cálculo que não envolve nenhuma forma específica de medição de uma loja, mas é um exemplo notável da ignorância dos homens de negócios: muitas vezes, eles realmente ignoram quem são as pessoas que fazem compras em suas lojas. Já mencionei o fabricante de iguarias para cães cujo produto costumava ficar nas prateleiras mais altas, sem saber que seus principais shoppers eram idosos e crianças. Estudamos uma rede de restaurantes familiares cujas casas tinham excesso de mesas para dois e falta de mesas para quatro, o que causava tumulto nas horas de movimento – tudo porque ninguém jamais se dera ao trabalho de contar o tamanho dos grupos que vinham jantar. Em outra rede de restaurantes familiares que estudamos, cada casa destinava cerca de 10% de sua área às banquetas do bar. Nas horas mais calmas, elas ficavam vazias, pois os freqüentadores desacompanhados preferiam sentar à mesa, onde podiam ler jornais ou revistas. Nas horas de pico, as banquetas continuavam vazias, porque grupos de dois, três ou quatro queriam sentar às mesas. O bar ficava vazio mesmo com grupos de clientes esperando na fila.

O problema dos varejistas que ignoram quem compra em suas lojas vive se repetindo. Uma banca de jornais em Greely Square, Nova York, queria aumentar as vendas e, para isso, planejava expandir o espaço dedicado às revistas. Observamos que uma grande porcentagem dos clientes era de coreanos – o local fica junto a um grande reduto de coreanos – ou hispânicos. Nossa recomendação foi que oferecessem revistas em coreano (jornais coreanos já vendiam bem) e refrigerantes populares entre os hispânicos. As vendas aumentaram imediatamente.

Problemas semelhantes surgem o tempo todo em Nova York, Los Angeles e outras metrópoles: shoppers estrangeiros que trabalham em lojas e restaurantes do bairro querendo um tempinho de folga. Quase nenhuma adaptação é feita para os asiáticos, apesar de serem numerosos e da tendência a gastarem muito dinheiro com artigos de luxo. Mas não há tabelas de conversão de tamanhos de roupas ou de taxas de câmbio, sequer um ou dois pequenos cartazes em japonês ou coreano informando quais cartões de crédito são aceitos. Varejistas inteligentes deveriam recompensar os funcionários que aprendessem um pouco de japonês, alemão ou espanhol – nem que fossem apenas umas poucas frases que fazem diferença, como deve saber quem já fez compras no exterior. Os restaurantes deveriam ter disponíveis menus em japonês e alemão.

Mas não seria preciso algo tão exótico para que os varejistas tivessem alguma pista de quem freqüenta suas lojas. Adorei visitar a filial de Washington, D.C. de uma rede norte-americana de drogarias, com um grande sortimento de tinturas e outros produtos capilares para louras... em uma loja em que talvez 95% dos shoppers eram negros. Também me surpreendi na filial de Minneapolis de uma rede de drogarias sediada na Flórida, na qual todo um sortimento de loção para bronzear ocupava um destacado display... em pleno outono.

11

Ande como um egípcio: o mecanismo das compras

O primeiro princípio por trás da ciência das compras é o mais simples: há certas capacidades, tendências, limitações e necessidades físicas e anatômicas comuns a todas as pessoas e o ambiente varejista deve ajustar-se a essas características. O termo técnico que usamos para isso é "constantes biológicas".

Isso significa que lojas, bancos, restaurantes e outros espaços devem ser amigáveis às especificações do animal homem. Existem diferenças óbvias entre os shoppers, como sexo, idade, renda e gosto. Fora dos Estados Unidos, há outras questões: densidade relativa da população, clima, considerações de segurança, saúde econômica do país e assim por diante. No entanto, há muito, muito mais semelhanças. Esse fato e o pensamento associado de que qualquer construção – seja um hotel, estádio, aeroporto, hospital ou mesmo um complexo residencial, uma loja ou um banco – deve refletir a natureza dos seres que precisam usá-las parecem óbvios demais para merecer atenção. Afinal, quem projeta, planeja e opera essas instalações são seres humanos, a maioria dos quais eventuais shoppers ou usuários. Parece fácil fazer tudo certo.

Entretanto, grande parte do que fazemos é descobrir casos em que ambientes varejistas deixam de reconhecer e levar em conta a estrutura das máquinas humanas e como seus aspectos anatômicos e fisiológicos determinam suas ações. Refiro-me a fundamentos básicos. Por exemplo, temos apenas duas mãos que, em repouso, se situam a cerca de 1m do chão. Já nossos olhos focalizam o que está diretamente diante de nós, mas também percebem a periferia, cuja área é determinada, em parte, por fatores ambientais, além do fato de que preferimos olhar para pessoas a focar em objetos. Além disso, é possível prever, ou mesmo determinar, como e por onde as pessoas andarão – percorrermos caminhos previsíveis e aceleramos ou reduzimos a marcha e paramos em resposta ao ambiente que nos circunda.

Esteja eu em Tóquio, Paris, Cidade do Cabo ou na Califórnia; tenha eu 2m de altura ou 1,60m, as medidas básicas do ser humano se encaixam em uma faixa absolutamente previsível. Posso ser chinês, indiano ou mexicano, não importa. Em qualquer parte do mundo, nossos olhos funcionam e envelhecem, exatamente da mesma maneira.

As implicações de tudo isso são muito claras: os lugares aonde os shoppers vão, aquilo que vêem e as respostas daí resultantes determinam a própria natureza de sua experiência. Eles verão as mercadorias e os sinais com clareza ou não os enxergarão. Alcançarão os objetos com facilidade ou com dificuldade. Percorrerão os ambientes com calma ou rapidamente – ou não os percorrerão. E todos esses fatores fisiológicos e anatômicos entram em ação simultaneamente, formando uma complexa matriz de comportamentos que precisa ser compreendida para que o ambiente varejista se amolde com sucesso ao animal que faz compras.

A grande lição que aprendemos com a ciência das compras é: acessibilidade e rentabilidade estão total e indissoluvelmente ligadas. Cuidando-se da primeira, em todos os seus aspectos, garante-se a segunda. Construa e opere um ambiente varejista adaptado às necessidades extremamente específicas dos shoppers e você terá criado uma loja de sucesso. Nos cinco próximos capítulos, veremos como as questões mais básicas – capacidade da mão humana, limites da capacidade de leitura de um ser humano quando está em movimento e mesmo as necessidades físicas de um não-shopper – afetam a experiência de fazer compras.

Ao usar esse mesmo modelo, você perceberá que ele se aplica a todos os ambientes físicos com os quais interagimos.

CAPÍTULO 3

A zona de transição

Pare.

Fique aqui comigo por alguns instantes. Não faça perguntas. Apenas observe.

Eu sei que estamos no meio do estacionamento. Essa é a questão.

Está vendo como todos se dirigem apressadamente em direção à loja? Será que é porque estão todos doidos para chegar lá? Pode ser, mas dediquei muito tempo observando pessoas cruzarem estacionamentos e é assim que todos agem: andam rápido. Um estacionamento não é local para um passeio calmo. Não é a Quinta Avenida ou mesmo Main Street. São carros velozes, fumaça dos canos de descarga e asfalto, com os elementos usuais sobre a cabeça: chuva, vento, frio, calor.

Ok, juntemo-nos às pessoas que se encaminham para a loja. O que você vê em frente? Vitrines. E o que há nelas? Coisas. Ou são cartazes? Ou são coisas e cartazes? Difícil dizer exatamente, devido ao modo como o vidro reflete o sol. Ou porque está escuro aqui fora e a iluminação é fraca. A maioria dos varejistas não muda a iluminação por ser dia ou noite. Por isso, a visibilidade deve ser bem ruim durante pelo menos um desses períodos, se não em ambos.

Para fins de discussão, digamos que conseguimos distinguir o que está nas vitrines: algo parecido com um display – manequins ou uma natureza-morta. Seja o que for, a escala está errada. Há coisas miúdas demais, indistinguíveis a distância. Lembre-se também de que, quanto mais rápido as pessoas andam, menor é seu campo de visão periférica. Entretanto, ao nos aproximarmos o suficiente para ver os produtos ou cartazes, não temos vontade de parar de olhar. Estamos naquele passo rápido, coração acelerado pelo exercício típico dos estacionamentos, e estamos nos aproximando da entrada. Assim, esqueça a intenção do que está naquelas vitrines. Diante de um estacionamento, se a mensagem não for grande, proeminente, curta e simples, será inútil.

Pronto. Transpusemos a porta e estamos lá dentro. Mas o impulso ainda não arrefeceu. Você já viu alguém cruzar o limiar de uma loja e parar bruscamente no instante em que se vê lá dentro? Nem eu. Seria uma boa maneira de causar um engavetamento. Venha cá, fique aqui comigo e observe as portas. O que acontece quando os clientes entram? Você não consegue ver, mas eles estão ocupados se adaptando: simultaneamente, diminuem o ritmo, ajustam os olhos à mudança de luz e de escala e esticam o pescoço para começar a absorver tudo o que há para ver. Nesse ínterim, suas orelhas, narizes e terminações nervosas estão selecionando os demais estímulos – analisando sons e odores, avaliando se na loja está quente ou frio. Em outras palavras, muita coisa está acontecendo e eu lhe garanto o seguinte: essas pessoas ainda não estão realmente na loja. Você pode vê-las, mas passarão mais alguns segundos até estarem realmente *aqui*. Se você olhar por tempo suficiente, conseguirá prever exatamente em que ponto a maioria dos shoppers diminui a marcha e passa do estágio de estar do lado de fora para estar do lado de dentro. O lugar é mais ou menos o mesmo para todos, dependo do layout da entrada da loja.

Tudo isso significa que o que está na zona que essas pessoas atravessam antes de fazer a transição não as atinge. Se houver um display de mercadorias, elas não o notarão. Se houver um cartaz, provavelmente estarão andando rápido demais para absorver seus dizeres. Se a equipe de vendas abordá-las com um amável "Posso ajudar?", a resposta será "Não, obrigado", garanto. Ponha uma pilha de folhetos ou de cestas de compras logo após a entrada. Os shoppers mal notarão e quase nunca os pegarão. Transfira-os 3m mais para dentro e os folhetos e cestas desaparecerão. É uma lei da natureza: os shoppers necessitam de uma pista de pouso.

O mesmo acontece em um lobby de hotel. Coloque o diretório muito perto da porta e as pessoas da recepção terão de responder a perguntas idiotas o dia inteiro. Em todo o nosso trabalho de análise de lobbies de hotéis para executivos, a falta do que denominamos "plano de arquitetura da informação" pode ter um efeito desastroso no serviço aos hóspedes. Se o *consierge* ou o carregador de malas tiver de ficar dizendo às pessoas, o dia inteiro, onde é o banheiro... Bem, não importa quanto treinamento você dê às pessoas. Tente ficar dando as mesmas instruções 500 vezes por semana. Aposto que *você* também vai ficar nervoso. As vitrines, as entradas e a pista de pouso são o começo da experiência do cliente. O mesmo vale para os hóspedes de um hotel.

Quando converso com nossos clientes, eles invariavelmente citam nossas descobertas sobre a zona de transição – ou o que passou a ser chamado de "zona de descompressão" – como um de nossos trabalhos mais importantes e úteis. Acho que é principalmente porque nosso aconselhamento desafia os mais arraigados anseios humanos sobre estar na dianteira: todos nós queremos estar ali, na frente do rebanho, no início da fila, no primeiro lugar da classe. Ao vencedor, os despojos.

Contudo, no ambiente varejista, a dianteira é, às vezes, o último lugar no qual você desejaria estar. Por exemplo, os varejistas cobrarão dos fabricantes se esses desejarem expor sua marca na porta da frente, o que parece uma boa aplicação da verba de marketing – a porta da frente está à vista de todos. Até que você percebe que, quando os shopper se aproximam da porta, tudo que procuram é uma maçaneta e um aviso relativo a se devem puxá-la ou empurrá-la. Nunca vimos alguém reduzir a marcha para ler o que está escrito em uma porta. Só há uma ocasião em que alguém pára a fim de ler o aviso: quando a loja está fechada. O que pode valer alguma coisa como ferramenta de marketing, mas não muito.

Atualmente, muitas lojas têm portas automáticas, o que facilita a vida dos shoppers, sobretudo daqueles com embrulhos e carrinhos de bebê. Mas a facilidade de entrar apenas aumenta o tamanho da zona de descompressão: não há nada a ser feito para o shopper reduzir a velocidade, nem que seja só um pouquinho. Portas giratórias são ainda piores, uma vez que elas o impulsionam para dentro da loja com alguma velocidade. Algumas lojas, em especial as menores, fazem a entrada intensificar a experiência da transição, em vez de diminuí-la. Para isso, mesmo pequenos ajustes, como o suave ranger de uma porta ou de uma maçaneta, são eficazes. Uma iluminação especial na entrada também marca claramente a fronteira entre o lado de fora e o lado de dentro. Outras coisas também funcionam, como uma mudança de textura ou de cor do piso.

Uma loja grande pode arcar com o desperdício de algum espaço frontal, ao contrário de uma menor. Em ambos os casos, a equipe de responsáveis pela disposição e promoção de produtos nos pontos-de-venda pode fazer duas coisas sensatas com a zona de descompressão: tentar não realizar nada de importante ali e cuidar para mantê-la com o menor tamanho possível.

Uma boa lição sobre o que *não* fazer com a entrada e com a zona de descompressão nos é oferecida por cortesia de uma grande e sofisticada empresa. No início da década de 1980, a Burger King estava testando um novo bufê de saladas. Para lançá-lo com estardalhaço, decidiram trocar a entrada e a saída dos restaurantes do teste. Até então, a entrada era sempre pela porta mais próxima do estacionamento. Eles transformaram essa entrada em saída e colocaram o bufê de saladas bem embaixo de uma grande janela ao lado. Assim, o shopper saltaria de seu carro, iria para a entrada antiga, veria o bufê de saladas e ficaria com tanta água na boca que, ao passar pela *nova* entrada, iria direto pegar alface.

Mas eis o que efetivamente aconteceu: os shoppers se dirigiam à entrada antiga e tentavam encontrar a maçaneta – que fora removida como parte da reconfiguração. Então, eles recuavam, coçavam a cabeça e procuravam um meio de entrar. Não estavam prestando atenção ao bufê de saladas – estavam ocupados demais procurando uma porta! Depois que a descobriam e irrompiam no restaurante, famintos e frustrados, tudo o que queriam era encontrar o balcão e pedir os hambúrgueres e fritas de sempre. Naquela atmosfera, o bufê de saladas não teve a menor chance.

Outra má idéia para a zona de transição foi lançada por uma rede de artigos esportivos cuja gerência decidiu que cada shopper ao entrar na loja, deveria ser saudado por um vendedor dentro de, no máximo, cinco segundos. Eis como isso funcionou no mundo real: o shopper entrava na loja e se deparava com uma carreira de zelosos vendedores pairando à sua volta como abutres, prontos para atacar com um caloroso "oi".

Descobrimos outro uso inadequado da zona de transição alguns anos atrás, ao testarmos uma máquina computadorizada interativa prestadora de informações, projetada para a Kmart por uma divisão da IBM. O terminal tinha uma tela sensível ao toque e um teclado. Se você perguntasse, por exemplo, onde ficavam as roupas íntimas masculinas, a máquina fornecia um mapa da loja e talvez um cupom para camisetas e meias. Uma ótima idéia, bem executada. Ajudava os shoppers e poupava a loja de ter de pagar a alguém para ficar atrás de uma mesa informando às pessoas onde ficam os suéteres para meninos 72 vezes por dia.

Entretanto, em pouco tempo, os executivos da loja descobriram uma pequena falha. Poucos shoppers usavam as máquinas. O problema é que ninguém admite, depois de seis passos loja adentro, que não sabe para onde está indo. A essa altura, o shopper sequer olhou em torno o suficiente para perceber que está perdido. Colocar os computadores perto demais da porta transformou-os em caríssimas peças de escultura eletrônica. A loja desistiu deles imediatamente, mas estou certo de que a idéia teria funcionado bem se as máquinas estivessem em um espaço percorrido equivalente a um terço da loja, mais ou menos no ponto em que os shoppers realmente *percebem* que precisam de ajuda.

Mas o que seria *possível* fazer com a zona de descompressão? Você poderia saudar os shoppers e não necessariamente encaminhá-los para algum lugar, mas dizer "oi", lembrar-lhes onde estão e iniciar a sedução. Especialistas em segurança afirmam que o modo mais fácil de desencorajar roubos em lojas é fazer os vendedores reconhecerem a presença de cada shopper com um simples "oi". É de Sam Walton a observação singela de que, se você contratar uma velhinha simpática só para dizer "oi" aos clientes que entram na loja, ninguém ousará roubar.

Você pode oferecer uma cesta de compras, um mapa ou um cupom. Em uma loja sofisticada de Manhattan, a Takashimaya, o porteiro uniformizado oferece um catálogo de bolso belamente impresso ao conduzir você para dentro. Bem à direita da entrada, na zona de transição, fica o departamento de flores da loja. Ao entrar, você o vê pelo canto do olho, mas geralmente não pára lá. Pelo contrário, você pensa: "Flores, boa idéia. Comprarei na saída." O que faz sentido, pois você não quer percorrer o resto da loja carregando um buquê de margaridas molhadas.

Bem diante da porta na H&M, na Gap ou no Wal-Mart, há o que se denomina um "mostruário de força": uma imensa banca de suéteres ou de jeans ou de latas de Coca-Cola que age como barreira para diminuir a velocidade dos shoppers. Uma espécie de quebra-molas. Funciona também como um enorme cartaz. Não diz necessariamente "Compre aqui", e sim "Pense no assunto". Serve como sugestão, simples e direta, e faz você entrar no clima para comprar no resto da loja. Você poderá encontrar o produto mais tarde, geralmente em outra seção da loja. Lembre-se de que 60% do que compramos não estavam em nossa lista. E não, isso não é a mesma coisa que compra de impulso. O que desencadeia a compra é uma proposta: "Será que você não precisa disto? Talvez não agora, porém mais tarde, em um futuro próximo." O mostruário de força de refrigerantes poderá lembrá-lo de quem está vindo para casa do campus da universidade na próxima quinta-feira, que o tempo começa a esfriar com a chegada do inverno na semana que vem, quando você irá passar o fim de semana em Maine e, ora veja só!, você sai da loja com meia dúzia de latas de Coca-Cola e um casaco de moletom novinho.

Outra solução para o problema da zona de descompressão, que vi na Filine's Basement, é romper totalmente com as regras. Não apenas romper, mas detoná-las. Ali, bem diante da entrada, colocaram uma grande caixa de mercadorias com fortes descontos, uma oferta tão boa que detém os shoppers em sua pressa. Isso nos ensina algo sobre regras: você deve segui-las ou rompê-las com vontade. Ignorar uma regra ou distorcê-la um pouco costuma ser a pior solução.

Adoraria ver alguém tentar esta estratégia original: em vez de retroceder na entrada, levar a loja para fora, além de si mesma, começando o local de vendas no estacionamento. Afinal, os torcedores de futebol americano fazem um uso primoroso de estacionamentos mesmo no pior tempo, debaixo de chuva, preparando churrasco, comendo, bebendo e batendo papo no asfalto. Cinemas *drive-in* por toda parte são transformados em mercados de pulgas durante o dia, prova de que as pessoas comprarão confortavelmente ao ar livre. Alguns supermercados trazem mercadorias sazonais para o estacionamento durante o verão. Em um balneário, visitei um supermercado em que todos os suprimentos para churrascos, brinquedos de praia, loção para bronzear e sandálias de borracha ficavam expostos em uma tenda com um vendedor e uma caixa registradora. Isso permitia a quem voltava da praia saltar, pegar umas poucas necessidades e partir, sem ter de arrastar o corpo cheio de areia pelos corredores de alimentos e longas filas do caixa.

Estender a loja para fora também vai ao encontro de uma situação interessante nos Estados Unidos: o fato de que uma parte tão grande do país foi transformada em estacionamentos. Os prédios se prestam a uma variedade de usos: uma loja de roupas pode vender produtos eletrônicos ou comestíveis ou mesmo ser convertida em um escritório. Mas as vastas planícies de asfalto dos Estados Unidos exigirão mais imaginação. Há alguns anos, visitei um shopping center em Johanesburgo, na África do Sul, onde colocaram um cinema drive-in na cobertura do estacionamento. Lá, na mesma cidade, também, vi uma exposição de automóveis da marca Audi. Todos os modelos existentes, em todas as cores possíveis. Quarenta e sete automóveis alinhados lado a lado, em filas apertadas. E, sim, você acertou. O lugar estava repleto de shoppers.

Nossa descoberta de que ser o primeiro não é necessariamente melhor estende-se além da zona de descompressão para dentro da loja propriamente dita. Em qualquer seção de uma loja, o primeiro produto que os shoppers vêem nem sempre terá vantagem. Às vezes, ocorre exatamente o contrário. Deixar algum espaço entre a entrada de uma loja e um produto dá mais tempo aos olhos do shopper à medida que ele se aproxima. Forma-se uma pequena antecipação visual. Alguém que examine, digamos, a seção de computadores de uma loja dificilmente parará no primeiro modelo e o comprará sem nenhuma outra comparação. Porém, no momento em que chegar ao meio da seção de computadores, talvez se sinta suficientemente confiante e informado para decidir. Em feiras comerciais, os estandes logo depois da entrada podem parecer mais desejáveis, mas são localizações ruins. Os visitantes passam apressados a caminho do miolo da exposição ou, ainda pior, marcam encontro com amigos na entrada, causando a (falsa) impressão de que o primeiro estande está lotado e espantando os verdadeiros shoppers. Além disso, logo após a entrada, costuma haver correntes de ar. Você se sente como se estivesse no vestíbulo.

As empresas de cosméticos e de produtos de beleza geralmente não querem ocupar o primeiro balcão após a entrada da seção de maquiagem de uma loja de departamentos. Elas sabem que as mulheres, ao se reinventarem diante de um espelho, preferem certa privacidade. Essa não é a única razão para desejar um pouco de paz e sossego. Se você fosse um dos dois grandes protagonistas do mercado de tinturas para cabelo de uso doméstico, desejaria ocupar a melhor posição possível nas drogarias. Ora, as mulheres jovens tendem a comprar tinturas para cabelo como uma afirmação de estilo – decidem mudar a cor dos cabelos para ruivo na hora de ir a uma festa chique, ou então sonham com a chegada de um evento que requer certo glamour extra, efeito que poderá ser obtido por uma tonalidade loura platinada. Já as mulheres mais velhas compram tinturas como um produto básico – usam uma cor específica há 15 anos, os cabelos estão ficando mais grisalhos, o que torna a compra tão regular quanto a de um sabonete. Em conseqüência dessa diferença, as shoppers mais velhas acham sua cor, pegam e vão embora, enquanto as mais novas precisam examinar por algum tempo a estante e a embalagem antes de comprar. Em um estudo que realizamos para um fabricante de xampu, descobrimos que as mulheres mais velhas compram um terço a menos desses produtos do que as mais novas. Assim, em uma loja em que predominam shoppers mais jovens, as tinturas para cabelo ficarão mais bem posicionadas se estiverem longe da agitação e multidão, o que geralmente significa longe da frente da loja. Se a maioria das shoppers for de mulheres mais velhas, porém, será melhor que as tinturas de cabelo fiquem mais perto da entrada. De qualquer modo, essas shoppers não examinarão os produtos por muito tempo.

Finalmente, há uma história famosa (entre os que trabalham em nosso escritório) sobre um sofisticado e caro display de supermercados para batatas fritas e salgadinhos: um belo aparelho mostrando o personagem de desenho animado Chester, o Leopardo, que, orientado por um dispositivo detector de movimentos, saudava: "Se você quer se regalar, este é o lugar", a cada vez que um shopper passava por ele. A Frito-Lay, proprietária do aparelho, pagou um dinheirão para que fossem instalados na frente de alguns supermercados. Eles eram eficazes... tão eficazes que as saudações não paravam, o que logo deixou os caixas à beira de um ataque de nervos, uma vez que tinham de escutar aquela voz irritante durante oito horas sem parar. Em pouco tempo, os funcionários de pelo menos um supermercado resolveram o problema direitinho: desligaram Chester, tornando-o instantaneamente suportável, mas para sempre mudo.

CAPÍTULO 4

Você precisa das mãos

Está um dia gelado e o shopper é uma mulher. Qual é a conclusão? A conclusão é que, no mínimo, ela está carregando uma bolsa e vestindo um casaco, que provavelmente deverá querer tirar quando estiver dentro da loja, significando que terá de carregá-lo também. Deus lhe deu duas boas mãos. Mas somente uma será usada para fazer compras.

Se ela escolher algo, carregará com a mão livre. Então, não sobrará mão. Se for algo pequeno e leve, poderá colocar debaixo do braço. Talvez ela pendure a bolsa sobre o ombro ou o antebraço. Aí, ela terá, digamos, mão e meia. Porém, se apanhar outra coisa, ficará sem mãos. Somente um shopper extremamente motivado não desistirá. A anatomia humana acaba de declarar que essa compra terminou.

Esse é um momento clássico na ciência das compras. O fato físico (a maioria dos shoppers tem duas mãos) é bem conhecido. Mas ninguém imagina as implicações disso, nem as detecta, nem as leva em conta, nem se adapta a elas, nem as reconhece. São ignoradas.

A questão da distribuição das mãos apareceu logo nos primórdios da ciência das compras. Era final dos anos 70 e tive a chance de vender a idéia do meu trabalho para a Eastern Newstand, a maior operadora de bancas de jornais da América do Norte. Caramba! Isso é que é um trabalho duro. Longas horas de trabalho, entregas de madrugada e um complicado sistema de devolução de todos os jornais e revistas que não são vendidos. Minha namorada à época conhecia a esposa do chefe e conseguiu que eu fizesse o trabalho para retribuir um favor, se é que a memória não me falha.

Fui bem tratado, mas lembro-me de que estavam bastante céticos – e quem pode culpá-los?

Fiz o trabalho de graça, mas, embora não tenha ganhado um tostão sequer, a experiência me foi extremamente valiosa. Fiquei conhecido na NAA (Newspaper Association of America – Associação de Jornais da América) e fui contratado em seguida. Desde então, há mais de uma década, minha relação com a NAA tem sido recompensadora.

A mim, coube estudar uma banca de jornais na grande encruzilhada da humanidade: a Grand Central Station, de Nova York. Apontamos nossas filmadoras para a banca e observamos nas horas mais movimentadas: o *rush* matutino e o vespertino.

O sucesso do negócio dependia de uma capacidade crucial: processar um grande número de transações durante os períodos em que todos estão com pressa, correndo do trem para o trabalho pela manhã ou do trabalho para o trem à noite. Os passageiros passam apressados e espiam se a banca está muito cheia. Se tiverem a impressão de que poderão entrar tranqüilamente, comprar um jornal, revista, cigarros ou chicletes e depois prosseguir, eles pararão. Mas, se a banca parecer lotada, com os shoppers esperando para pagar e olhando nervosos o relógio, seguirão seu caminho. E pensarão: "É muita confusão. Assim, perco o trem. Melhor comprar em outro lugar."

Outro fato que notamos com relação às bancas de jornais foi que todo shopper tinha uma das mãos já ocupada, seja por uma pasta, sacola, bolsa ou marmita. Quase ninguém vai para o trabalho de mãos vazias hoje em dia. Quando se reflete a esse respeito, vê-se que são raros os momentos na vida moderna em que ambas as mãos estão totalmente livres. Mesmo as mochilas que muitos usam agora não livram nossas mãos – apenas permitem carregar mais do que antes. Acrescente a esse mix um telefone celular, um copo de café ou uma ocasional casquinha de sorvete e, na maioria dos estabelecimentos comerciais, pelo menos metade das pessoas que vemos passar tem apenas uma das mãos livres. Posso até arriscar dizer que, quando nos descobrimos com ambas as mãos livres, sentimo-nos um tanto desconcertados e imediatamente pensamos se não esquecemos alguma coisa.

A segunda observação (um tanto seminal) que fizemos era dolorosamente simples: como 90% das pessoas são destras, usamos a mão esquerda para carregar coisas e o ombro do mesmo lado para pendurar sacolas – o que deixa nossa mão direita livre. Um instante de pausa. Admitamos que você esteja lendo este livro sentado no aeroporto enquanto espera chamarem seu vôo. Olhe para as pessoas que circulam por ali e faça uma contagem rápida de quantos carregam malas com a mão direita e quantos com a esquerda. A diferença deve ser de seis para um. As razões de carregarmos uma sacola com a mão direita podem variar de acordo com o peso, tamanho ou algum outro fator ambiental. Se eliminarmos essas causas, a proporção poderá ser ainda maior. Portanto, esteja você vendendo jornais, tentando fazer alguém pegar um folheto ou fazer o design do balcão de check-in de um aeroporto ou de uma locadora de automóveis, o viés da mão direita tem implicações significativas (minhas desculpas a todos os canhotos que me lêem).

O fator final de nosso estudo foi a própria banca, com sua estrutura típica: uma prateleira baixa, com os jornais diários, sobre a qual ficavam estantes com revistas; mais acima, havia prateleiras com bombons, chicletes e pastilhas de hortelã e, dentro da estrutura circular, acima de tudo isso, os caixas.

Graças ao recurso do vídeo, conseguimos decompor cada transação em seus componentes mínimos. Eis o que vimos: carregando sua pasta, você se aproxima da banca, inclina-se e apanha, digamos, um jornal. Depois, se apruma e mostra o jornal ao jornaleiro. A essa altura, você põe a pasta no chão ou enfia o jornal sob o braço da pasta e, com a mão livre, entrega o dinheiro. (Se você é do tipo que deixa as coisas para a última hora, tem de meter a mão no bolso para apanhar o dinheiro.) Em seguida, fica ligeiramente inclinado em direção ao jornaleiro, esperando com a mão livre estendida pelo troco. Este vai para dentro do bolso e você apanha a pasta – ou o jornal vai da axila do braço que carrega a pasta para a mão vaga –, dá meia-volta e parte, abrindo caminho pelo resto da multidão que tenta comprar algo.

Obviamente, o projetista da banca de jornais acreditava que a melhor estrutura possível era a que exibisse mais mercadorias. Talvez o proprietário da banca acreditasse nisso também. Mas, do ponto de vista do shopper, o projeto estava totalmente errado. Faltava uma prateleira na altura aproximada do cotovelo – algum lugar em que os shoppers pudessem deixar a pasta, bolsa ou compras enquanto catavam o dinheiro e esperavam o troco. Um balcão, em outras palavras.

Em vez disso, a única superfície horizontal ficava mais ou menos à altura da canela, exibindo perfeitamente os jornais, mas tornando cada transação um desajeitado balé no qual a estrela era um passageiro todo torto com uma só mão. Em conseqüência, a compra típica envolvia mais passos do que o necessário e, portanto, exigia mais tempo para se completar – mesmo algumas frações de segundo contam –, o que, por sua vez, limitava o número de transações possíveis na hora do *rush*. Isso causava congestionamento, espantava os shoppers e, em última análise, custava vendas perdidas à banca. Um projeto melhor – que levasse em conta a anatomia humana – talvez exibisse menos mercadorias, mas acomodaria mais shoppers.

Há quase 30 anos, quando apresentei aquele estudo a uma entediada platéia de executivos de bancas de jornal, o retorno foi uma coleção de olhares vagos. Hoje, fico pensando se não teria tido um feedback mais positivo, caso tivesse aprofundado o trabalho e calculado a receita perdida, ou então proposto um layout para teste. Em retrospecto, uma das lições mais importantes dessa experiência foi a seguinte: o modo como você apresenta suas idéias e informações é tão – ou mais – importante que as idéias propriamente ditas. Os mapas, gráficos, diagramas fotos manipuladas em Photoshop e videoclipes, hoje à nossa disposição, nos ajudam a formatar o que fazemos e o que achamos que nossos shoppers podem fazer com essas informações. Acredito apaixonadamente em "*edutainment*" (educação+entretenimento) – seja diante de uma platéia de homens de negócio, em uma sala de aula ou diante de um grupo de padres em uma igreja. A combinação de risos e conhecimento forma um poderoso coquetel e, se for possível acrescentar ingredientes compostos por fotos e imagens, ainda melhor.

Conduzimos estudos em cadeias de restaurantes de fast-food e em drive-thrus e sempre trabalhamos a mesma equação. A velocidade da transação é especialmente importante nesses últimos por causa do tamanho da fila de automóveis, que é muito mais aparente para shoppers potenciais do que uma fila dentro de um restaurante. Na América do Norte, particularmente, em que o volante fica do lado esquerdo, usamos a mão esquerda para pegar nosso hambúrguer com fritas e também para pagar no caixa mais adiante. Uma redução de 10 segundos do tempo gasto em uma transação comum no horário de pico do almoço terá uma contribuição quase imediata no resultado financeiro da loja.

A mulher que descrevi na abertura deste capítulo poderia estar fazendo compras em uma grande drogaria, como a Walgreens. Foi justamente durante um estudo realizado para uma rede de drogarias que imaginamos uma solução simples mas eficaz para a falta de mãos.

O momento do eureca surgiu em uma abafada noite de agosto em meu escritório, enquanto eu ouvia rádio e olhava um vídeo de pessoas fazendo compras na drogaria. Estava assistindo à filmagem da câmera que havíamos apontado para a fila do caixa, observando o malabarismo de um shopper com várias pequenas garrafas e caixas, sem deixar cair nenhuma. Foi quando me ocorreu: o coitado precisava de uma cesta.

Por que não apanhara uma? A loja tinha um montão delas, colocadas logo após a entrada. Talvez as pessoas não associem drogarias a cestas de compras. Talvez entrem pensando que precisam de apenas um ou dois itens e somente mais tarde percebam que precisam de mais coisas. O maior culpado, sem dúvida, era a zona de descompressão – as cestas estavam tão perto da entrada que os shoppers que entravam passavam por elas sem sequer percebê-las no chão. Imediatamente, comecei a esquadrinhar todos os três dias de vídeo da fila do caixa e percebi que menos de 10% dos shoppers usavam cestas, ou seja, alguns malabaristas amadores andavam comprando na loja. Aí, ocorreu-me que, *se alguém entregasse cestas a essas pessoas, elas provavelmente comprariam mais coisas! Com certeza, menos itens elas não comprariam.* O que se colocava diante de nós era o seguinte: a capacidade dos braços e das mãos dos seres humanos determina, em última análise, quanto dinheiro o shopper irá gastar.

Sugerimos que todos os funcionários fossem treinados para oferecer cestas a qualquer shopper visto carregando três ou mais itens. A gerência resolveu testar a idéia. Como as pessoas tendem a ser afáveis quando alguém tenta ajudar, os shoppers, quase todos, aceitavam as cestas. E, como o uso das cestas aumentou instantaneamente, o volume médio das vendas também aumentou – simples assim!

Ao longo dos anos, estabelecemos uma conexão direta entre o percentual de shoppers que usam uma cesta ou um carrinho de compras e o tamanho médio da transação. Você quer que as pessoas gastem mais? Certifique-se de que estejam usando algum tipo de auxílio. Durante algum tempo, a comunidade de comerciantes entendeu a mensagem, mas não assimilou totalmente o subtexto. O resultado foi que aumentaram o tamanho dos carrinhos. Do Wal-Mart e Target, passando pelo Carrefour e Auchan, na Europa, os carrinhos de compra se ficaram imensos. Em 2006, observamos que, no mundo todo, fosse em supermercados, hipermercados ou hiperlojas de desconto, o número de pessoas que usavam carrinhos ou cestas diminuiu. "Só vou entrar para comprar umas poucas coisas", pensavam as pessoas. *Não pegar* um carrinho ou uma cesta foi o modo que o shopper encontrou de definir sua missão. E, se estavam entrando na loja apenas para pegar algumas coisas, não desejavam ficar empurrando um caminhão (isto é, um imenso carrinho de compras) para cima e para baixo pelos corredores da loja. O problema era que os shoppers pegavam apenas algumas coisas e, depois, ao passar pelo corredor de vinhos, deparavam-se com uma ótima oferta de Pinot Noir. Veja só! Dois pelo preço de um e... e agora? O que fazer?

Nossa resposta? Ofereça aos shoppers uma estratégia de auxílio para as compras já na porta de entrada. Carrinho ou cesta? Em seguida, espalhe estrategicamente pela loja outras cestas. Se as cestas colocadas em determinado local não estiverem sendo apanhadas, escolha outro lugar. (Recomendamos também evitar aquelas cestas de plástico tipo Chapeuzinho Vermelho. Uma cesta ideal é aquela que os shoppers desejam roubar ou comprar. Nesse caso, nenhuma das duas hipóteses se aplica. Cestas de plástico são incômodas e não muito atraentes. Para os homens, que não se imaginam passeando pela floresta a caminho da casa da vovozinha, elas são quase uma afronta à masculinidade. Muito simples: precisamos de um design de cesta de compras melhor.)

Vários shopping centers passaram a oferecer carrinhos destinados a shoppers com filhos pequenos. A cesta de compras fica na parte de cima, enquanto o menino fica sentado dentro de um carrinho de corrida na parte de baixo.

No começo de 2008, eu analisava um novo protótipo de loja para a Spar em uma estação de trens em Milão, Itália. A Spar é uma cadeia de lojas de conveniência, assim como a 7-Eleven nos Estados Unidos. Suas lojas estão espalhadas por toda a Europa e em muitos mercados emergentes de ex-colônias européias. Estive lá com o presidente da Spar Itália. Era uma ótima loja. Em todo o continente europeu, a compra de alimentos em estações de trens cresceu muito nos últimos anos. As lojas de comida na Grand Central Station, em Nova York são extremamente luxuosas e os mercados populares que ficam adjacentes à estação de East Bay do sistema de transportes públicos de São Francisco são notáveis. Mas o comércio de alimentos na Gare Du Nord, em Paris, na Estação Ferroviária Central de Helsinki, na Finlândia, e em praticamente qualquer estação no Japão, colocam no chinelo qualquer uma dessas nos Estados Unidos. Elas oferecem produtos de qualidade, a bons preços, e, em geral, são rápidas. Em uma estação de trem – diferentemente de um aeroporto, onde compramos por estarmos presos –, velocidade é um fator crítico. Para um shopper, cujo trem pode estar chegando a qualquer instante, é preciso entrar e sair com agilidade. Mas, do ponto de vista do comerciante, o importante é que a transação seja a maior possível. Assim, qualquer um que esteja fazendo compras sem sacola fará um volume limitado de compras.

O presidente e eu passamos mais de uma hora percorrendo a loja, que, como já disse, era ótima. Havia ótimas verduras, uma banca de preparação de sucos e uma pequena padaria. O problema era que todas as cestas ficavam empilhadas junto à porta de entrada. Ele me perguntou o que poderia ser feito para aumentar o desempenho da loja. "Olhe para isso", eu lhe disse. Peguei três cestos e comecei a andar pelos corredores. Cada vez que encontrava um shopper com as mãos cheias de compras, oferecia-lhe uma cesta com um belo sorriso. Ninguém as recusou.

Existem momentos nesse negócio em que você vê a luz acender dentro da cabeça das pessoas. Você pode ficar ignorando idéias simples durante a maior parte do tempo, mas, quando testemunha em tempo real uma delas acontecer, a ficha cai. Eu vira o presidente dar um sorrisinho várias vezes durante todo aquele tempo que passamos juntos, mas, naquele momento, ele abriu um *sorriso radiante*.

Diante da evolução da ciência das compras, minha principal preocupação é que, ao se apaixonarem pela evolução tecnológica – sensores em cartões de compra, pacotes de software que se acoplam às câmeras de segurança da loja –, os comerciantes passem a achar que ficar olhando para uma tela de computador será um substituto aceitável para o ato de descer ao chão da loja e ficar observando pessoalmente o que se passa.

Em uma livraria de grande sucesso perto do meu escritório, uma pilha de cestas jaz no lugar errado de sempre: em um canto logo após a entrada. A julgar pelo local em que ficam as cestas, os livreiros devem achar que os shoppers entram em suas lojas pensando: "Bem, hoje pretendo comprar quatro livros, uma caixa de cartões de saudações e uma revista. Logo, a primeira coisa que farei será apanhar uma cesta para todas as minhas compras." O bom senso nos diz que as pessoas não funcionam assim. Mais provavelmente, alguém entra na livraria pensando em um livro específico, encontra-o, depois percebe outro livro que parece interessante. É nesses momentos que reside a essência do varejo. Para muitas lojas, as vendas complementares e de impulso significam a diferença entre lucro e prejuízo.

De qualquer modo, quando nosso shopper de livros se depara com um segundo volume interessante, começa a desejar que houvesse uma cesta para facilitar um pouco sua vida. Se, nesse exato momento, uma cesta se materializasse – totalmente visível, facilmente acessível e sem que fosse preciso se abaixar –, ele provavelmente pegaria uma. Então, talvez continuasse comprando os livros números três e quatro. Talvez até um marcador de página.

A lição parece clara: as cestas devem estar espalhadas pela loja, onde quer que os shoppers possam precisar delas. Na verdade, se todas as pilhas de cestas fossem transferidas da frente da loja para os fundos, sua eficácia aumentaria instantaneamente, pois muitos shoppers só começam a pensar seriamente em comprar as mercadorias depois de examiná-las um pouco. A pilha não deve estar a menos de 1,5m do chão, não só para assegurar que fique visível a todos, mas também para que os shoppers não precisem se inclinar para pegar uma. Eles detestam fazer isso, especialmente se suas mãos estiverem cheias.

As próprias cestas também precisam ser repensadas. Essa livraria usa cestas de plástico pouco profundas, com alças de aço articulado, semelhantes àquelas encontradas em supermercados e lojas de conveniências. Elas são perfeitas para quem compra garrafas, jarros ou itens frágeis, mas não fazem sentido para livro, materiais de escritórios ou roupas. Quando a cesta fica pesada, as alças tornam-se desconfortáveis na mão, mas você não pode pendurá-la no braço ou ombro, como sugeriria o bom senso. Em conseqüência, você não deixa a cesta encher demais. Como nos acostumamos a carregar livros? Em sacolas, especialmente as que têm alças longas, para podermos pendurá-la no ombro. Um suporte de sacolas de lona ou náilon seria bem melhor aqui e teria a vantagem adicional de ser uma mercadoria vendável. O caixa poderia esvaziar a sacola, totalizar as compras, perguntar se o shopper deseja comprá-la e, depois, enchê-la e economizar plástico ainda por cima.

O uso mais inteligente de sacolas de compras que conheço é praticado na Old Navy, na Rua 17, em Manhattan. Embora essa cadeia de artigos de vestuário tenha tido seus altos e baixos, quem quer que seja o gerente dessa loja específica está fazendo um belo trabalho. Sempre levo varejistas visitantes para ver a loja – é uma das experiências de compra mais animadas e dinâmicas de Nova York. Tão logo você entra, é saudado por um funcionário amigável e sorridente que oferece uma sacola de malha preta para você carregar as compras. As sacolas são mais baratas, leves e fáceis de armazenar do que cestas de plástico e têm uma aparência bem melhor. E efetivamente, na saída, o caixa pergunta se você deseja comprar a sacola. Um bom número de pessoas responde que sim, adicionando, desse modo, uma compra final no último momento possível.

O uso menos inteligente de cestas de compras que presenciei foi em uma loja de departamentos originária do sul do país durante a época de Natal. Havia uma grande estante de sacolas de malha perfeitamente posicionadas logo após a entrada. Mas algum "gênio" da promoção em pontos-de-venda resolveu pôr na frente um display ainda maior de bonequinhos de Papai Noel, tornando as bolsas totalmente invisíveis para quem entrasse. (Elas eram perfeitamente visíveis para os que saíam.) Não sei quantos Papais Noéis foram vendidos, mas certamente não foi o suficiente para compensar aquela má decisão.

Ao estudarmos suas lojas, o fabricante e varejista de louças Pfaltzgraff já estava fornecendo cestas e carrinhos de compras aos shoppers. Mas, no caixa, observamos que muitos carrinhos estavam repletos até a borda de pratos, tigelas e assim por diante. A tendência praticada por empresas de varejo de aumentar o tamanho dos carrinhos de compra ainda não fora detectada pela Pfaltzgraff. Imediatamente, a empresa substituiu os carrinhos por outros novos, cerca de 40% maiores. Com a mesma rapidez, a venda média por shopper aumentou.

Uma de minhas lojas favoritas em todo o mundo é a Vinçon, uma loja de design em Barcelona, Espanha. A cada estação, eles redesenham suas sacolas de compra, que são engraçadas, modernas e repletas de comentários sociais. Estou convencido de que muita gente faz compras lá somente para ganhar a sacola da estação. Caminhando pelas ruas de Chicago ou Nova York, quantas vezes já não avistamos alguém com uma sacola da American Girl Place? Circulando por diversos locais, elas são um cartaz ambulante de promoção da marca pelo qual você não precisa pagar.

Tudo isso serve de lembrete para um dos mais importantes princípios do mundo do varejo: você só saberá quanto os shoppers comprarão quando tornar a experiência de compra a mais confortável, fácil e prática possível.

Há uma forma bastante elaborada de manter livres as mãos dos shoppers que eu adoraria ver algum varejista testar. Esse plano faria os shoppers se sentirem 100% mais leves até ser tarde demais: depois de já terem saído da loja.

A idéia seria criar um sistema que combinasse a chapelaria com a retirada de mercadorias. Os shoppers deixariam todos os seus volumes assim que entrassem na loja. E, em vez de carregar as compras consigo, instruiriam os vendedores a despachar sacolas e caixas para o balcão de retirada de mercadorias perto da saída. Após toda uma vigorosa sessão de compras, e com as mãos livres, o shopper se dirigiria à porta, apanharia o casaco, o chapéu e as compras, e entraria no automóvel, táxi ou na limusine que o estaria aguardando.

Em 2006, começamos a trabalhar para a divisão de parques de diversão da megacervejeira Anheuser-Busch, que opera os parques de diversão Busch Gardens e os vários Sea Worlds espalhados pelos Estados Unidos. Nos parques em que trabalhamos, a empresa tinha um sistema em cada loja de souvenires mediante o qual era possível mandar as compras com antecedência para a entrada principal. Ande no Castelo Assombrado, compre sua foto do passeio (impressa em uma caneca), envie-a para lá. Entre no próximo brinquedo – Uau! Mãos para cima! Em tese, seria possível comprar o que se quisesse em qualquer parte do parque e mandar entregar na porta. O problema? Os shoppers só tomavam conhecimento desse serviço depois de terem comprado algo – e, mesmo então, as coisas não eram explicadas com a clareza necessária. Fiquei imaginando quantas pessoas passeando pelo parque ou visitando as lojas desconheciam esse serviço e, por essa razão, decidiam não comprar nada. Quem é que quer ficar de cabeça para baixo em uma montanha-russa segurando uma sacola com uma caneca personalizada? Minha opinião era que a Anheuser-Busch precisava explicar esse ótimo serviço em detalhes logo na entrada do parque.

Às vezes, nem isso é suficiente. Uma das lojas de souvenires que estudamos na Disneylândia continua às voltas com esse problema. Ali, durante o dia inteiro, a loja fica quase vazia, pois os visitantes sabiamente não querem fazer compras e depois ter de carregá-las pelo parque.

Mas às 16:30, vira um pandemônio de pessoas ávidas por souvenires. Criou-se um balcão de retirada de mercadorias para que os visitantes pudessem comprar de manhã, deixar a loja de mãos vazias e, no fim do dia, passar pelo balcão para retirar as compras. O único problema é que muitos shoppers esquecem de voltar para pegar as compras.

Minha visão mais plena desse serviço foi uma que sugeri à Bloomingdale's. Na loja principal em Manhattan, o oitavo andar não é o ideal para venda, devido à sua localização difícil. Assim, sugeri que o andar fosse transformado em uma espécie de retiro semiparticular para shoppers especiais, guarnecidos de toaletes com atendentes, caixas automáticos, um café, porteiro e outras amenidades semelhantes – inclusive, é claro, o balcão de chapelaria/retirada de mercadorias. Se os shoppers estivessem de visita a Nova York, a entrega poderia ser feita no hotel. Na verdade, imaginei que a afiliação a esse clube semiprivado poderia ser vendida em hotéis, que repassariam seus benefícios aos hóspedes. Esse tipo de serviço seria mais rentável em uma escala ainda maior. Não vai demorar muito até que algum empreendedor de shopping centers institua um sistema desse tipo para servir a todo o comércio local, fazendo sua parte para aumentar as vendas – e, é claro, também sua retirada.

É difícil exagerar a importância da questão das mãos para o mundo das compras. Uma loja pode ser o lugar mais legal do mundo, oferecendo os melhores/mais baratos/mais atraentes produtos, mas, se o shopper não conseguir apanhá-los, tudo isso será em vão. Mais adiante, explicarei a questão crucial do toque, da prova e de outros aspectos sensoriais das compras. Se os shoppers não puderem estender a mão e sentir certos produtos, não comprarão. Assim, não é apenas uma questão de garantir que os shoppers consigam carregar o que querem levar. Eles sequer se aproximarão dessa decisão se as mãos estiverem cheias. É por isso que, em muitos casos, displays de mesa são os melhores para exibir vestuário do que cabides: é uma luta examinar algo pendurado em um cabide se você só tem uma das mãos livres, enquanto no balcão você pode colocar sua carga e desdobrar aquele suéter para olhá-lo de perto, apalpá-lo e senti-lo.

A mais divertida manifestação da questão da mão foi em um supermercado que visitei. Como ocorre em quase todas as lojas de varejo nos Estados Unidos atualmente, esse supermercado decidira instalar um café no qual os shoppers pudessem se sentar e beber. Não foi o primeiro café que vi em um supermercado, mas o primeiro a realmente compreender como a coisa toda deve funcionar: instalou um porta-xícara nos carrinhos de compras, significando que o shopper poderia beber enquanto passeava pelos corredores. Esse toque inteligente e sutil deve vender muito café, aposto.

CAPÍTULO 5

Como fazer a leitura de um cartaz

"Bem", ele diz para mim, "o que você acha?"

Com isso, o responsável pela programação visual revela um cartaz que deverá ser afixado em umas 500 lojas.

Estou sentado em uma cadeira confortável, em uma sala de reuniões com ar condicionado e iluminação perfeita. O cartaz está bem diante de meu nariz, a uma distância perfeita para a visão, belamente impresso em papel caro que os profissionais tornaram primorosamente fosco. Há uma espécie de frenesi por toda a sala.

"Ih!", respondo. "Não sei o que acho."

Olhares preocupados à minha volta. Eles não estão preocupados com o que falei, mas sim com o que possa acontecer comigo.

"Como é que você não sabe?", pergunta o executivo. "Você *deveria* saber."

E então tento explicar.

Começo dizendo que, a não ser que cada shopper se depare com o cartaz ou, mais recentemente, com um display numa televisão de tela plana, exatamente sob as mesmas condições em que o vi pela primeira vez, para mim é impossível saber se é a melhor peça de comunicação até hoje concebida no mundo ou se é apenas uma trágica perda de tempo, espaço e dinheiro. Tento lembrar a todos que as pessoas em lojas, restaurantes ou bancos quase nunca estão paradas. Elas estão se deslocando de um lugar para o outro e não têm a intenção de ler cartazes ou displays em telas planas. Na verdade, em geral, as pessoas estão fazendo algo totalmente diferente, como tentar encontrar meias, descobrir qual é a fila menor ou decidir se comerão hambúrguer ou frango. E há aquela peça de comunicação novinha em folha em algum ponto a distância, geralmente em um ângulo agudo, parcialmente oculta pela cabeça de um homem alto, a iluminação não muito forte, com alguma refração dificultando a leitura e, de qualquer modo, alguém está conversando com o shopper e ele está distraído.

Em outras palavras, acabo dizendo que ver um cartaz em uma sala de reuniões, embora ideal do ponto de vista do programador visual, é a pior forma possível de avaliá-lo.

Para saber se um cartaz ou qualquer mídia dentro da loja funciona ou não, só há uma forma de avaliá-lo: *in loco*, na área da loja.

Mesmo ali, não é passeio algum. Primeiro, você precisa medir quantas pessoas olham para a peça. Depois, precisa saber se olharam o tempo suficiente para ler seus dizeres, pois, se não o estiverem lendo, mesmo o melhor cartaz não funcionará. Ora, a diferença entre uma vista d'olhos em um cartaz e uma leitura minuciosa pode ser de dois ou três segundos. Portanto, esse é um grande desafio para nossos pesquisadores. Eles precisam posicionar-se discretamente no lugar certo, atrás do próprio cartaz, e observar os mínimos movimentos dos olhos do shopper, verificando ao mesmo tempo o cronômetro, apenas para saber com absoluta certeza científica que esse homem focalizou o cartaz por quatro segundos e, depois, desviou os olhos para aquele poster, olhando-o por três segundos. Nós observamos shopper após shopper, durante horas a fio, centenas de pessoas, por milhares de minutos, e, depois, reunimos todas as nossas constatações para dizer se um cartaz tem alguma eficiência.

Tente. Não é fácil.

Mas, depois de 30 anos fazendo esse trabalho, acumulamos confiança suficiente para fazer deduções razoavelmente precisas. E acertamos na maior parte do tempo. Existem algumas regras básicas sobre o tipo de fonte, cores e layout. Aprendemos também algumas coisas sobre as interações daquilo que chamamos de "comunicação in-loco" com a circulação de pessoas em diferentes ambientes. Contudo, para medir efetivamente o sucesso ou fracasso de um cartaz, é preciso atrelar a ele alguns caracteres alfanuméricos: 17% percebem o cartaz; desses, 12% se dão ao trabalho de lê-lo (o tempo médio de leitura é 2,9 segundos). A única forma de se descobrir isso é colocar a peça no local e ficar observando.

Há empresas que avaliam a legibilidade de cartazes, mostrando-os para pessoas com capacetes de alta tecnologia que medem os mínimos movimentos do globo ocular. Mesmo esse trabalho não dirá se você colocou o cartaz certo no lugar errado, o que acontece toda hora (e o que, aliás, é pior do que pôr um cartaz fraco no lugar perfeito). E certamente você não conseguirá prever se os shoppers lerão um cartaz e reagirão a ele na área da loja, onde os fatores de distração são inúmeros.

Mas voltemos à sala de reunião. O erro mais comum no design e na colocação de cartazes e em outras formas de mensagem é pensar que irão para dentro de uma loja. Quando se trata de cartazes, não é mais uma loja. É um comercial de televisão tridimensional. É um contêiner dentro do qual as pessoas circulam absorvendo palavras, pensamentos, mensagens e idéias.

As pessoas entram nesse contêiner e ele comunica coisas. Se tudo estiver funcionando bem, as coisas que são comunicadas captam a atenção e induzem as pessoas a olhar, fazer compras e, talvez, retornar outro dia para fazer mais compras. As pessoas são informadas do que devem comprar e onde essas coisas estão localizadas e por que devem comprá-las. Elas são informadas do que o produto pode fazer por elas quando e como.

É um grande comercial de televisão tridimensional dentro do qual passeamos.

E, exatamente como se estivéssemos escrevendo e dirigindo um comercial de televisão, o negócio é descobrir o que dizer, quando e como dizê-lo.

Primeiro, você precisa despertar a atenção de seu público. Isso feito, precisa apresentar sua mensagem de maneira clara e lógica – início, meio e fim. A mensagem deve ser fornecida da mesma forma que as pessoas a absorvem: um dado de cada vez, camada por camada e na seqüência correta. Se, de início, você não atrair a atenção do shopper, nada do que se segue será absorvido. Se contar coisas demais muito cedo, você o sobrecarregará e ele desistirá. Se você o confundir, ele ignorará totalmente sua mensagem.

Sempre foi assim. A principal razão por que isso é tão importante atualmente é que, como já disse, cada vez mais decisões de compra estão sendo tomadas dentro da própria loja. Os shoppers têm renda disponível e mentes abertas e estão cedendo a seus impulsos. O impacto do marketing da marca e da propaganda tradicional tornou-se difuso porque todos nós nos saturamos deles. O papel da colocação e da localização dos produtos no ponto-de-venda nunca foi tão importante. Agora, os produtos vivem ou morrem em função do que ocorre na área de vendas. Você não pode desperdiçar uma chance de dizer aos shoppers algo que eles não saibam.

E os shoppers estão mais apressados do que nunca. Eles não perdem tempo como antigamente. Eles se acostumaram com lojas em que os produtos à venda estão expostos e esperam que todas as informações necessárias estejam também à vista. Ninguém quer esperar até que um vendedor lhe aponte a direção certa ou explique algo sobre algum produto novo. De qualquer modo, é cada vez mais difícil encontrar um vendedor disponível. Antigamente, você entrava em um café e tudo o que havia para ler era o menu e o jornal do dia. Agora, mesmo na menor das lojas da cadeia Starbucks, você encontra 11 diferentes elementos de sinalização comunicando tudo, desde a disponibilidade de uma bebida sem gordura até a parceria com o último CD de Paul McCartney.

Assim, você não pode dar uma olhada na loja, descobrir onde há pontos vazios nas paredes e colocar os cartazes ali. Não pode abrir espaço num balcão e despejar todo o material promocional de ponto-de-venda. Toda loja é um conjunto de zonas e você precisa mapeá-las antes de afixar qualquer cartaz. Você precisa levantar e caminhar pela loja perguntando-se a cada passo: O que os shoppers estarão fazendo *aqui*? E aqui? Em que estarão pensando *ali*? Para onde estarão olhando quando passarem por aqui? Nesta zona, as pessoas estarão andando rápido, portanto a mensagem deverá ser curta e incisiva para atrair a atenção. Acolá, estarão olhando em volta, de modo que você poderá fornecer um pouco mais de detalhes. Nesta área, estarão pensando em... digamos que estejamos junto a uma prateleira de óleo para motores, de modo que estão pensando em seus automóveis. Portanto, talvez seja uma boa oportunidade dizer algo sobre limpadores de pára-brisa sobressalentes. Junto às caixas registradoras, ficarão parados por 1,5m, uma janela de oportunidade perfeita para mensagens mais longas.

Depois, estarão saindo da loja, mas você pode usar o caminho de saída para lhes transmitir uma mensagem para pensar durante o trajeto para casa.

Cada zona é correta para um tipo de mensagem e errada para todas as outras. Pôr um cartaz cuja leitura requer 12 segundos em um local em que os shoppers se detêm por quatro segundos não é muito mais eficaz do que colocá-lo em sua garagem.

Vivo andando por aí e aumentando minha lista mental de lugares nos quais os shoppers ficam parados, sem fazer nada, e, portanto, onde alguma mensagem poderia ser apropriada. Descobri um desses lugares outro dia. Em uma loja de sapatos, depois que você escolhe o produto, o vendedor sai em busca de seu tamanho. A essa altura, você já examinou todos os sapatos e não tem mais o que fazer. Este provavelmente é um bom local para um cartaz promovendo outra mercadoria. Você provavelmente gostaria de algo para ler naquele momento e local. Talvez sobre bolsas.

Ultimamente, um excelente lugar para a colocação de cartazes que tenho visto em muitos lugares é dentro do banheiro masculino, sobre os mictórios. A leitura é garantida em quase 100% dos casos. É um lugar apropriado a uma enorme criatividade em relação à mensagem.

Eis outro bom local para cartazes atualmente negligenciado: as escadas rolantes. Isso me ocorreu ao sair do metrô em Londres. Ali, você gasta bastante tempo subindo devagar, passando por telas planas, onde antigamente ficavam cartazes convencionais. Quando alguém me pergunta sobre uma boa aplicação de cartazes eletrônicos, indago se já andaram de metrô em Londres.

Não basta descobrir a área geral em que um cartaz deve ser colocado. Certa vez, estudamos shoppers que topavam com uma faixa pendurada bem acima da área de caixa/ embalagem de uma loja. Bom local, não? Não. Uma porcentagem reduzida de shoppers chegava a vê-lo. Ninguém fica em uma loja olhando para cima. Recomendamos que a faixa fosse deslocada pouco mais de 1m para trás e o número de pessoas que passou a vê-la dobrou. Quando se trata de posicionar um cartaz, a diferença entre um ponto de visão ideal e um péssimo costuma ser de poucos metros ou de um ângulo de 10 graus. Para conseguir o máximo de exposição, um cartaz deve interromper as linhas de visão naturais existentes em qualquer área determinada. Assim, você tem de parar em um local e descobrir: para onde estou olhando? É lá que o cartaz deve ser afixado. Não surpreende que o que as pessoas mais olham sejam outras pessoas. Por isso, alguns dos cartazes mais eficazes em restaurantes de fast-food são aqueles sobre as caixas registradoras, mais ou menos no nível do rosto do caixa. A colocação inteligente de cartazes tenta interromper a linha de visão do shopper e interceptar seu olhar.

Às vezes, porém, é preciso ser criativo na colocação de mensagens. A Toro, uma fabricante de aparadores de grama, preparou um vídeo para promover um novo cortador automático. Naturalmente, a peça estava sendo exibida nas lojas de artigos domésticos e jardinagem, mas onde? Na seção de cortadores de grama. Lá, os shoppers viam as telas, mas depois percebiam que teriam de parar 10 minutos para assistir ao vídeo todo. Mas não apenas isso; eles ficariam de pé no meio do corredor, onde possivelmente seriam atropelados por outros a caminho da seção de churrasqueiras. Em vez disso, o vídeo foi transferido para as áreas de espera do departamento de reparos, onde foi exibido para públicos cativos gratos por qualquer distração. Quem visita o departamento de reparos de uma loja de artigos domésticos ou de jardinagem comprará um novo cortador de grama *algum dia.* Por alguma razão, constatamos que mesmo varejistas que enchem de letreiros outras partes da loja deixarão de reconhecer a possibilidade de comunicação das áreas de espera, onde as pessoas tendem a morrer de tédio. Certa vez, estudamos uma sala de espera da área de serviço de uma revenda de automóveis que não oferecia nenhum material de leitura, nenhuma peça de literatura promocional. Nem uma revista especializada, como a *Car and Driver*. Nem mesmo um número antigo da *Seleções do Reader's Digest*.

Não é segredo que os nova-iorquinos detestam esperar – queremos nosso misto-quente imediatamente após o pedirmos. Se tivermos de esperar muito mais do que isso, na próxima vez, atravessaremos a rua para ir a outra delicatessen. Portanto, não pude deixar de admirar uma loja de sanduíches finos do outro lado da rua de meu escritório que, inteligentemente, oferece o *The New York Times* e revistas variadas, de modo a aplacar os shoppers que geralmente devem esperar mais de cinco minutos por seu delicioso sanduíche de pernil assado em fogo lento com molho especial.

Ninguém estuda letreiros tão detalhadamente quanto o setor de restaurantes de fast-food. Ainda que você não pretenda adquirir uma franquia do Burger God, é instrutivo examinar como eles fazem.

Eles percebem que é possível pôr um cartaz eficaz em uma vitrine ou logo após a entrada, por exemplo. Mas tem de ser algo que o shopper consiga ler em um instante. Apenas duas ou três palavras. Cronometramos um número suficiente de pessoas para descobrir que esses cartazes obtêm, em média, menos de dois segundos de exposição por shopper.

Certa vez, pediram para avaliar um cartaz de porta com 10 palavras.

"Quanto você consegue ler em um segundo e meio?", perguntei ao desenhista.

"Acho que umas três ou quatro palavras", admitiu.

"Hum", respondi.

Os restaurantes de fast-food costumavam pendurar todos os tipos de sinalizações, cartazes e móbiles ao redor das entradas para captar rapidamente a atenção dos shoppers, até que estudos mostraram que ninguém os lia. Ao adentrar um restaurante de fast-food, você está procurando ou o balcão ou o toalete.

Não faz sentido colocar um cartaz para pessoas a caminho do toalete. Elas estão preocupadas com outra coisa. Mas um cartaz voltado às pessoas que deixam o toalete funciona bem.

Ao se aproximarem do balcão, as pessoas estão tentando decidir o que pedirão. No ramo de restaurantes de fast-food, isso significa que estão olhando para o grande quadro do menu. Mas elas não lerão cada palavra do quadro. Elas o percorrerão até verem o que estão procurando. Se forem shoppers habituais (a maioria o é), provavelmente já sabem o que querem e sequer olharão o menu.

Se houver uma longa fila, os shoppers terão bastante tempo para examinar o quadro de menu e qualquer outra coisa visível. Feito o pedido, os elementos do quadro de comunicação do menu e da área do balcão ainda recebem prolongada atenção dos clientes. O McDonald's descobriu que 75% dos shoppers lêem o quadro de menu *após* o pedido, enquanto esperam pela preparação, o que leva, em média, 1 minuto e 40 segundos. É um longo tempo em que as pessoas lerão quase tudo. Elas já pagaram e receberam o troco, de modo que não estão preocupadas. Essa é uma vitrine perfeita para uma mensagem mais longa, algo que você quer que eles saibam para a próxima vinda. Se olharmos o conjunto de todos os menus nesses grandes quadros, de restaurantes de fast-food a delicatessens de supermercados, 61% do tempo total que uma pessoa passa lendo o menu ocorre depois de feito o pedido.

Depois, as pessoas saem ou vão pegar ketchup e mostarda. Você pode colocar materiais promocionais sobre o balcão de condimentos, embora seja inútil anunciar hambúrgueres ali, pois já é tarde demais. Mas é uma boa oportunidade de informar algo sobre as sobremesas. Eis uma lição sobre a seqüência lógica de elementos de comunicação: é inútil informar algo aos shoppers quando é tarde demais para que ajam em função dessa informação. Por exemplo, é uma boa idéia colocar cartazes para shoppers na fila do caixa, mas esses cartazes não poderão promover mercadorias mantidas no outro extremo da loja.

Após o balcão de condimentos, os clientes do restaurante de fast-food *vão* para a mesa comer. Alguns anos atrás, houve uma ação nesse setor para banir a desordem do salão de refeições – letreiros pendurados, móbiles, cartazes e "cartazetes de mesa" (aqueles objetos de cartolina de três lados que fazem companhia ao sal e à pimenta). Isso se revelou um erro porque os planejadores da loja não observaram o que estava ocorrendo em seus próprios restaurantes, especificamente a composição social da refeição de fast-food típica.

Testamos os cartazetes de mesa em dois tipos de restaurante: os "familiares", como o Applebee e o Olive Garden, e os de fast-food. Nos primeiros, os cartazetes de mesa eram lidos por 2% das pessoas.

Nos restaurantes fast-food, 25% dos shoppers os liam.

A razão dessa diferença substancial era simples: nos restaurantes familiares, as pessoas geralmente comem em grupos de dois, três ou quatro (ou em família!). Estão ocupadas demais com a conversa para observarem os elementos de comunicação. Mas o shopper típico de fast-food come sozinho. Ele fica doido para encontrar uma distração. Se lhe derem uma toalha de bandeja com coisas impressas, ele a lerá. Se lhe derem o primeiro capítulo do próximo romance de Stephen King, ele também o lerá. Um de nossos clientes, a Subway, estava imprimindo guardanapos alardeando que seus sanduíches eram muito mais saudáveis do que hambúrgueres. Dêem um passo adiante, aconselhamos. Imprimam um gráfico nos guardanapos comparando o teor de gordura. No salão de refeições de um restaurante fast-food, você pode praticamente garantir que os shoppers lerão mensagens que seriam ignoradas em qualquer outro lugar. Há um modelo óbvio que é a parte posterior das caixas de cereal.

Você pode ver, portanto, como um restaurante de fast-food está dividido. Quanto mais para o fundo do salão, mais longa pode ser a mensagem. Duas ou três palavras na entrada; um guardanapo cheio de letrinhas nas mesas. Outro dia, passei por um local de fast-food que tinha um cartaz perfeito na vitrine. Ele ostentava a frase eloqüente: "Big Burger". Somente ao entrar no local, você se deparava com outro cartaz explicando os detalhes do chamariz. (Eles estavam vendendo... hambúrgueres grandes.) Eis um projeto inteligente de cartazes, que é decompor a mensagem em duas ou três partes e comunicá-la aos pouquinhos à medida que o shopper vai entrando na loja. Pensar que cada cartaz deve ser independente e conter uma mensagem completa, além de falta de imaginação, é ignorar o funcionamento do cérebro humano. Os cartazes chegam a ficar sem graça. Posso me lembrar dos outdoors do Burma-Shave (uma antiga marca de creme de barbear) que via na estrada a caminho da fazenda de meu avô. Foi a seqüência dos cartazes que os tornou ícones do humor americano.

Este Creme
De Barbear
É Como
Um Pára-quedas
Não há
Substituto
Burma-Shave

Outra lição da linguagem dos cartazes é cortesia do Serviço Postal dos Estados Unidos, para o qual realizamos um imenso estudo a fim de ajudar a projetar a agência postal de hoje, incluindo uma loja self-service, com balanças para uso dos shoppers e estações de embalagem.

Em uma das agências protótipo que estudamos, atrás dos caixas estavam penduradas grandes faixas promovendo vários serviços. Nossa pesquisa descobriu que 14% dos shoppers liam as faixas, levando, para tanto, em média, 5,4 segundos. Havia também cartazes pendurados nas paredes ao lado das caixas recomendando colecionar selos. Quatorze por cento dos shoppers os liam levando em média 4,4 segundos.

Esses índices podem ser considerados muito bons no mundo dos elementos de comunicação. E já era de se esperar, pois, quando se está na fila do correio, o que mais se pode fazer? A área atrás ou ao lado dos caixas é, quase sempre, o local de sinalização mais valioso.

O correio também pendurou cartazes e instalou quadros eletrônicos para serem vistos por shoppers nos balcões de escrever. Esses cartazes eram lidos por apenas 4% dos shoppers, levando, em média, 1,5 segundo. Móbiles pendurados sobre as balanças eram lidos por apenas 1% dos shoppers, levando em média 3,3 segundos. Isso não surpreendeu, pois, quando se está escrevendo ou pesando, não se está lendo. Esses cartazes eram inteiramente dispensáveis.

Os bancos também gastam muita energia tentando descobrir que elementos de comunicação funcionam ou não. Os bancos, restaurantes de fast-food e as agências de correio têm em comum o fato de terem muitos shoppers parados em pé e voltados para a mesma direção – oportunidade ideal para a comunicação. A diferença é que os bancos são alguns dos piores infratores na arte e na ciência da colocação de elementos de comunicação. Posso levar você a agências das maiores e mais sofisticadas instituições financeiras do mundo em que a localização de materiais promocionais de pontos-de-venda e informativos é ridícula. Existem barracas de quermesses de igrejas ou de venda de limonada por crianças que exibem melhor noção de sinalização do que certos bancos. A cinco minutos do meu escritório, há uma agência do Chase Manhattan Bank na qual se pode encontrar esta inovação da promoção em ponto-de-venda: uma mesa redonda coberta com uma toalha de plástico azul, a mais vagabunda possível, sobre a qual estão jogados alguns folhetos de empréstimos para compra de automóveis e para hipotecas. Além disso, há um monitor de televisão, que um dia talvez tenha sido usado para mostrar vídeos na agência, que agora jaz ocioso e totalmente coberto por uma grossa camada de pó. A mesa estava espremida em um canto na frente do banco, a poucos metros do balcão de atendimento ao cliente. É tão ruim que chega a ser engraçado. Grande parte da sinalização bancária guarda essa característica.

Um banco da Califórnia, cliente nosso, decidiu – corretamente – que seria inteligente promover sua nova política de talões de cheques grátis pendurando faixas externas visíveis da estrada movimentada em frente. Mas então decidiu – incorretamente – que as faixas deveriam dizer: "*Entre e peça a um gerente amigo que explique nossa maravilhosa nova política de talões de cheques grátis*" ou algo do gênero. Seria preciso que os motoristas estacionassem seus automóveis para ler uma mensagem tão prolixa. Em estradas, deve-se usar duas palavras – talvez algo sugestivo como "Cheques Grátis" – sejam suficientes.

Realizamos um estudo para um banco canadense que acabara de instalar painéis retroiluminados muito sofisticados nas superfícies de apoio, sobre as quais os clientes podiam escrever. Esses painéis detalhavam os diferentes serviços e investimentos oferecidos pelo banco.

Eram muito bonitos. Mas ninguém os lia.

Novamente, quando você está preenchendo uma ficha de depósitos ou endossando cheques, está concentrado demais para pensar em outra coisa. E, uma vez preenchidos os papéis, você corre para a fila.

Comunicamos nossa triste descoberta ao presidente do banco, que exclamou: "Meu Deus, você acaba de nos salvar do desperdício de cerca de $1 milhão com essa maldita coisa." Mesmo assim, é claro, ele gastou o milhão de dólares em comunicação nas agências – mas em coisas que realmente valeram a pena.

Também em um banco, descobrimos um de nossos dispositivos mais fáceis e eficazes. Fomos contratados para estudar todos os aspectos da filial de um banco, inclusive a grande estante com folhetos que descrevem os fundos de investimentos, certificados de depósito, empréstimos para compra de automóvel e outros serviços e investimentos oferecidos. A estante estava pendurada na parede à esquerda da entrada, de modo que você passava direto por ela ao entrar na agência.

Todos passavam pertinho dela. Ninguém a tocava.

De novo, a razão pareceu óbvia. Você entra em um banco porque tem algo importante a fazer. Ninguém entra lá para ficar olhando em volta. E, até finalizar sua tarefa, você não está interessado em ler ou ouvir mais nada. O fato de a estante estar à esquerda da entrada, quando a maioria das pessoas dirigia-se para a direita, só agravava a situação.

Transferimos a estante mais para dentro, de modo que os shoppers passassem por ela na saída, e não na entrada, e colocamos um acompanhador para observar. Sem nenhuma outra mudança, o número de pessoas que via a estante quadruplicou e o número de folhetos apanhados aumentou significativamente. Os bancos não são os únicos lugares em que é preciso levar em conta o comportamento voltado para a tarefa. Entramos em uma drogaria com a intenção de entregar a receita ao farmacêutico e não percebemos nenhum cartaz ou display pelos quais passamos, até que a missão seja cumprida. Depois disso, temos algum tempo para desperdiçar, mas estamos nos fundos da loja e todos os cartazes e displays estão posicionados de frente para os shoppers que entram. Ou então vamos a uma agência dos correios comprar selos e não nos detemos enquanto não garantirmos nosso lugar na fila. Ou estamos em uma loja de conveniência doidos atrás de carvão para a churrasqueira e, enquanto não o encontrarmos, não nos permitiremos distração alguma. Em todos esses casos, é inútil tentar dizer algo aos shoppers enquanto não tiverem concluído sua tarefa. Naquela drogaria, por exemplo, duas estratégias de sinalização distintas precisam ser planejadas: uma para os shoppers caminhando da frente da loja em direção aos fundos e outra para os shoppers no caminho inverso.

Na agência de um banco que estudamos, havia um porta-folhetos próximo às filas do caixa. Mas estava posicionado um pouco longe demais. Os shoppers atrás dos cordões mal conseguiam ler os títulos dos folhetos e, menos ainda, apanhá-los.

"Quem é o encarregado de fixar cordões, suportes e posicionar o porta-folhetos?", perguntamos ao gerente da agência.

"Bem", o homem respondeu, "o pessoal da limpeza remove tudo à noite e, quando termina a faxina, põe de volta no lugar". Sem dúvida, os faxineiros não entendiam nada de sinalização.

Existe uma arena da vida dos americanos em que o design de cartazes e a localização da sinalização são mais do que uma questão importante – representam a diferença entre vida e morte. Falo das estradas, especialmente a malha de rodovias interestaduais. Ali, a sinalização é quase tão importante quanto as condições de piso e de iluminação, para que se possa manter a segurança e a ordem. Como resultado, os engenheiros se esforçam para acertar na sinalização. Os princípios parecem bem simples: um mínimo de palavras; a placa certa no lugar certo; placas suficientes para que os motoristas não se sintam ignorados ou desinformados; evitar o excesso de sinalização para que não haja uma barafunda ou confusão. O fato de você poder estar dirigindo em um lugar no qual nunca esteve e ter certeza de que está na direção correta – sem parar para pedir informações ou mesmo reduzir a marcha para ler a mensagem – é uma prova do poder de um sistema de placas inteligente. Tendo dirigido em várias partes do mundo, posso afirmar que o sistema de sinalização das rodovias americanas é um dos melhores. O suíço é o único, possivelmente, um pouco superior. Pelo menos os suíços dedicam maior atenção às margens das rodovias, evitando que a vegetação cubra os dizeres das placas.

Examinemos as placas rodoviárias mais comuns nos Estados Unidos: PARE e MÃO ÚNICA. Um grande octógono vermelho com letras maiúsculas brancas. O que mais poderia significar? Mesmo que não conseguisse lê-las, você pararia. MÃO ÚNICA é uma combinação perfeita de palavras e símbolo, pois você as capta com o canto do olho e sabe o que significam. A seta mantém você na direção certa sem forçá-lo a diminuir a marcha ou mesmo parar para ler. Na estrada, usamos um vocabulário de ícones, a linguagem universal, que nos informa o que precisamos saber sem palavras. Ao ver uma placa com uma bomba de gasolina, com um garfo e colher ou com uma cadeira de rodas, você compreende de relance o significado. Essa é a melhor forma de transmitir informações a pessoas em movimento. Também nas placas rodoviárias, os aspectos técnicos costumam ser perfeitos. A combinação de cores fornece contraste suficiente, as letras são grandes, a iluminação é boa e o posicionamento também.

Em meus tempos de geógrafo urbano, participei de um estudo sobre as placas direcionais do sistema de túneis subterrâneos do Rockfeller Plaza, em Nova York. Lá embaixo, você não tem pontos de referência, exceto pelas informações fornecidas pelas placas. Elas são, portanto, importantíssimas. No vídeo, víamos como as pessoas transitavam até começarem a achar que estavam se perdendo ou até verem uma bifurcação à frente onde teriam de escolher uma direção. Então, as cabeças começavam a virar de um lado para o outro e o ritmo diminuía. Portanto, o ponto lógico para uma placa direcional seria um pouco antes da bifurcação, o que desfaria a confusão e a preocupação.

Vimos também que a principal preocupação das pessoas era não colidir com as outras no caminho. Assim, se tivessem realmente de esquadrinhar a área em busca de uma placa, se as letras fossem tão pequenas que exigissem a aproximação para ler ou se a placa fosse pequena ou estivesse mal posicionada, os pedestres ficavam divididos entre olhar a placa e olhar por onde estavam indo. Concluímos que, sempre que os pedestres tinham de diminuir a marcha ou parar, as placas deixavam de cumprir sua função. Foi isso que me ensinou realmente a semelhança entre pessoas andando e motoristas dirigindo – a melhor placa, em ambos os casos, é aquela rapidamente legível e posicionada de tal forma que possa ser lida em movimento. E a única maneira de se conseguir isso é dividir a informação em pedaços e apresentá-los um de cada vez, em seqüência lógica e ordenada.

É claro que, para descobrirmos tudo isso, tivemos de assistir a levas e levas de pedestres deslocando-se por aquele espaço. Caso contrário, todas as decisões de sinalização teriam sido tomadas pelos próprios planejadores da passagem subterrânea – as únicas pessoas do mundo que *não precisavam* de placas para encontrar o caminho lá embaixo.

Continuo preso naquela sala de conferências.

Assim, se eu não conseguir sair, dificultarei ao máximo a vida desse cartaz. Eu o colocarei no chão, apoiado na parede, depois me afastarei 10 passos e verei qual é seu aspecto. Ficarei praticamente ao lado dele para ver se atrai meu olhar. Passarei por ele em meu ritmo normal para ver se despertará minha atenção. Diminuirei as luzes. Se o letreiro não funciona em um mundo imperfeito, não funciona. Creia em mim. A vida real é ainda mais rigorosa com os cartazes do que eu.

Estamos atingindo um estado de sobrecarga de comunicação e grande parte do problema se deve a mensagens comerciais. Aqueles pequenos adesivos colados nas suas maçãs ou peras são a coisa mais inteligente de todos os tempos ou a mais nojenta desfiguração das dádivas de Deus, dependendo do ponto de vista. Há palavras demais nos dizendo coisas demais e as pessoas estão se enfurecendo e já não querem mais ler tudo isso. Ainda que algumas oportunidades de comunicação estejam se perdendo, muitas estão sendo misturadas com tantas outras mensagens que nenhuma se sobressai. Um mostruário ou letreiro a mais e você criou um buraco negro que nenhuma comunicação consegue transpor.

Eis um exemplo pessoal. Gasto muito tempo em aeroportos esperando aviões e, como a maioria dos guerreiros da estrada, trabalho enquanto espero. Mas, nos últimos tempos, minha concentração vem sendo atrapalhada pela Airport Network – a programação televisiva produzida pela CNN para viajantes aéreos. Por mais que tente, não encontro uma maneira de desligar a televisão. (Alguns anos atrás, vi um anúncio on-line de uma traquitana que prometia desligar qualquer aparelho de televisão instalado em local público, mas, sempre que tentei entrar no site para comprá-la, estava fora do ar.) Mesmo quando sou a única pessoa na sala de embarque, ela tem de permanecer ligada. Assim, fico me roendo por dentro e prometo nunca mais assistir à CNN. Mas há um lugar nos aeroportos onde até mesmo o mais ocupado dos viajantes fica de bobeira esperando, em vez de trabalhar. É junto à esteira de bagagens, rezando para sua mala aparecer. Ali, antes que as malas comecem a surgir, ficamos gratos por um pequeno entretenimento.

Em geral, o estado das mensagens comerciais é confuso. Metade de todos os elementos de comunicação enviados para lojas, bancos e restaurantes sequer chegam a ser exibidos, de acordo com um estudo. Nos Estados Unidos, gerentes varejistas terminam longos e cansativos dias sentados em depósitos abrindo enormes caixas de cartazes e outros materiais de pontos-de-venda enviados por um gerente de promoções que talvez nunca tenha visto aquela loja específica. Acredite em mim. Aqueles gerentes de lojas cansados e assoberbados não vão quebrar muito a cabeça para resolver que material será colocado onde.

Certa vez, fui a uma convenção de vendas de um dos maiores fabricantes do mundo de bebidas carbonatadas. Lá, havia uma competição entre diferentes fabricantes de displays. Com que rapidez seria possível montar seus displays de pontos-de-venda concebidos para serem colocados no corredor frontal do supermercado? Foi muito engraçado. As equipes eram formadas por um bando de garotos em seus 20 anos, vestindo calças Ralph Lauren e camisas sociais brancas com o nome da empresa bordado no peito. O tempo mais rápido foi de cerca de três minutos. Quando pediram minha opinião, sugeri que fizessem a mesma competição à meia-noite, quando as mesmas equipes tivessem acabado de trabalhar durante 12 horas seguidas. Ah, sim! Teria de ser em uma salinha do depósito, cheia de caixas e com a pior iluminação possível.

De forma inversa, uma vez que certos materiais são expostos, é um problema livrar-se deles. Em fevereiro, divirto-me procurando quantas vitrines de lojas de bebidas ainda exibem cartazes e displays alusivos às festas de fim de ano. Sempre há muitos deles. Na agência de um banco em Nova York, já encontrei resquícios ainda evidentes de 27 promoções diferentes. Certa vez, na vitrine de uma revenda de automóveis, descobrimos um cartaz anunciando a chegada de novos automóveis – os novos automóveis do ano *anterior*.

Alguns cartazes são bacanas, só que estão em lugares nos quais nunca deveriam estar. Você passará pela vitrine de uma drogaria e verá uma pilha de caixas de xarope com uma pequena sinalização mostrando o preço, a sinalização obviamente destinada às prateleiras, onde os shoppers estão a menos de 1m de distância, não em frente a uma vitrine numa rua muito movimentada. Muitas vezes, os varejistas exigem demais de um elemento de comunicação, mais do que ele consegue transmitir. Uma rede de fast-food testou um sistema de sinalização que explicava uma versão de suas "ofertas de refeições". Em seguida, tentou tornar a sinalização mais clara, testou-a novamente, consertou-a mais uma vez, até perceber que o problema não era de sinalização. As ofertas de refeições é que eram complicadas demais para serem explicadas. As ofertas foram mudadas e a sinalização funcionou à perfeição. Realizamos um estudo para uma loja de departamentos no sul dos Estados Unidos que espalhou um monte de cartazes anunciando grandes descontos. O único problema era que você praticamente tinha de ser matemático para calcular o que economizaria. Mesmo os balconistas tinham dificuldades de acertar porcentagens. Aquela loja não precisava de cartazes para explicar os descontos. Precisava, isso sim, de livros escolares de matemática.

O mundo dos elementos de comunicação está passando por certo renascimento. Veja o que aconteceu com os outdoors. Há 30 anos, nos Estados Unidos, a primeira-dama, Lady Bird Johnson, pretendia proibi-los como parte de sua campanha de embelezamento do país. Atualmente, mesmo nos Estados Unidos pós-letrados, os outdoors são a forma mais visualmente estimulante, inventiva e inteligente de expressão comercial. Eles são mais elegantes do que anúncios impressos, mais modernos do que comerciais de televisão e mais fluentes na linguagem imagística e gráfica do que qualquer coisa encontrável na internet. Tanto o iPod quanto o Mini Cooper fizeram uso inteligente dos outdoors, que estão para os anúncios impressos assim como o YouTube está para a internet – a fronteira da experimentação com novas idéias de comunicação.

A tecnologia nos deu outdoors animados de três faces, telões, painéis de mensagens rotativos em estádios e painéis de menu digitais exibindo batatas fritas voadoras. Em um restaurante de fast-food que estudamos, o menu exibido em um painel de digital animado era lido por 48% dos shoppers, comparado com 17% para a versão não-animada no mesmo painel de testada anteriormente. Esses números se repetiram em vários testes em que comparamos letreiros animados e não-animados. No entanto, há um lado negativo desses dados. Embora um cartaz animado atraia duas vezes mais pessoas em relação aos cartazes estáticos, o tempo que é gasto para sua leitura permanece igual.

Mas um cartaz não precisa ser a última palavra em tecnologia para deixar uma impressão. Há pouco tempo, entrei num elevador em um hotel no centro financeiro de Nova York. Na parede, pendia um espelho, sob o qual estava escrito: "Você parece faminto." Embaixo, os nomes e breves descrições dos restaurantes do hotel. Garanto que esse material consegue quase 100% de exposição, e que todos que o vêem acabam sorrindo. E depois sondam os estômagos para saber se estão *realmente* famintos. Um bom cartaz.

CAPÍTULO 6

Quem faz compras se movimenta como gente

Anatomicamente falando, o aspecto mais crucial da compra é aquele que parece mais simples: a questão de como, exatamente, os seres humanos se movimentam. Principalmente, como caminhamos.

Ora, as pessoas se movimentam como seu corpo permite, do modo mais natural e confortável. A dificuldade surge quando se percebe que uma boa loja é, por definição, aquela que expõe o máximo de seus produtos para o máximo de seus shoppers pelo período mais longo possível – em outras palavras, a loja que põe as mercadorias em nosso caminho e campo de visão, de forma que nos leve a considerar a compra. É simples medir se uma loja consegue isso ou não: registramos o trajeto dos shoppers e, depois, descobrimos quais partes da loja estão sendo pouco visitadas. Rotineiramente, elaboramos um "diagrama" de circulação de acordo com o horário de uma loja. A cada hora, um monitor rapidamente percorre todas as seções da loja contando quantos shoppers estão em cada uma. Se o fluxo de uma loja for bom, se ela não tiver obstáculos nem pontos cegos, as pessoas encontrarão o caminho para cada cantinho. Se houver problemas de fluxo, alguma falha de projeto ou de layout, descobriremos alguns cantos vazios. A loja inteligente, portanto, é projetada de acordo com nossa maneira de andar e com os lugares para os quais vamos. Ela compreende nossos hábitos de movimento e os aproveita, em vez de ignorá-los ou, ainda pior, tentar modificá-los.

Eis um exemplo simples. As pessoas diminuem o passo quando vêem superfícies reflexivas e o aceleram quando vêem agências bancárias. As razões são compreensíveis. As vitrines dessas instituições são maçantes e ninguém gosta de visitar um banco. Por isso, passamos rapidamente por ele. Por outro lado, espelhos nunca são monótonos. Munido dessa informação, o que você faz? Bem, nunca abra uma loja ao lado de uma instituição financeira, pois, quando os pedestres a alcançarem, ainda estarão andando rápido demais para olhar vitrines. Ou, se não conseguir evitar a proximidade de um banco, não deixe de incluir um ou dois espelhos na fachada ou nas vitrines para deter os shoppers.

Eis outro fato sobre como as pessoas se movimentam (em ambientes de varejo, mas também em todos os outros lugares): elas, invariavelmente, andam para a direita. É uma característica que passa despercebida, a não ser que se esteja procurando por ela, mas é verdade. Quando as pessoas entram em uma loja, tendem para a direita. Note-se que não é um movimento brusco, mas uma espécie de desvio.

Uma das perguntas que me fazem com mais freqüência quando viajo é: "Será que tendência para a direita está associada ao lado da rua onde dirigimos?" "Será que no Japão, na Grã-Bretanha e na Austrália, e um pouco menos na Índia, prevalece essa tendência de queda para a direita?" Sim, existe um efeito local. Visite a Galeria de Arte Britânica Tate, em Londres. As pessoas que circulam no sentido do horário são locais e as que circulam no sentido oposto são visitantes. Diga você o que quiser sobre o amor dos ingleses pela ordem, mas, a meus olhos, uma loja como a Selfridges ou como a Harrods, em Londres, funcionam de modo mais esquizofrênico do que qualquer similar em Nova York, onde as boas maneiras ao caminhar são importantes. Todas as piadas étnicas de mau gosto apontam para os britânicos, com seu histórico de crimes contra a natureza. Contudo, meus colegas britânicos que ensinam psicologia ambiental me dizem que, se você gritar "Fogo!" em uma sala de cinema escura na Inglaterra, todos se dirigirão automaticamente para a saída à direita. De modo geral, no varejo, os padrões de tráfego reproduzem o modo como as pessoas dirigem seus carros.

Japão? Um caso à parte. As pessoas de Osaka caminham de forma diferente daquelas de Tóquio. Em Osaka, as pessoas deslizam para a direita. Em Tóquio, para a esquerda. Meu amigo Kaz Toyota, que nasceu em Nara, um subúrbio de Osaka, explica a diferença da seguinte maneira: em Tóquio, as pessoas são excessivamente civilizadas, enquanto as pessoas de sua cidade são mais naturais e relaxadas.

Essa tendência de se mover para a direita é uma verdade profunda sobre como os seres humanos se deslocam pelo mundo e isso se aplica a tudo, com implicações em todos os aspectos de nossa vida. Levamos algum tempo até detectarmos esse padrão e, desde então, coletamos dados que o confirmam (embora, aparentemente, não no Japão). Mas como pode reagir um ambiente de varejo?

Realizamos um estudo para uma loja de departamentos cuja seção de roupas masculinas ficava à direita, logo após a entrada. Pela nossa contagem, a maioria esmagadora dos shoppers dessa loja eram mulheres. Assim, elas passavam voando pela seção masculina, mal olhando as mercadorias, determinadas a alcançar primeiro seu destino principal, que era a seção de roupas femininas. Na verdade, como a porta da frente ficava no centro da loja, e não em um dos lados, nossos acompanhadores registraram grande número de mulheres que entravam, viravam para a direita, davam uma olhada e, vendo-se na seção de roupas masculinas, davam meia-volta rumo às seções de roupas femininas do lado esquerdo da loja – jamais retornando ao lado direito, nem à parte de trás, onde ficavam as roupas infantis. Não foi por coincidência que nossas folhas de acompanhamento mostraram que a seção de roupas infantis era a menos visitada em toda a loja. Quase a metade do pavimento principal estava sendo pouco visitado devido a esse erro de planejamento. As mulheres nem viam a seção infantil! Uma solução óbvia para essa confusão de vizinhanças seria colocar a seção infantil ao fundo do setor de roupas femininas, e não ao lado das cuecas e gravatas.

Uma situação semelhante foi constatada em uma loja de produtos eletrônicos que estudamos. Ali, a área de caixa/embalagem ficava colada à parede esquerda, perto da entrada da loja. Os shoppers entravam, dirigiam-se para a direita, mas, ao verem o caixa e os vendedores, viravam bruscamente para a esquerda, a fim de examinarem as mercadorias ali ou perguntar onde encontrar o que procuravam. Em alguns casos, esses shoppers rumavam para a parte de trás da loja a fim de olhar os mostruários ali, mas poucos voltavam à metade direita da loja. Eles se movimentavam em uma espécie de trilha em forma de ponto de interrogação. Para alterar isso, o caixa foi transferido para a parede do lado direito e mais para trás, mais ou menos na metade da loja. Aquele, então, tornou-se o principal centro de atividades. Uma segunda área de grande interesse para os shoppers, um mostruário de aparelhos telefônicos, foi instalada na parede à direita, embora mais perto da porta. A expectativa era de que os shoppers entrassem, pegassem a direita na direção dos caixas, depois visitassem o mostruário de telefones. Essas mudanças dotaram a loja de uma configuração mais condizente com o modo natural como as pessoas se movimentam e, instantaneamente, os padrões de circulação melhoraram. Mais pessoas viram mais áreas da loja. Como os shoppers norte-americanos automaticamente se movem para a direita, a área dianteira direita de qualquer loja é seu principal patrimônio. É ali que devem ficar os produtos mais importantes, as mercadorias cruciais que necessitam de 100% de exposição aos shoppers. Essa é a forma de tirar proveito do modo como as pessoas se movimentam.

Os shoppers não apenas se desviam para a direita, mas também estendem o braço na mesma direção, sendo que a maioria é destra. Imagine-se diante de uma prateleira – é mais fácil apanhar itens à direita de onde você está, em vez de estender o braço transversalmente para a esquerda. Na verdade, ao estender o braço, a mão pode esbarrar em um produto à direita daquele que você quer pegar. Assim, se uma loja quiser divulgar um produto, deverá exibi-lo ligeiramente à direita do shopper. Os planogramas – mapas da disposição dos produtos em uma prateleira – são desenhados com isso em mente. Se você estiver colocando biscoitos na prateleira, por exemplo, a marca mais famosa fica exatamente no centro – a mosca do alvo – e a marca que você está tentando divulgar, logo à direita. (De novo, na Grã – Bretanha e na Austrália, a regra de dirigir do lado esquerdo cria conflitos no projeto inexistentes na América do Norte.)

Um aspecto ainda mais simples de como as pessoas se movimentam é o que provoca mais problemas logísticos para a loja. Na verdade, pode-se dizer que essa peculiaridade da movimentação humana torna quase todo o espaço de varejo pessimamente adequado a seu propósito. É o seguinte: as pessoas olham e andam para a frente.

As implicações disso são enormes somente porque o ambiente varejista normal é projetado para aqueles seres inexistentes que andam de lado

– deslizando como as figuras retratadas em antigos hieróglifos egípcios –, em vez de colocar um pé na frente do outro. Imagine uma cena em que você está descendo o corredor de uma loja olhando para frente. É preciso esforço para virar a cabeça para um lado ou para o outro, a fim de ver as prateleiras ou estantes ao passar por elas. Esse esforço chega a ser ligeiramente incômodo, pois requer um treinamento dos olhos diferente de quando você está andando. Se for um ambiente com o qual você estiver familiarizado, como seu supermercado favorito, que pareça seguro, com corredores largos, nenhuma caixa ou obstáculo no chão nos quais tropeçar, talvez você vire a cabeça ao andar e pegue as mercadorias. Em um ambiente menos conhecido, você verá menos – inconscientemente, sua visão periférica estará alerta para que você não esbarre em uma caixa ou numa criancinha ou caia de cara no chão. Se, ao andar, um mostruário lhe chamar a atenção, você poderá parar e examiná-lo de frente, que é o objetivo de ele estar ali. Mas somente nessas condições.

A questão não se limita às prateleiras das lojas. Como você se aproxima de uma vitrine na rua? Em quase todos os casos, de um ângulo, ao vir em direção à loja, da esquerda ou da direita. Mas a maioria das vitrines é projetada como se o observador estivesse sempre de pé olhando de frente, o que quase nunca acontece. O mesmo se aplica aos outdoors. Perto do meu escritório, um novo restaurante gastou os tubos em um belo outdoor suspenso. Porém, em vez de posicioná-lo perpendicularmente ao prédio, visível aos pedestres vindos dos dois lados, pendurou-o paralelamente ao prédio. Assim, o outdoor só podia ser lido diretamente do outro lado da rua, que é a maneira como talvez 5% ou 10% dos possíveis shoppers se aproximam da fachada.

Obviamente, esse outdoor poderia ser reposicionado em cerca de uma hora, solucionando, assim, o problema. As vitrines podem adaptar-se facilmente à forma como as pessoas se aproximam. Os displays devem ser inclinados para um lado, a fim de que sejam mais facilmente visíveis de um ângulo. Além disso, já que andamos como dirigimos, para a direita, as vitrines deveriam geralmente ser inclinadas para a esquerda. Essa providência aumenta instantaneamente o número de pessoas que de fato as vê.

Mas como adaptar o interior da loja que atenda à nossa insistência em andar e olhar para a frente? Um método já é adotado em quase todas as lojas. Nos Estados Unidos, a exibição de mercadorias na extremidade de praticamente todos os corredores de loja é tremendamente eficaz para expor produtos aos olhos do shopper. Quase todo tipo de loja lança mão dessas pontas de gôndolas. Em lojas de discos, você verá CDs de um artista específico ou algum novo lançamento com desconto. Em supermercados, uma pilha de refrigerantes em promoção ou uma parede de caixas de cereal. Um display de ponta de gôndola pode estimular as vendas de um item porque, ao caminharmos pelos corredores de uma loja, aproximamo-nos dele de frente, vendo-o por completo. Displays de ponta de gôndola também são eficazes porque você passa por eles a caminho de um corredor. Assim, se você vir, digamos, uma montanha de biscoitos Oreo na ponta da gôndola, irá abastecer-se antes de dar de cara com o resto do mostruário de biscoitos que está 3m para dentro do corredor.

É claro que os displays de ponta de gôndola têm uma limitação intrínseca. Só há dois por corredor, um em cada extremidade. Mas existe outra forma eficaz de exibir produtos para que sejam vistos: instalar prateleiras ou gôndolas em uma seqüência em forma de V, como as listas nos galões do uniforme de um sargento, expondo mais produtos à visão do shopper que vem andando. Em vez de posicionadas em um ângulo de 90 graus no corredor, as prateleiras ficam a 45 graus. Faz uma enorme diferença e é uma solução elegante. Só há um senão. É que as prateleiras em ângulo ocupam cerca de um quinto a mais do espaço do que a configuração normal. Assim, uma loja só consegue expor cerca de 80% das mercadorias que exporia da forma tradicional. A questão é se as prateleiras em ângulo compensarão essa perda com o aumento das vendas. Será que uma loja que exibe menos consegue vender mais se o sistema de exibição for superior? Não sei a resposta. Sugerimos sistemas de prateleiras em ângulo para vários clientes nossos, mas ninguém quer ir fundo demais. Porém, em especial para produtos que se beneficiam quando calmamente examinados, as prateleiras em ângulo certamente funcionam.

Não só como andamos, mas também a direção de nossos olhos, tudo isso determina, em grande parte, o que vemos. A eficácia de um mostruário cheio de suéteres será limitada se você só conseguir enxergá-lo quando ele estiver à sua frente. Se você não vir um display a distância, digamos, a 3 ou 6m, você só se aproximará dele por acaso. Por isso, os arquitetos devem projetar lojas tendo as linhas de visão em mente. Eles precisam se assegurar de que os shoppers conseguirão ver o que está à sua frente, mas que também conseguirão olhar em volta e ver o que está em outras partes. Também por isso, os displays que exibem frases impressas – como, CINCO CAMISETAS POR $20,99 – devem exibir as mensagens em todos os seus lados para que nenhum shopper se depare com um espaço em branco.

Uma vez levadas em conta as linhas de visão, os varejistas devem tomar cuidado para não dispor mercadorias de maneira que elas sejam interrompidas. Mas isso acontece o tempo todo. Um display isolado é instalado diante das prateleiras de parede, bloqueando a visão do shopper, ou um cartaz encobre os produtos que deveria descrever. O ideal é que o shopper possa examinar produtos, mas depois erguer os olhos e notar que, 5m adiante, há algo igualmente atraente. É o efeito fliperama. A dispersão oportuna de mercadorias faz os shoppers ricochetearem por toda a loja. Desse modo, a própria mercadoria é uma ferramenta para manter as pessoas fluindo. É assim que funciona uma boa loja. Você se sente quase incontrolavelmente atraído pelo que vê à frente ou à direita.

Estudamos quanto do que está sendo exibido em supermercados é efetivamente visto pelos clientes. É a denominada taxa de captura. Cerca de um quinto de todos os shoppers realmente vê o produto típico em uma gôndola de supermercado. Há uma zona confiável em que os shoppers provavelmente verão a mercadoria, que fica aproximadamente entre o nível do olho e o nível do joelho. Se o produto estiver muito acima ou abaixo dessa faixa, provavelmente não será visto, exceto se for intencionalmente procurado. Isso também é uma função de nosso mecanismo defensivo ao andar, pois, olhando para cima, não vemos o que está no caminho.

Isso significa que grande parte do espaço de venda no varejo é, se não totalmente desperdiçado, pelo menos gravemente subutilizado. Se uma loja puder evitar a colocação de produtos fora daquela zona, ótimo. Mas a maioria não pode se dar a esse luxo. Uma solução que as lojas podem adotar é exibir acima ou abaixo dessa zona apenas itens grandes. É mais fácil enxergar um pacote de fraldas descartáveis do que cápsulas de Tylenol à altura dos tornozelos. Se a prateleira inferior estiver ligeiramente inclinada para cima, a visibilidade também será melhor. Essa questão também pode ser atacada com eficácia por projetistas de embalagens. Rótulos, caixas e recipientes devem ser desenhados para que sejam visíveis de uma perspectiva desvantajosa, ou acima da cabeça do shopper ou abaixo de seu tornozelo. As embalagens também devem ser produzidas para funcionar quando vistas de um ângulo agudo, e não só de frente. Assim, veríamos letras muito maiores, claras e em cores de alto contraste. Isso também tem implicações em lojas que estocam mercadorias nos locais de vendas, e não em depósitos. Refiro-me a computadores, telefones, aparelhos de som e outros produtos eletrônicos de consumo que são, às vezes, empilhados do chão até acima da cabeça dos shoppers. As caixas não foram projetadas para ser exibidas, mas é o que acaba acontecendo com elas. Esse fato, por si, deveria tornar obsoletas as embalagens simples: papel pardo, sem imagens e com pouca descrição do conteúdo. As caixas deveriam ser imaginadas como letreiros ou cartazes de um produto, a exemplo de uma caixa de cereais. Normalmente, os projetistas de embalagens põem o nome do fabricante no topo de um rótulo, satisfazendo, assim, a vaidade empresarial, e a especificação do produto embaixo. É exatamente a decisão errada se a caixa for armazenada perto do chão. Ali embaixo, os shoppers verão a marca facilmente, mas não a descrição do que está dentro. Como nenhum projetista tem controle sobre onde ou como uma caixa é armazenada, a especificação do produto deve sempre estar no alto e o rótulo deve parecer *sempre* um pequeno cartaz claro, de alto contraste, com uma imagem visível e letras suficientemente grandes.

Infelizmente, os gerentes da maioria das empresas não conseguem entender a importância de uma embalagem com um bom design. Já tive inúmeras discussões com jovens consultores de gestão que justificam esse modo de pensar acenando com seu diploma de MBA da Wharton pendurado na parede. Eles já examinaram as planilhas, analisaram os números, mas nunca viram uma embalagem. Entre as muitas deficiências dos cursos de negócios, está a falta de entendimento dos fundamentos de design de embalagens e de como isso afeta a imagem da marca. Nas escolas de administração de empresas, é possível fazer cursos de estratégia global de marcas, internet marketing, gerenciamento de categorias de produtos e assim por diante. Mas, até onde sei, não há no mundo nenhuma escola de negócios importante que ensine a disciplina de artes gráficas no século XXI. Nem na IMD, em Lausanne, nem na IESE, em Barcelona, nem na

London Business School – e certamente não na Wharton. O que podemos produzir com máquinas de impressão em 2008 faz com que aquilo que fazíamos 10 anos atrás pareça amador. *Split runs** e cor 360 graus são apenas o começo. Hoje, a tecnologia permite customizar pacotes para lojas individuais em partes diferentes do país. Mas uma impressora digitalmente controlada é somente tão sofisticada quanto a pessoa que faz o pedido. Embora os designers gráficos e os técnicos em impressão conheçam o potencial desses equipamentos, o jovem executivo bobo alegre com seu MBA não tem a menor idéia.

Voltando ao espaço da loja, outra questão a examinar é o que denominamos taxa de bumerangue. É a medida de quantas vezes os shoppers deixam de percorrer totalmente um corredor de uma extremidade a outra, ou seja, quantas vezes um shopper desce um corredor, seleciona algo e, depois, em vez de prosseguir, dá meia-volta e retorna. Chamamos esse efeito de meio bumerangue, quando um shopper percorre metade de um corredor antes de retornar. Normalmente, ele desce o corredor em busca de um ou dois produtos, encontra-os e, depois, retorna sem sequer olhar à sua volta (ou, caso olhe, não encontra nada que justifique uma parada). Como administrar isso? A resposta óbvia para os varejistas é posicionar os produtos mais populares na metade do corredor. Os fabricantes devem tentar o oposto, que é manter seus produtos o mais próximo possível do final do corredor.

Mas há maneiras de tentar manter os shoppers interessados. Uma das mais recentes e eficazes requer a presença de crianças, razão pela qual tem sido aplicada tão bem nos corredores de cereais, nos quais mamãe e papai normalmente querem pegar o produto e sair. Ali, vimos um jogo de amarelinha no chão funcionar otimamente para deter os shoppers por alguns instantes. Em uma loja que estudamos, o tempo médio das brincadeiras das crianças no corredor era de quase 14 segundos – um longo tempo para estar diante dos cereais sem comprar nenhum.

Um dos aspectos relativos à movimentação de pessoas com que a maioria delas está familiarizada é a tentativa de levar o máximo ao fundo

* *Nota do Tradutor*: *Split run* é uma técnica que permite imprimir duas versões do mesmo anúncio alternadamente em uma revista, o que permite testar a eficácia de cada versão.

da loja. Todos sabem por que os balcões frigoríficos de laticínios dos supermercados costumam estar juntos à parede dos fundos. É porque quase todos os shoppers necessitam de leite e, por isso, percorrerão a loja inteira (fazendo compras ao longo do caminho) indo e voltando. Essa técnica também é muito eficaz, ou pelo menos era, mas também criou uma tremenda oportunidade para um concorrente. Na verdade, o ramo das lojas de conveniência existe devido à capacidade de posicionar leite e outros gêneros básicos ao alcance das mãos dos shoppers rapidamente, permitindo-lhes entrar correndo, apanhar o produto e sair. Alguns novos supermercados montaram agora um "circuito abreviado", que é um balcão frigorífico perto da entrada da loja, o que permite aos shoppers, também ali, entrar, apanhar o produto e sair.

Grandes redes de drogarias usam o balcão de remédios da mesma forma – a seção quase sempre fica nos fundos, forçando os shoppers a percorrer também o resto da loja. Mas é preciso fazer uma adaptação especial para os mais apressados; caso contrário, o tiro sai pela culatra. Quando as pessoas se dirigem ao balcão de remédios, geralmente têm uma tarefa séria a ser realizada, não estando interessadas em olhar as prateleiras da loja em seu caminho de volta. Portanto, as drogarias precisam contar com uma estratégia de exposição de produtos tanto dos fundos para frente quanto de frente para os fundos. Pelo menos alguns cartazes e displays precisam ser posicionados de forma visível para os shoppers que vêm do fundo da loja para frente. É quase como planejar duas lojas diferentes no mesmo local, mas é uma necessidade, devido à eficácia do balcão de remédios em atrair os clientes para os fundos da loja.

No capítulo inicial, mencionei uma drogaria que era o local preferido dos jovens funcionários de um shopping center que precisavam de um rápido refrigerante em seu horário de folga. Para aproveitar isso, a loja instalou os refrigeradores nos fundos, forçando os rapazes a entrar correndo rumo aos refrigerantes e sair correndo para desfrutar seus 15 minutos de descanso. Esses adolescentes jamais comprariam xampus, despertadores ou talco em sua corrida em direção ao refrigerante. Assim, a loja, complacentemente, decidiu transferir os refrigeradores para frente, como um benefício aos fiéis bebedores de refrigerantes, que acabariam encontrando outro lugar mais conveniente para se refrescar enquanto descansavam.

Mesmo assim, atrair os shoppers à parede dos fundos de qualquer loja costuma ser um desafio. As redes de vestuário Gap, Aéropostale e Anthropology colocaram sua banca de produtos com desconto no fundo das lojas, do lado esquerdo. Treinaram, assim, seus mais veteranos shoppers a visitar a parte mais remota das lojas. Uma vez conseguido isso, seu desafio é assegurar-se de que o caminho de volta para a frente da loja esteja bem suprido de mercadorias e que tenha pelo menos alguns cartazes e outras sinalizações voltadas para os fundos.

Sabiamente, a maioria dos varejistas já não posiciona suas mercadorias mais vendáveis na parede dos fundos. Mesmo assim, cada metro quadrado de espaço de venda é igualmente caro de alugar, aquecer e iluminar. Uma loja cujo fluxo de pessoas de uma seção para outra seja concebido de modo interessante e uniforme automaticamente atrairá os clientes até os pontos mais distantes. Se, da frente da loja, os shoppers perceberem que algo interessante está ocorrendo nos fundos, irão até lá pelo menos uma vez. Uma solução simples é ter o equivalente a uma mandala (como a imagem de Buda no lado oposto à entrada de um templo, atraindo os fiéis para dentro) pendurada na parede dos fundos, uma grande imagem gráfica, por exemplo, ou, melhor ainda, algo lá atrás que faça algum ruído visual, dando aos shoppers a impressão de que algo interessante está acontecendo. Eles poderão não ir para lá assim que entrarem, mas tenderão a seguir naquela direção, como se puxados por um ímã. Qualquer coisa é melhor do que a impressão que se tem na maioria das lojas grandes, de que a parede dos fundos é uma zona morta.

A frente de uma loja é de vital importância para determinar quem entra. Quando a RadioShack resolveu aumentar a porcentagem de shoppers do sexo feminino, fez isso, em grande parte, dedicando-se à venda de telefones. Mas tratou de exibir os aparelhos perto da entrada das lojas, a fim de atrair as mulheres com mais eficácia. Na verdade, aconselhamos alguns clientes a mudar o mix de produtos exibidos na frente da loja várias vezes por dia, para atrair os diferentes shoppers que passam por lá. Na livraria de um shopping center, por exemplo, percebemos que, pela manhã, a maioria dos shoppers era de mães com carrinhos de bebê. Assim, aconselhamos nosso cliente a exibir livros sobre puericultura, educação física e família. Aconselhamos também que houvesse espaço suficiente para manobrar todos aqueles carrinhos de bebê. À tarde, adolescentes saindo da escola ficavam zanzando pelo shopping center, de modo que deveria haver livros sobre esportes, música pop, televisão e outros assuntos de interesse dessa faixa. Após as 17:00, passava o pessoal saído dos escritórios, de modo que deveria haver livros sobre negócios e computadores. Como o shopping center era usado de manhãzinha por pessoas idosas em sua caminhada matinal, orientamos ao cliente que, antes de fechar a loja à noite, abastecesse as vitrines com livros sobre aposentadoria, finanças e viagens. Na verdade, a loja comprou grandes displays cilíndricos que podiam ser girados dependendo da hora do dia e dos livros a serem mostrados. Os supermercados estão lotados na parte da frente de sexta-feira a domingo, de modo que o espaço é organizado para lidar com a multidão. Porém, na segunda e terça-feira, o local está tranqüilo. Recomendamos a nossos clientes que transformassem a área próxima às caixas registradoras em uma nova zona de vendas, uma espécie de pequeno bazar de itens de impulso, em vez de gôndolas usuais.

A freqüência com que a loja é visitada também deve ser considerada. Se o shopper típico vier de duas em duas semanas, as vitrines e os mostruários precisarão ser renovados com essa freqüência para parecerem sempre diferentes e interessantes. Eis outro exemplo de como o projeto e a exposição de produtos devem trabalhar de mãos dadas. Se as vitrines forem projetadas de modo a facilitar, em vez de dificultar, a movimentação dos funcionários ali dentro, os mostruários serão renovados com mais freqüência. Se algo no projeto dificultar o traslado de mercadorias para a vitrine ou se os displays bloquearam o acesso a elas, garanto que essas vitrines sofrerão de falta de atenção.

Alguns fatos sobre o movimento dos shoppers não podem ser transformados em princípios universais, mas certamente tiveram seu impacto em ambientes específicos que analisamos. Efetuamos o estudo de uma filial de uma grande rede de restaurantes familiares localizada no Sunset Boulevard, em Los Angeles. De dia, o fato de suas toaletes ficarem logo após a porta da frente parecia perfeitamente sensato. Mas à noite, quando a rua lá fora se enchia, entre outras coisas, do comércio das damas da noite, a toalete feminina era um verdadeiro problema. Tornou-se uma espécie de saleta de prostitutas, um local em que elas podiam se lavar, sentar-se e bater um papo no intervalo dos encontros. Não era exatamente agradável para os clientes do restaurante.

Algumas lojas de cartões Hallmark têm departamentos de artigos personalizados, nos quais noivos podem encomendar convites e assim por diante. O projeto do departamento –, uma escrivaninha com prateleiras para os grandes livros de amostras de convites – era bem adequado. Mas, em um movimentado shopping center em Nova Jersey, o departamento ficava na frente da loja, do outro lado do caixa, talvez a parte mais barulhenta e lotada do salão. A única pessoa que encontramos ali estava preenchendo uma solicitação de emprego.

CAPÍTULO 7

Dinâmica

Fique aqui. *Atrás* das roupas íntimas.

O que você vê? Um casal? De que idade? Na casa dos 60? Algo de especial? O casal comum ligeiramente rechonchudo passeando pela cidade, na Kmart ou em algum lugar semelhante, à procura de novas cuecas para o coroa, certo?

Peraí. O que ele está dizendo?

"Ei, cadê meu tamanho?"

O que ela está dizendo?

"Está aqui."

Agora, o que ele está dizendo?

"Acho que vou levar este pacote com três."

Fascinante. E o que ela acabou de dizer?

"Não, pegue o pacote de seis... Posso usá-las também."

Uau! Que coisa estranha está acontecendo! Já imaginou o casal andando pela casa só de...

Chega de gozação. Você acaba de perder uma lição valiosa sobre a natureza verdadeiramente dinâmica das compras. Não é preciso ser cientista das compras para perceber o que acaba de acontecer, embora, se você for mulher, talvez possa ajudar. Especialmente se for uma mulher obesa cujas opções de roupas íntimas se limitam a estilos com fitas elásticas finas e cortantes no quadril e nas pernas... uma perspectiva desconfortável, imagino (relutantemente).

Desde esse evento, ocorrido alguns anos atrás, o estilo das roupas íntimas femininas passou a se assemelhar ao dos homens, com seu elástico largo e liso, que não aperta, e tecido de algodão macio, resolvendo, assim, o problema específico da mulher do episódio e afastando-a da gaveta do marido.

Em 2008, a Victoria's Secret ainda vende coisas sensuais, cor-de-rosa, mas a relativamente novata Gap Body vende peças mais atléticas e confortáveis, ou o que algumas figuras da indústria cinicamente chamam de "linha macho". O que ainda falta, no entanto, é uma empresa poderosa que esteja disposta a atender às necessidades da mulher madura.

Do outro lado da cerca, ocorre uma explosão de vendas do que se costuma denominar lingerie masculina (o que eram antigamente sungas e cuecas). Hoje, qualquer seção que se respeite de roupas íntimas masculinas tem pelo menos três estilos adicionais – cuecas-boxer, sunguinhas (a versão masculina do biquíni) e a sunga Saint Tropez (dois dedos mais alta que o biquíni). Em minha idade avançada, sou ainda um fã de cuecas básicas, mas voltemos à nossa história.

São os shoppers que determinam, em última análise, como usar o ambiente de varejo e os produtos ali oferecidos. Designers de produtos, fabricantes de embalagens, arquitetos, profissionais de marketing e varejistas tomam todas as grandes decisões a respeito daquilo que as pessoas irão comprar, onde e como. Então, os próprios shoppers entram na equação e transformam teorias arrumadinhas e bonitinhas e os planos de negócio correspondentes em picadinho.

Nesse caso específico, a inadequação geral da maioria das roupas íntimas para senhoras gordinhas era conhecida por seus desenhistas e produtores? Talvez não. Talvez eles conhecessem, mas não soubessem o que fazer. Talvez supusessem que as mulheres não usariam roupas íntimas parecidas com as cuecas masculinas, embora a tendência geral do vestuário feminino seja claramente rumo a um ideal mais masculino. Se algum executivo do segmento de roupas íntimas estivesse postado no corredor junto a nosso pesquisador, talvez tivesse percebido que aquela mulher estava lhe ensinando algo importantíssimo sobre seu próprio produto. Talvez a revolução nas roupas íntimas femininas tivesse começado mais cedo.

Ou, de novo, talvez não.

Eis outro exemplo de shoppers forçando o ambiente varejista a se dobrar à sua vontade. Ele envolve o que talvez seja o principal problema relativo ao design e ao mobiliário de espaços públicos: os assentos.

Adoro assentos. Seria capaz de falar a respeito deles o dia todo. Se você estiver discutindo qualquer coisa relacionada às necessidades dos seres humanos, *terá* de abordar os assentos. Ar, alimento, água, abrigo, assentos... nessa ordem. Antes do dinheiro. Antes do amor. Assentos.

Na maioria das lojas ao redor do mundo, as vendas aumentariam instantaneamente com o acréscimo de uma cadeira. Eu removeria um display se isso permitisse abrir espaço para uma cadeira. Eu destruiria um expositor. Eu mataria um manequim. Uma cadeira diz: nós nos importamos com você.

Se tiverem opção, as pessoas comprarão de pessoas que se importem com elas.

Isto aconteceu em uma grande e famosa loja de vestuário feminino. Ela não oferecia assentos suficientes para os homens que estavam aguardando a mulher fazer compras. Como sabemos que era insuficiente? Porque os maridos e namorados eram levados a improvisar, o que os seres humanos sempre farão diante de uma necessidade não-satisfeita. A improvisação por shoppers no ambiente do varejo é sempre prova da falha de uma pessoa compreender o que a outra pessoa necessita.

Um parêntese para uma boa digressão: nos hotéis-cassinos de Atlantic City, Nova Jersey, onde a gentileza não é, digamos, excessivamente idealizada, vemos um grande número de pessoas que apostaram e perderam, mas precisam fazer hora até a partida de seus ônibus de excursão. Os cassinos, por razões óbvias, desejam que essas pessoas esperem na área de apostas, diante de uma máquina caça-níqueis ou de um crupiê. Para encorajar isso, não há cadeiras nos saguões dos hotéis. Como os visitantes reagem? Sentam-se sombriamente no chão, dezenas e dezenas de perdedores de olhar amargurado, o que não é uma visão que evoque o opulento ambiente de jogo de Monte Carlo para os otários que chegam. Essas pessoas precisam de cadeiras!

Também nas lojas de vestuário feminino, a necessidade é evidente. Enquanto as mulheres compram, os homens aguardam, e quando homens ou mulheres aguardam, preferem se sentar. Haverá verdade mais verdadeira? Algum nariz em qualquer face é mais evidente do que esse fato? No entanto, os projetistas de espaços comerciais não poderiam estar mais equivocados quando se trata de assentos. No meu tempo de observador de parques e praças, com o Projeto para Espaços Públicos, consumíamos grande parte de nosso tempo pensando em como melhorar os bancos ao ar livre: onde deveriam se situar, que largura deveriam ter, se deveriam ficar na sombra ou à luz do sol, a que distância deveriam ficar das passagens principais, se deveriam ser de madeira ou de pedra (a pedra fica gelada no inverno). Um banco, nós percebemos, poderia dobrar a distância percorrida por um pedestre na terceira idade. Alguém poderia caminhar um pouco, cansar-se ligeiramente, pensar em retornar, mas, então, se depararia com um convidativo banco à sombra. Uma vez restauradas as forças, o pedestre prosseguiria. No ambiente varejista, o principal propósito de uma cadeira é ligeiramente diferente. Quando as pessoas fazem compras em grupos de dois ou três, com esposa, filhos ou amigo acompanhando-as, o assento é o que mantém o não-shopper confortável, contente, bem cuidado e sem importunar o shopper.

Naquela loja de vestuário, as mulheres estavam fazendo compras, mas os homens não. Eles esperavam pelas mulheres e adorariam ter um lugar para sentar, mas a loja preferiu não fornecê-lo. Por quê? Talvez faltasse espaço para cadeiras. Talvez a cadeira existente tivesse se quebrado. Talvez alguém tivesse decidido que um bando de marmanjos esperando naquele local estragaria a decoração.

Será que os homens ficaram em pé ou encostados na parede? Claro que não. Inventaram assentos. Nesse caso, gravitaram em direção a uma grande janela com um amplo peitoril mais ou menos na altura em que ficaria um banco. O peitoril virou banco.

Onde exatamente ficava esse banco improvisado? Sem culpa nem intenção de ninguém, imediatamente adjacente a um grande e atraente display de Wonderbra, o sutiã, maravilha arquitetônica, que levantou o moral das mulheres alguns anos atrás. A uma visão retrospectiva, parece fácil prever o que aconteceu em seguida. As mulheres se aproximavam do expositor, começavam a estudar os produtos e, depois, notavam que estavam sendo estudadas pelos sujeitos do peitoril da janela. No dia em que visitamos a loja, dois velhinhos matavam tempo ali, discutindo, de forma despudorada, a necessidade de usar Wonderbra de cada mulher suficientemente corajosa para parar e comprar.

Será que preciso mencionar que nenhum sutiã foi vendido enquanto aqueles dois permanecerem naquele local?

Ora, todos sabem que as adjacências são de vital importância para cada produto, em especial algo como o Wonderbra, um produto que precisa de um pequeno exame, consideração e depois uma prova. Grandes mentes do varejo quebram a cabeça ao tentarem decifrar os mistérios de quais produtos deveriam ser vendidos perto de outros para obter o máximo de brilho e sinergia. Nesse caso, totalmente sem intenção, uma péssima adjacência foi criada (ruim para os shoppers, ruim para a loja, mas não tão ruim para os sujeitos nas proximidades) por seres humanos forçados por um varejista a improvisar.

Tentamos organizar o conceito de assento denominando-o estacionamento de curto, médio ou longo prazo. Estacionamento de curto prazo é do lado de fora de uma cabine de provador. É concebido para o entediado dono da carteira, o dublê de segurança ou o lulu de duas patas que devem ficar estacionados por cerca de três minutos. Estacionamento de médio prazo é uma cadeira na entrada ou banco imediatamente do lado de fora da porta, onde o cara, o guarda-costa ou o cachorro podem ser deixados por uns 10 minutos. Idealmente, o estacionamento de médio prazo é concebido como um ponto de observação do qual as pessoas fiquem olhando, não de muito perto, de modo que os eventuais comentários não possam ser ouvidos. Os estacionamentos de longo prazo podem ser encontrados em shopping centers. São lugares quietos e nos quais é possível descansar. Algumas vezes, podem até ser um tanto zen, com o som de uma cascata ou fonte. É um lugar confortável, no qual é possível ficar por 20 minutos ou mais lendo jornal, checando o Blackberry ou lanchando com o uma criança.

Eis outro caso em que shoppers justificadamente desconcertaram a agenda tacanha dos lojistas.

Há uma luta permanente entre produtores de cosméticos e usuários. As mulheres querem testar os cosméticos antes de comprar, o que é compreensível, considerando-se o preço e as diferenças de aparência conforme a pele da mulher. Os fabricantes de cosméticos, por sua vez, gostariam que as mulheres não provassem seus produtos com tanta liberalidade, pois mesmo produtos ligeiramente usados são difíceis de vender. Há vários planos e sistemas de provadores para os shoppers, mas nenhum se tornou um sucesso retumbante a ponto de se tornar padrão do segmento. Assim, a luta continua.

Alguns anos atrás, um fabricante de cosméticos achou que havia descoberto um batom inviolável – que não podia ser aberto sem romper a fita protetora. Com isso, pensou o fabricante, as mulheres poderiam espiar dentro do tubo para ver a cor, mas sem tocar no batom propriamente dito. Os projetistas da embalagem estavam certos de que isso pouparia à empresa milhões de dólares. Fomos contratados para observar como as mulheres interagiam com o protótipo. Vimos as shoppers removerem a tampa, olhar para dentro e tentar, sem êxito, fazer o batom sair... ponto em que enfiavam a unha do dedo mindinho no tubo e raspavam um pedaço para olhar. O tiro dos sabichões saiu pela culatra. Seu erro foi tentar deter as mulheres de provar um batom. Os fabricantes de cosméticos mais evoluídos reconhecem que provas levam a compras, tornando-as, portanto, possíveis, sem transformar as mulheres em transgressoras. Para mim, a melhor solução seria motivada pelo lucro: embalar pequenas amostras das novas cores de cada estação de batom, blush e pó facial, cada uma suficiente para três aplicações, e cobrar $1 ou $2.

Em 2002, no Japão, encontrei essa idéia posta em prática na estação de Shibuia, em Tóquio. O nome da loja era Três Minutos de Felicidade. Um cartaz dizia: PRODUTOS VARIADOS QUE TORNAM NOSSA VIDA FÁCIL E FELIZ. Impossível ser mais direto. Apenas três minutos. É tudo de que se precisa. Uma experiência de compras efêmera e serena. Melhor ainda: deixava os clientes felizes, exatamente como dizia a propaganda. A loja vende amostras – de batom, esmalte de unhas, vários outros produtos de beleza e também de alguns produtos de uso doméstico – organizadas por preço. Cem ienes, duzentos ienes, trezentos ienes etc. Ao lado, há um balcão no qual se vendem café e sorvetes. Você coloca seu dinheiro em uma máquina, escolhe o que quer com o auxílio de um menu com fotos e obtém um cupom que é apresentado ao atendente, que prepara e entrega a mercadoria. Dinheiro e comida separados. Chamo a isso férias de três minutos do varejo.

Nem toda forma de improvisação requer correção. À época em que a locação de vídeos era um negócio em expansão, antes do advento do Netfix (lembra-se daqueles tempos sombrios?), muitas famílias americanas corriam nos fins de semana às locadoras de vídeos, como Blockbuster e Holywood Video, principalmente atrás de cópias dos últimos lançamentos.

O negócio de locação de vídeos rendia muito pouco com esses lançamentos, mas faturava alto quando alguém alugava filmes antigos – clássicos, como "Intriga Internacional" ou "Casablanca". O grande dilema era sempre como fazer as pessoas alugarem esses filmes, que eram denominados "estoque básico".

Observamos que alguns shoppers mais experimentados dirigiam-se não à seção de lançamentos, mas ao carrinho de devoluções, onde estavam vídeos que retornavam à loja antes de serem arquivados. Não havia razão alguma para que a Blockbuster tentasse modificar esse comportamento – ele poupava um pouco de trabalho a algum funcionário, o que era bom. Aconselhamos a Blockbuster a espalhar vídeos do estoque básico pelos carrinhos, especialmente os que tivessem algum tema relacionado ao dos lançamentos. Funcionou.

Vejamos um último exemplo de shoppers usando lojas de forma diferente daquela planejada, dessa vez beneficiando totalmente a empresa. Nos Estados Unidos, mais da metade de toda fast-food é comprada na janela de drive-thrus e nós, assim como todo mundo, achávamos que esses clientes comessem na saída, enquanto dirigiam, ou que levassem a comida para seus escritórios ou para algum outro lugar. Porém, em uma série de estudos recentes, notamos algo estranho: cerca de 10% dos shoppers de drive-thrus pegavam a comida e se dirigiam ao estacionamento da loja para comer dentro de seus automóveis. Curiosamente, esses motoristas tendiam a estar em automóveis mais novos do que os clientes normais de restaurantes. Seriam amantes de hambúrgueres elitistas com vergonha de que alguém os visse em uma humilde lanchonete gordurenta? Ou será que curtiam o luxo de comer em um ambiente no qual podiam conversar livremente nos telefones celulares, escutar sua música favorita e sentar nos próprios assentos? Em ambas as hipóteses, trata-se de um segmento de consumidores de fast-food que vale a pena acomodar. Afinal, eles trazem suas próprias cadeiras e não fazem sujeira. Em conseqüência, hoje recomendamos aos restaurantes de fast-food que garantam que seus estacionamentos sejam visíveis da rua, para que os motoristas possam ver que há vagas para eles. Enfatizamos também a importância de manter condições agradáveis, sombra, com uma vista diferente de algo que não seja uma caçamba de lixo – tanto para os automóveis quanto para as pessoas. (Em um restaurante que estudamos, os melhores locais de estacionamento eram ocupados por funcionários, cujos automóveis, muitas vezes, ficavam estacionados mais de oito horas seguidas, uma prática bastante burra.) Finalmente, nossa descoberta confirma a tendência geral entre os restaurantes de fast-food de diminuir o tamanho do prédio e aumentar o tamanho do drive-thru e do estacionamento, ajustando-se ao desejo dos shoppers, que é, em quase todos os casos, o certo.

Uma última observação: não entendo por que o negócio de fast-food ainda não inventou nem disponibilizou babadores para automóveis. Algo que permitisse comer um hambúrguer sem que o ketchup e a mostarda pingassem em sua gravata nova, ou que evitasse que as batatas fritas derramassem e se alojassem entre os bancos. É algo sobre o qual um daqueles MBAs deveria refletir.

III

Os homens são da Home Depot, as mulheres são da Bloomingdale's: a demografia das compras

Como vimos, os aspectos mais simples de nossa condição humana, como nossas capacidades e limitações físicas, influenciam fortemente nossa maneira de comprar. Mas nada tão interessante como as compras é tão simples. Todos nós nos deslocamos pelos mesmos ambientes, mas não há duas pessoas no mundo que reajam a eles de forma igual. Um letreiro pode ser de ótimo gosto, perfeitamente legível, estar primorosamente posicionado, mas pode acontecer de você o ler e eu não. A loja flui à perfeição e todas as mercadorias estão facilmente a meu alcance, só que detesto comprar roupas – preferiria estar pescando. As cestas de compras estão posicionadas da forma mais conveniente possível, mas você está duro hoje ou é absolutamente incapaz de comprar mais de dois livros de uma vez.

Sem dúvida, todos nós sabemos como as compras significam diferentes coisas para diferentes pessoas em diferentes épocas. Valemo-nos das compras como terapia, recompensa, suborno, passatempo, uma desculpa para sair de casa, um meio de paquera, entretenimento, uma forma de educação, devoção, ou um jeito de matar o tempo. Existem shoppers compulsivos estourando suas contas bancárias e limites de crédito que fazem uso das compras para pedir ajuda. No final, acabam comprando programas de auto-ajuda em 12 passos. Quantas figuras públicas são vergonhosamente presas por furtar pequenos itens baratos? Nos Estados Unidos, são três ou quatro por ano, sempre na Flórida.

Na década de 1980, pessoas que migravam do Leste Europeu para os Estados Unidos ficavam boquiabertas com a abundância nas prateleiras de um supermercado suburbano típico. As lojas simbolizavam como a democracia de livre-mercado se caracteriza pela liberdade de escolha, muitas e muitas escolhas. Foi também em um supermercado que tive uma experiência de compra catártica. Aconteceu há uns 20 anos, época em que começou a parecer que Envirossel poderia ser uma empresa de sucesso. Até aquela altura, porém, isso não era certo. Eu vivia duro o tempo todo, trabalhando como burro de carga, mas investindo cada tostão ganho de volta na empresa. As coisas eram difíceis. Se eu tivesse uma reunião na Flórida, por exemplo, embarcava no último vôo para conseguir a passagem mais barata, chegando de madrugada. Então, alugava o automóvel mais barato que houvesse, dirigia até o destino, dormia no próprio automóvel, fazia a barba e escovava os dentes em um banheiro de posto de gasolina e rumava a meu encontro esforçando-me para personificar um bem-sucedido fundador de empresa de pesquisas. *Dureza*. De qualquer modo, naquele dia em que ficou claro que eu e minha empresa estávamos a caminho de nos tornar bem-sucedidos, visitei por acaso o supermercado Pathmark, perto de South Street Seaport, em Nova York. Parado no corredor de produtos importados, subitamente ocorreu-me que eu dispunha de meios para comprar tudo o que quisesse ali. Se, digamos, eu desejasse experimentar algumas das conservas de gengibre que eu consumia na juventude, poderia pegar um pote e pagar por ele, sem ligar para o fato de que custava talvez *$4 ou $5*. Percebi que não precisaria mais comprar a geléia mais barata. Aos 35 anos, percebi que já não precisaria mais controlar o orçamento para não faltar comida no fim do mês. E, então, naquele momento, eu – um marmanjo careca e de barba – comecei a chorar bem na frente daquelas geléias, compotas e conservas importadas. Chorei de alívio e felicidade, emoções que haviam aflorado ali, graças a um supermercado. Daquele dia em diante, meu café-da-manhã preferido – de, pelo menos, 150 dias por ano – consistia em quantidades industriais de uma geléia de gengibre obscenamente cara e uma pasta de amendoim orgânica espalhadas sobre English muffins quentinhos e acompanhados por uma xícara de café forte.

Mas será que chorar em um supermercado não acontece com todo mundo? Grande parte de nosso trabalho na Envirosell consiste em identificar diferenças entre shoppers, tentar descobrir tipos de pessoas e generalizações que possam ser úteis aos varejistas e outros que controlam nossos espaços de compras. Não surpreende que, em um mundo no qual "os homens são de Marte e as mulheres são de Vênus", seja lugar-comum prestarmos atenção à diferença entre o comportamento que existe entre os sexos nas lojas. Algumas das distinções correspondem às expectativas. As mulheres são melhores na atividade de fazer compras; os homens são rebeldes incontroláveis. Mas, à medida que homens e mulheres (e as relações entre eles) mudam, o mesmo ocorre com seu comportamento de compra, o que terá enormes implicações para os negócios.

A outra grande distinção que estudamos está ligada à idade do shopper. Antigamente, as crianças nas lojas não tinham voz ativa. Esses dias fazem parte de um passado distante. Agora, até as mais novas precisam ser consideradas e acomodadas na equação varejista. No outro extremo, shoppers mais velhos também são mais importantes do que nunca, ainda mais porque sua quantidade aumenta a cada dia e eles têm um monte de dinheiro para gastar e muito tempo disponível. Sua presença está transformando a forma como os produtos são vendidos neste século XXI. Enormes mudanças culturais e demográficas estão ocorrendo no novo milênio. Nos quatro próximos capítulos, veremos como os shoppers diferem e como essas diferenças se refletem no mundo das compras.

CAPÍTULO 8

Faça compras como um homem

Homens e mulheres diferem em quase tudo; portanto, por que não haveriam de diferir também nas compras? A crença tradicional sobre shoppers do sexo masculino é de que eles não gostam particularmente de fazer compras, razão pela qual o fazem raramente. Já é uma luta fazê-los acompanhar com paciência uma mulher durante suas compras. Como resultado, toda a experiência de compra, desenho da embalagem, publicidade, disposição e promoção de produtos no ponto-de-venda,* projeto da loja e material de suporte, costuma ser voltada para o shopper do sexo feminino.

Pelo menos é isso que o mundo do varejo defende. Conversa fiada. Embora as mulheres estejam conseguindo galgar posições cada vez mais elevadas no mundo empresarial, vivemos em um mundo dominado, concebido e administrado por homens. No entanto, o varejo espera que, de alguma forma, as mulheres participem. O fato de não atenderem adequadamente aos anseios femininos é um fato consumado, mas também de não conseguirem atingir os homens chega a ser patético. Eis aqui dois alicerces

* *Nota do Tradutor*: O original "merchandising" é traduzido neste livro como "disposição e promoção de produtos no ponto-de-venda". A definição da Associação Americana de Marketing é "o planejamento envolvido na comercialização da mercadoria ou serviços certos, no lugar certo, no momento certo, nas quantidades certas e no preço certo", mas há outras definições que podem ser resumidas como "promoção em ponto-de-venda". No Brasil, esse termo é predominantemente usado com outro sentido; segundo o *Houaiss*, "para designar a citação ou aparição de determinada marca, produto ou serviço, sem as características explícitas de anúncio publicitário, em programa de televisão ou de rádio, espetáculo teatral ou cinematográfico etc.".

básicos. Os homens são geneticamente programados para ser caçadores. Assim, eles saem pela floresta e não terão sucesso algum, a não ser que cacem alguma coisa com razoável rapidez e a arrastem de volta para casa depois de limpar a lama das botas na entrada.

As mulheres são coletoras que extraem um imenso prazer do ato de olhar. Portanto, duas mulheres podem passar o dia inteiro em um shopping center sem comprar coisa alguma e, ainda assim, se divertir muito.

As mulheres, de fato, têm mais afinidade com o conceito daquilo que imaginamos seja "fazer compras": percorrer calmamente as lojas, examinando mercadorias, comparando produtos e valores, interagindo com vendedores, fazendo perguntas, experimentando coisas e, finalmente, comprando. A maioria das rotinas de fazer compras recai tradicionalmente sobre as mulheres, e elas costumam entregar-se com vontade à tarefa, mesmo nas compras de necessidade do dia-a-dia, mesmo quando a experiência não traz nenhum prazer específico, as mulheres tendem a comprar de forma confiável e prazerosa. Historicamente, as mulheres são os agentes de compra do dia-a-dia de nossa cultura e se orgulham da habilidade de comprar com prudência e bem. Em um estudo que fizemos sobre produtos para bebês, as mulheres entrevistadas insistiam em que sabiam os preços dos produtos de cor, sem precisar sequer fazer uma consulta. (Uma investigação adicional revelou que, na maior parte das vezes, estavam enganadas.) À medida que mudam os papéis das mulheres, muda também seu comportamento de compras. Elas estão se tornando bem mais parecidas com os homens nesse sentido, mas ainda são as principais shoppers do mercado norte-americano.

Comparativamente, os homens são, em geral, mais irresponsáveis, menos poéticos. Já cronometramos um número suficiente de shoppers para saber que os homens sempre andam mais rápido do que as mulheres pelos corredores das lojas. E também gastam menos tempo olhando. Em muitos ambientes, é difícil fazê-los olhar algo que não tenham a intenção de comprar. Eles normalmente não gostam de perguntar onde as coisas estão. Na verdade, não fazem perguntas. (Eles fazem compras da maneira como dirigem.) Se um homem não conseguiu encontrar a seção que procura, mudará de direção uma ou duas vezes e depois desistirá, deixando a loja sem sequer pedir ajuda. Você pode vê-lo apenas se desligando.

Você verá um homem impacientemente atravessar a loja até a seção que deseja, apanhar algo e, quase abruptamente, estar pronto para pagar, sem ter tido nenhum prazer aparente no processo de busca. Um exemplo clássico é ver como homens mais velhos compram Dockers – a linha básica de calças chinos e cáquis da Levi Strauss. É muito comum a imagem de um sujeito que entra na loja, vai direto para a seção de Dockers, escolhe um par do tamanho certo – cintura 34, comprimento 32 –, vira-se e quase sai correndo até o caixa. É quase como se o simples fato de ele estar ali, na loja, fosse uma ameaça à sua masculinidade. É curioso como lojas de artigos de camping, como a Cabela's, a REI e mesmo lojas físicas da L.L. Bean, facilitam a tarefa dos homens mais velhos na hora de comprar cintos, calças e roupas íntimas. Elas misturam esses artigos no meio das seções de caça e pesca, de exercícios e de atividades ao ar livre. Outro exemplo são os revendedores da Harley-Davidson, loja na qual não apenas homens de meia-idade podem comprar roupas para si, mas também para seus filhos.

Mas, quando um homem está fazendo compras, você praticamente tem de sair do caminho dele para não ser atropelado. Quando um homem leva uma peça de roupa para dentro de um provador, só não a comprará se não couber. Já as mulheres experimentam roupas apenas como parte do processo de avaliação e as peças que caem bem podem, mesmo assim, ser rejeitadas por outros motivos. Em um estudo, descobrimos que 65% dos shoppers do sexo masculino que experimentavam uma roupa a compravam, em comparação a apenas 25% das mulheres. Esse é um bom argumento para instalar as cabines de provadores mais perto do departamento de roupas masculinas, caso sejam compartilhadas. Se não forem, os provadores masculinos devem estar posicionados perto da entrada e claramente demarcados, porque, se eles tiverem de procurá-los, poderão concluir que o esforço não vale a pena.

Vejamos outra comparação estatística: 86% das mulheres consultam as etiquetas de preços ao fazer compras. Somente 72% dos homens fazem o mesmo. Para um homem, ignorar a etiqueta de preço é quase uma medida de sua virilidade. Em conseqüência, os homens são muito mais facilmente induzidos a gastar em média bem mais que as mulheres. Os homens também são muito mais sugestionáveis do que as mulheres. Eles parecem tão ansiosos para sair da loja que dizem sim para quase tudo.

Ora, um shopper como esse poderia ser visto como um estorvo, mas também como uma fonte potencial de lucros, tendo em vista, sobretudo, sua falta de disciplina. De qualquer forma, os homens agora fazem mais compras do que nunca e essa tendência continuará a crescer. Permanecendo solteiros por um tempo cada vez maior, aprendem a adquirir coisas que seus pais nunca tiveram de comprar. Além disso, casando-se com mulheres que trabalham tanto e tão arduamente quanto eles, serão forçados a compartilhar mais o encargo das compras. Os fabricantes, varejistas e projetistas de displays que prestam atenção ao jeito dos homens e que estão dispostos a adaptar a experiência de compra a eles terão uma vantagem neste século XXI.

A grande e tradicional arena para o comportamento de compras masculino sempre foi o supermercado. É ali, com milhares de produtos ao alcance de suas mãos, que podemos testemunhar a despreocupação e a indisciplina que caracterizam o homem.

Em um estudo de supermercado, contamos quantos shoppers vinham munidos de listas de compra. Quase todas as mulheres tinham uma. Entre os homens, menos de um quarto trazia a sua. Uma mulher que esteja controlando o orçamento da família não se arrisca a enviar o marido desacompanhado ao supermercado. Entregar-lhe um veículo para conduzir, ainda que seja um mero carrinho de compras, apenas enfatiza seu potencial de macheza. Envie as crianças com papai e você obterá uma combinação letal. Ele é notoriamente incapaz de dizer não quando se trata de comprar comestíveis. Afinal, ser pai é, em parte, ser o provedor. Isso faz parte da essência da auto-imagem masculina.

Gastei centenas de horas da minha vida observando homens em supermercados. Uma de minhas cenas de vídeo favoritas mostra o pai com a filhinha nos ombros. No corredor de salgadinhos, a menina aponta para o display de biscoitos em forma de animais. O pai pega a caixa da prateleira, abre e entrega à filha, sem se preocupar com o fato de que sua cabeça e ombros ficarão polvilhados de farelo de biscoito. É difícil imaginar uma mãe em uma cena tão indisciplinada. Outra grande lição sobre compras masculinas resultou da observação de um homem percorrendo o corredor de cereais com os dois filhinhos. Quando os meninos imploram pela marca favorita, ele apanha uma caixa e, em vez de abrir com cuidado a aba da embalagem, arranca a parte de cima da caixa, sabendo muito bem que, uma vez que os meninos comecem a comer, não haverá mais necessidade de fechar a caixa.

Os supermercados são locais com forte ocorrência de compras por impulso para ambos os sexos. Cerca de 60% a 70% das compras ali não foram planejadas, como nos revelaram estudos do setor de comestíveis. Mas os homens são particularmente sugestionáveis pelas súplicas de crianças, bem como por displays chamativos.

Há outro comportamento masculino perdulário que, invariavelmente, se manifesta em supermercados, algo que vemos, reiteradas vezes, nos vídeos que filmamos nas caixas registradores. O homem quase sempre paga. Especialmente quando um homem e uma mulher estão comprando juntos, ele insiste em apanhar seu maço de notas e pagar; caso contrário, o caixa terá a falsa impressão de que é a mulher que está sustentando a família. Não admira que os varejistas costumem chamar o homem de porta-carteira. A crença comum é a de que se deve vender para a mulher, mas com o homem por perto. Porque, embora ele possa não apreciar a experiência de compra, tem uma nítida emoção na experiência de pagar, já que, assim, ele se sente no comando, ainda que não esteja. As lojas que vendem vestidos de festa de formatura dependem disso. Em geral, quando o pai vai junto, a menina consegue um vestido mais caro do que se a mãe estivesse com ela.

Uma de minhas lojas favoritas é a American Girl Place, que deve ser uma das máquinas mais eficientes jamais inventadas para extrair dinheiro da carteira do papai. Para quem não sabe, a American Girl Place é uma loja de bonecas, onde essas são vestidas tematicamente, de acordo com os momentos da história americana. A cor da pele e dos cabelos deve combinar com a situação, assim como um nome adequado, de época, como Addy ou Felicity, e uma biografia resumida. O shopper poderá adquirir roupas idênticas para a boneca e para sua filha de 9 anos. Umas das seções é um salão de beleza, no qual é possível fazer um penteado ou algum reparo na boneca, um café com um assento especial em que a boneca pode acomodar-se para acompanhá-lo para um lanche. Há até mesmo um teatro, no qual a história-tema de cada boneca é encenada. Acrescente a isso livros e revistas e, a essa altura, o shopper comum já terá gasto uns $200. O café tem cinco períodos de permanência por dia e, para fazer reservas em um fim de semana, é preciso marcar com uma antecedência de seis meses. Para muitas garotinhas americanas de 8 ou 9 anos, convencer os pais a passar ali um fim de semana é o presente de aniversário dos sonhos. Já existem três lojas – a original em Chicago e mais duas filiais, uma em Nova York e outra em Los Angeles. A única melhoria que me ocorre seria talvez criar o American Girl Place Hotel, ou pelo menos um andar exclusivo em algum hotel próximo, no qual haveria camas e camisolas para bonecas. Adoro levar visitantes estrangeiros para conhecer a loja. A questão que discutimos é se seria viável criar uma loja semelhante na França ou no Japão com o mesmo sucesso e com a mesma facilidade de esvaziar a carteira dos papais.

Em algumas categorias, os shoppers do sexo masculino deixam as mulheres no chinelo. Em um estudo que fizemos para uma loja, 17% dos shoppers do sexo masculino que entrevistamos revelaram que visitavam o local mais de uma vez por semana! Quase um quarto dos homens contou que saiu de casa naquele dia sem a intenção de visitar a loja e que entrou por mera curiosidade. Sem dúvida, o fato de se tratar de uma loja de informática pode ter influenciado essa conduta. O hardware e o software de computadores substituíram os automóveis e aparelhos de som como o foco do amor masculino pela tecnologia e pelas engenhocas. Claramente, a maioria das visitas à loja eram incursões para coleta de informações. No vídeo, observamos os homens lendo atentamente as caixas de software e qualquer outra literatura ou comunicação disponível. A loja era o local em que os homens compravam software, mas era também onde mais se informavam a respeito. Isso enfatiza outra característica de compra dos homens. Assim como detestam fazer perguntas, gostam de obter suas informações de primeira mão, de preferência de material escrito, vídeos de instrução ou telas de computador.

Há alguns anos, fizemos um estudo para uma empresa de telefonia celular que estava abrindo um protótipo de loja no varejo. Descobrimos que homens e mulheres divergiam totalmente quanto à utilização do local. Invariavelmente, as mulheres rumavam para o balcão de vendas e faziam aos vendedores perguntas sobre os telefones e diferentes ofertas. Já os homens iam direto ao display de telefones e cartazes que explicavam os contratos. Depois, apanhavam folhetos e formulários de inscrição e deixavam a loja, tudo isso sem falar com nenhum funcionário. Quando esses homens voltavam à loja, era para se inscrever. As mulheres, porém, precisavam, em média, de uma terceira visita à loja e de mais consultas antes de estarem prontas para fechar contrato.

É claro que os papéis desempenhados por homens e mulheres estão mudando. Em 2008, a maioria dos estudantes matriculados em cursos superiores era do sexo feminino. E não são apenas cursos de graduação de direito ou de medicina. Hoje, as mulheres dominam quase todos os programas de pós-graduação, exceto engenharia e matemática. Embora a diferença de rendimentos ainda esteja pendendo para o lado masculino e o preconceito contra as mulheres ainda seja um obstáculo na maioria das profissões, o fato é que as mulheres hoje têm mais dinheiro próprio em suas mãos do que em qualquer outra época.

Entretanto, quase sempre, ainda são os homens que assumem a liderança na compra de automóveis (embora as mulheres interfiram bastante na maioria das compras de carros zero) e homens e mulheres realizam a divisão de trabalho que se esperaria nas compras para o lar: ela compra tudo que ficará dentro e ele compra tudo o que ficará fora, como cortador de grama e outros equipamentos de jardinagem, churrasqueira, mangueiras etc.

Entretanto, coloquemos esses papéis históricos sob algum tipo de perspectiva demográfica. No Censo dos Estados Unidos de 2002, apenas 24% dos lares americanos tinham uma mãe, um pai e crianças dependentes. Cerca de 15% dos lares eram compostos de pai ou mãe com filhos. Isso significa que a maioria de 60% era formada por lares sem filhos (ou em que os filhos já haviam saído de casa). O restante era constituído por composições não-tradicionais: pessoas morando juntas, filhos morando com os pais, solteiros etc. A idéia básica de vender o que para quem continua válida, mas nunca foi tão importante prestar atenção aos shoppers não-tradicionais de todos os produtos. Hoje, cerca de metade dos automóveis nas ruas da América do Norte são dirigidos por mulheres. No entanto, as revendas de automóveis continuam a ser um dos destinos mais odiados por shoppers do sexo feminino.

Uma das desconexões mais sintomáticas está na construção civil. Quase todas as casas construídas nos últimos 10 anos foram concebidas em torno do conceito da família nuclear: um dormitório principal e dois quartos menores para as crianças. Se você possuir uma casa configurada para uma família não-tradicional – por exemplo, com duas suítes –, ela poderá ser vendida em menos tempo e por um preço mais elevado.

No mundo todo, são necessárias duas fontes de renda para se viver no padrão da classe média. Em 1965, quando meu pai comprou uma casa em Chevy Chase, Maryland, pagou aproximadamente um valor equivalente a seu rendimento anual. Ele ganhava $40 mil por ano e a casa custou o mesmo. Hoje, se alguém morar em uma casa cujo valor seja equiparável a seu rendimento anual, não sei se devo ficar com inveja ou com pena. Dito isso, o processo decisório referente a como gastamos nosso dinheiro está em permanente mudança.

Mesmo quando não estão fazendo compras, os homens influenciam fortemente essa experiência. Como já mencionei, sabemos que, em geral, o quanto os shoppers compram é diretamente proporcional ao tempo despendido na loja. E nossas pesquisas mostraram repetidamente que, quando uma mulher está em uma loja acompanhada de um homem, gasta menos tempo ali do que se estivesse sozinha, com outra mulher ou mesmo com crianças. A seguir, mostro uma análise do tempo médio de compra, extraída de um estudo conduzido na filial de uma rede nacional de artigos para o lar:

Mulher comprando com outra mulher: 8 minutos e 15 segundos
Mulher com crianças: 7 minutos e 19 segundos
Mulher sozinha: 5 minutos e 2 segundos
Mulher com um homem: 4 minutos e 41 segundos

Em cada um desses casos, o que acontece parece claro. Quando duas mulheres fazem compras juntas, conversam, dão conselhos, sugerem e fazem consultas até ficarem satisfeitas, daí o longo tempo na loja. Com os filhos, ela fica parcialmente ocupada conduzindo-os e distraindo-os. Sozinha, ela emprega seu tempo de forma eficiente. Mas com ele... bem, ele deixa claro que está de saco cheio, que vai embora a qualquer momento para ficar dentro do carro ouvindo rádio ou lá fora vendo as moças passarem. Portanto, o nível de conforto da mulher cai drasticamente quando ela está ao lado do homem; ela se sente ansiosa e apressada o tempo todo durante a compra. Contudo, se for possível ocupar seu acompanhante de alguma forma, ela será uma shopper mais feliz e relaxada. Gastará mais tempo e dinheiro. Duas estratégias são essenciais para lidar com a presença dos homens em lugares nos quais a atividade de compras é intensa.

A primeira é a contenção passiva, o que não significa algemas. As lojas que vendem principalmente para mulheres deveriam estar pesquisando algum meio de despertar o interesse dos homens. Se eu fosse proprietário da Chico's ou da Victoria's Secret, criaria um local em que as mulheres pudessem deixar o marido – como se deixa um casaco na chapelaria. Já existe um espaço tradicional no qual os homens sempre se sentiram à vontade esperando. É a barbearia. Em vez de cadeiras surradas e números atrasados de *Playboy* e revistas sobre futebol, eu recomendaria assentos confortáveis diante de um telão de TV sintonizado no canal a cabo de esportes. Mesmo algo simples assim ajudaria muito a aliviar a ansiedade das esposas, mas a programação poderia ser ainda mais requintada, com vídeos selecionados pela própria loja.

Se eu abrisse uma loja novinha em folha em que as mulheres pudessem fazer compras com tranqüilidade, descobriria um local bem ao lado de um estabelecimento de artigos prediletos dos homens, como uma loja de informática, onde ele pudesse, de bom grado, matar meia hora. De forma semelhante, se eu abrisse uma loja de informática, ela se situaria junto a uma loja de vestuário feminino, garantindo, assim, bandos de shoppers masculinos agradecidos.

Mas você também poderia tentar vender para seu público cativo. Uma loja de vestuário feminino poderia preparar um catálogo em vídeo concebido especialmente para homens que vão comprar presentes, itens como xales ou lenços, em vez de sapatos ou calças. Ali, os vales-presente venderiam bem; ele já sabe que ela gosta dos produtos da loja. A Victoria's Secret realmente faria sucesso com um catálogo em vídeo para homens. Poderia até exibir um pequeno desfile de modas.

A única precaução a tomar seria quanto à localização dessa seção. Os shoppers devem encontrá-la facilmente, mas ela não deve ficar tão próxima da entrada a ponto de quem estiver olhando as vitrines tope com seis sujeitos parrudos com jaquetas de couro espreguiçando-se no assento em frente à televisão.

A segunda estratégia, em última análise mais satisfatória, seria encontrar um meio de envolver o homem na compra. Tarefa nada fácil em certas categorias, mas tampouco impossível.

Realizávamos um estudo para a Pfalzgraff, grande fabricante e varejista de louça. O shopper típico apaixona-se por um padrão específico e reúne o conjunto inteiro, um sem-número de peças, como pratos de jantar, xícaras de café, bules, travessas e argolas para guardanapos. Comprar na loja exige muito tempo, sem falar no tempo gasto para registrar os itens no caixa e embrulhá-los para que não quebrem. Exatamente o tipo de situação que deixa qualquer homem maluco. Contudo, uma venda típica nas lojas da Pfaltzgraff pode chegar a centenas de dólares, outra ótima razão para se descobrir um meio de envolver os homens.

Quando assistimos ao vídeo, observamos que, por alguma razão desconhecida, os homens tendiam a se desviar para a seção de artigos de vidro da loja. Estavam se afastando das molheiras e dos descansos para colheres e perambulando entre copos e taças de vinho. A certa altura, vimos dois sujeitos rumarem em direção às tulipas de cerveja. Um deles apanhou uma tulipa e, com a outra mão, abriu uma torneira imaginária de barril de chope e inclinou o copo como se fosse enchê-lo. Pensei: quando se esperam visitas para o jantar e a mulher está na cozinha, o que o homem faz? Prepara drinques. Esse é seu papel socialmente aceitável. Por isso, ele se interessa por todos os equipamentos, todas as ferramentas do ofício do barman. Por exemplo, cada tipo diferente de copo e sua finalidade, as facas e coqueteleiras. Esse é o papel do homem.

Meu primeiro pensamento foi o de que as lojas deveriam instalar barris de chope falsos como chamarizes para os homens brincarem. No final, aconselhamos reunir todos os artigos de vidro na seção do bar e afixar na parede alguma figura grande, como a foto de um homem tirando chope ou preparando Martínis em uma bela coqueteleira de cromo. Algo que fizesse os homens entrar e perceber a existência de uma seção destinada a eles, um lugar no qual pudessem fazer compras. Todos os abridores de garrafas nos diferentes padrões ficariam expostos ali também. E, como os homens preferem obter informações lendo, a loja poderia pendurar um quadro demonstrando o uso de cada tipo de copo. Os cálices de conhaque, as taças de champanhe, os cálices de vinho e as canecas.

Com tudo isso, o homem – que era visto como um empecilho para o negócio e uma inconveniência para o shopper principal – poderia ser transformado também em shopper. Ou pelo menos em um espectador interessado.

Realizamos um estudo para a Thomasville, a fabricante de mobílias, e achamos que, também lá, envolver mais o homem facilitaria a venda desses produtos de preços elevados. A solução foi simples: criar peças de comunicação, como displays e cartazes, que mostrassem as etapas da produção dos móveis, e usar amostras, como cortes transversais e detalhes ocultos, para provar que, além de bonitas, as peças eram bem-feitas. Enfatizar a estrutura interna ajudaria muito a superar a resistência masculina ao custo da nova mobília, mas as figuras também dariam aos homens algo para estudar, enquanto as esposas examinassem os estofados e o estilo.

Um produto que os homens sistematicamente compram mais do que as mulheres é cerveja. Isso em todo e qualquer ambiente – no supermercado ou na loja de conveniências. (Eles também compram salgadinhos, biscoitos, amendoins e outros tira-gostos.) Assim, aconselhamos a um supermercado cliente nosso que promovesse uma degustação de cervejas todos os sábados às 15:00 no corredor de bebidas. Eles poderiam apresentar alguma microcervejaria ou uma nova cerveja de uma cervejaria famosa, não importava. As degustações provavelmente ajudariam a vender cerveja, mas esse não era o objetivo. Elas valeriam a pena porque atrairiam mais homens à loja. E ajudariam a transformar o supermercado em um local mais voltado para eles.

Entretanto, uma experiência da Envirosell Brazil feita por encomenda da Brahma, a principal cervejaria do país, nos ensina uma lição diferente. No experimento, o foco era tornar a seção de cervejas mais atraente para as mulheres, com o pressuposto de que elas compram cerveja para alguém, e não para si próprias. Todos os cartazes de mulheres sensuais foram removidos (qual seria a exata conexão entre espuma de cerveja e mulher boa?) e, em seu lugar, foram colocadas peças de comunicação que mostravam uma refeição em família com homens e mulheres adultas bebendo cerveja. As vendas subiram 20% da noite para o dia. Nos Estados Unidos, as mulheres constituem um pequeno segmento dos shoppers de cerveja, mas, quando elas compram, compram em grandes quantidades. Portanto, enquanto o homem está mais inclinado a comprar embalagens de seis unidades, a mulher compra embalagens de uma dúzia. Conclusão: ela compra quando tem festa e ele quando a festa é para um.

O varejista inteligente deveria prestar atenção. Todos os aspectos do mundo dos negócios terão de prever como os papéis sociais dos homens e mulheres mudarão. O futuro pertencerá a quem chegar na frente. Uma boa regra geral é tomar qualquer categoria em que as mulheres predominem agora e, sem aliená-las, descobrir como torná-la atraente para os homens.

Veja, por exemplo, a evolução da cozinha norte-americana nos últimos 10 anos. Antigamente, mamãe comprava todos os comestíveis e cozinhava. Agora, mamãe trabalha fora. Como resultado, os homens também passaram a ter de saber cozinhar, lavar louça e lavar roupas. Isso deixou de ser simpático e passou a ser necessário.

Será por coincidência que, em paralelo à mudança, os aparelhos de cozinha tenham adquirido um aspecto tão masculino? Antigamente, você escolhia entre cores como verde-abacate ou dourado ao selecionar uma geladeira ou um fogão. Agora, os fogões mais sofisticados são modelos de seis bocas, com resistência industrial e dotados de churrasqueiras a gás. As geladeiras, enormes caixas sem muitos enfeites, de aço inoxidável, alumínio e vidro. Se você entrar numa loja de artigos para cozinha sofisticados como a Williams-Sonoma, verá que um aparelho muito popular é um pequeno maçarico para cristalizar o topo do *crème brûlée.* Será que os norte-americanos caíram de amores pelo preparo de sobremesas francesas elaboradas e que engordam? Ou será que a culinária parece mais atraente para os homens quando envolve acender seu maçarico pessoal?

(De modo semelhante, à medida que as mulheres permanecem solteiras por mais tempo e, às vezes, se tornam solteiras de novo e de novo, a antiquada casa de ferragens só para homens está sendo aniquilada. Nossos clientes, a Ace Hardware e a True Value, fizeram um ótimo trabalho transformando seu negócio em um lugar no qual mulheres com casa própria e adeptas da filosofia do faça-você-mesmo podem vir a ser felizes shoppers de ferramentas e materiais, em um ambiente acolhedor e unissex. Uma das formas mais simples de consolidar essa transformação seria contratando atendentes do sexo feminino.)

Veja como os fornos de microondas são vendidos. A característica mais proeminente no folheto é a potência em watts. Da mesma forma, ao entrevistarmos homens que estavam comprando aspiradores de pó e indagarmos pela característica mais importante, a resposta previsível foi: "Capacidade de aspiração." Leia-se: "*Potência.*" Como resultado, os fabricantes de aspiradores agora ostentam a amperagem. Em ambos os casos, os eletrodomésticos se tornaram mais potentes, enquanto os homens se tornaram menos. Eles parecem determinados a se encontrar em algum ponto intermediário.

Mesmo produtos milagrosos para a lavagem de roupas e outros produtos domésticos estão sendo reimaginados com os homens em mente. Não sei exatamente como a Georgia-Pacific e a Procter & Gamble chegaram à decisão, mas por que outro motivo toalhas de papel se chamariam Browny (Fortão) ou um sabão em pó se chamaria Bold (Ousado) se não fosse para se tornarem itens respeitáveis nas cestas de compras dos homens? Quantas mulheres gostariam de ter sacos de lixo da marca Hefty Bags (Sacos Poderosos)? Agora, quantos homens? Os nomes mais varonis costumavam ir para modelos de automóveis. Agora, vão para produtos de limpeza. Nos Estados Unidos, o lançamento de sabão mais bem-sucedido da década de 1990 não foi "cheio de babados e perfumado". Foi Lever (Alavanca) 2000, um nome que também soaria apropriado para um computador ou uma nova linha de ferramentas mecânicas. Vou acabar dirigindo um Lever 2000 algum dia!

Olhemos além das compras para as expressões mais elementares do desejo masculino contemporâneo. Pense na diferença entre Marilyn Monroe e Angelina Jolie. Os bíceps de Angelina são provavelmente maiores do que os de Frank Sinatra e Bobby Kennedy combinados. Ela é totalmente musculosa e sem quadris, se comparada às *pinups* de três décadas atrás.

Os homens sempre compraram seus ternos e sapatos, mas as mulheres, tradicionalmente, compravam todo o resto, especialmente meias e cuecas. No entanto, isso está mudando. Os homens estão mais envolvidos com suas roupas e as mulheres têm mais o que fazer do que comprar cuecas samba-canção. No departamento de roupas masculinas da Target, às vezes ainda se encontra uma proporção de duas ou três mulheres para cada homem. Mas, em lojas de roupas sofisticadas para homens mais afluentes, estes agora – finalmente – superam as mulheres em número. Captamos em vídeo um momento marcante na vida do homem moderno americano. Um homem examinava pensativamente um mostruário de roupas de baixo quando, de repente, olhou à sua volta, agarrou o cós da cueca, esticou-o e virou a cabeça para, enfim, descobrir que tamanho usava. Tente imaginar uma mulher que não saiba o tamanho de sua roupa íntima. Impossível.

Algum dia próximo, podemos esperar que todos os homens saibam o tamanho de suas roupas.

(Inversamente, ouço dizer, que as mulheres com freqüência recusam-se a comprar lingerie sem experimentá-la... em cima da que estão vestindo, garantem-me. Não sei se viverei o suficiente para ver um homem levar um pacote de cuecas para uma cabine de provas.)

À medida que as mulheres deixam de comprar as roupas íntimas dos homens, será que estes começarão a comprar as das mulheres? Conheci um joalheiro que me contou: "Grande parte de meu negócio é com homens tentando cair fora da loja o mais rápido possível." Muitos maridos ou namorados escolheriam lingeries ou jóias sofisticadas como presentes, mas as lojas que as vendem, e a própria mercadoria, tornam essa tarefa atemorizante. Se ele mal se lembra do próprio tamanho, como se lembrará do dela, especialmente quando sutiãs e calcinhas têm de ser levados em conta, sem falar no roupão, na camisola etc. E como saber ao certo se está comprando o anel ou colar que ela deseja, na cor que ela quer? Com freqüência, vemos homens entrarem vacilantes nesses refúgios de feminilidade, olharem ansiosamente em volta, talvez estudarem um item ou dois e depois fugirem com medo e incerteza. Os vendedores precisam ser treinados para atrair esses homens como os animais medrosos que são. Manter um vendedor disponível para lidar com esses shoppers ariscos não é uma má idéia, especialmente considerando-se o preço das jóias ou mesmo da lingerie.

Deve haver também um meio de simplificar o tamanho das roupas para possibilitar essas compras cruzadas. Talvez a solução mais simples fosse as mulheres registrarem seus tamanhos nas lojas de roupas de sua preferência e, depois, enviarem seus homens na direção certa. A primeira loja que fizer isso se beneficiará do desejo latente de muitos homens de comprar roupas íntimas femininas. Mas há sempre a possibilidade de que não desejarem ser vistos saindo da loja com uma sacola cor-de-rosa.

Outro problema ligado ao sexo do shopper que os varejistas de roupas precisam resolver é como informar sutilmente onde se localizam as roupas masculinas e femininas em uma loja que vende ambas. Não faz muito tempo, era impensável que roupas de homens e mulheres fossem vendidas lado a lado, no mesmo local. Essa barreira foi derrubada na década de 1960, mas restam alguns problemas para solucionar. As indicações agora usadas, por exemplo, mesmo em pioneiros da loja de roupas para ambos os sexos como a Gap e J.Crew, nem sempre funcionam. Que o diga quem subitamente percebe que perdeu 10 minutos examinando sapatos, suéteres ou jeans destinados ao outro sexo.

Se você examinar o armário de qualquer mulher, encontrará algo que foi feito para um homem. Uma jaqueta de jeans, um suéter largão, uma camiseta – minha companheira, vez por outra, faz uma blitz em meu armário e em minhas gavetas. E isso não significa qualquer ameaça à sua sexualidade. A recíproca também é verdadeira.

E, por falar nisso, como se encaixaria o shopper gay nesse ambiente de varejo cada vez mais indistinto? E que diferenças poderiam existir entre o que um gay ou uma lésbica procuram em relação ao que buscam um homem ou uma mulher heterossexuais?

Nem é preciso dizer que a maioria das generalizações sobre a cultura homossexual é apenas isso: generalizações. Existem mulheres homossexuais que se sentem à vontade em camisas de flanela e calças cáqui, e princesas lésbicas que adoram os brilhos de uma noitada de sábado à noite. Há gays cujo modelo ideal é o Marlon Brando de "O Selvagem" (The Wild One), gays que são desleixados e gays cujo guarda-roupa diário é mais impecável que o dos cadetes da Academia de West Point. Esse mesmo amplo espectro aparece no mundo heterossexual.

A diferença é que a comunidade gay sempre foi uma indicadora de tendências, com visão de futuro e instinto necessário para nos apontar o que está na moda e o que está fora de moda, o que é in e o que é out. Para onde a cultura gay caminha, todos os demais geralmente acompanham, como qualquer metrossexual vestindo Prada seria o primeiro a admitir.

Ao mesmo tempo, muitos membros do universo heterossexual, na verdade, não gostam muito de admitir isso. Os homens que saem para comprar roupas íntimas, ao chegarem à seção correspondente, se deparam com uma série de fotografias de virilhas nas embalagens que os faz sentir como se tivessem de camuflar suas embalagens de cuecas para levá-las ao caixa, onde seriam colocadas em um saco de papel marrom. Eles se sentem envergonhados, mas esse acanhamento pode derivar do fato de que essas imagens eróticas de homens seminus encontraram seu público-alvo. Gay ou heterossexual, mostrem-me um adolescente que não queira comprar cerveja ou um homem de meia-idade que não tenha olhado a si mesmo no espelho e reparado em suas rugas em torno dos olhos com aparência de cansados, em sua crescente silhueta abdominal e na perda de massa muscular, e eu lhes mostrarei um mundo do varejo que ainda não levou em conta o fato de que muitos heterossexuais desejam ter a aparência elegante e jovial de muitos de seus conhecidos gays. O problema é que poucos estão dispostos a admitir isso ou demonstrar que se importam. Depõe contra a típica auto-imagem do macho admitir preocupação com isso.

De um modo geral, o ambiente de varejo não se preparou para a sensibilidade esquizóide. As lésbicas se defrontam com a mesma confusão no mercado, exceto pelo fato de que, diferentemente de seus pares gays, muitas delas devem cruzar o corredor para o lado da seção masculina a fim de encontrar o que desejam. O mundo do varejo geralmente cria menos espaço de manobra para as lésbicas do que para os gays. Uma lésbica, minha conhecida, que se autodenomina machona, tem uma enorme dificuldade de encontrar até mesmo o mais básico dos itens de vestuário e acessórios. É provavelmente por isso que ela odeia fazer compras e usa a internet boa parte do tempo. A maior parte do que está exposto é muito "mulherzinha" – exuberante e incisivo, com um design para seduzir. As calças são outra grande questão. Há mostruários e mais mostruários com corte de cintura baixa, que não fazem seu estilo. Sapatos? Outro beco sem saída. O que ela, em geral, acaba fazendo é dirigir-se à seção masculina em busca de *loafers* (uma espécie de mocassim) – de qualquer estilo, desde que sejam utilitários e não a façam parecer uma bruxinha de bom coração. Seu guarda-roupa é constituído principalmente de roupas clássicas e casuais – calças cargo largonas, roupas criadas para mulheres, mas concebidas para parecer algo que seu irmão mais velho pudesse usar. No trabalho, ela precisa parecer chique usando um dos dois terninhos da grife Eileen Fisher que possui. Mas, se pudesse passar seus dias vestindo calças largas e camiseta, seria a pessoa mais feliz na face da Terra. O que ela me conta é que, embora tenha assumido sua condição homossexual quando tinha vinte e poucos anos, quando vai às compras, ela ainda se descobre experimentando uma vida dupla.

É interessante observar que muitas lésbicas são extremamente conservadoras, em especial as que vivem maritalmente com outra mulher e têm filhos. Esse conservadorismo não é político, mas social. Elas não gostam de fazer do ato de comprar um acontecimento, nem de acompanhar sempre a última moda. Assim como os homens, elas querem apenas se desvencilhar da tarefa.

Os gays e as lésbicas já se revelaram à sociedade uma vez, o que foi um ato de bravura. Os varejistas não deveriam forçá-los a se esconder novamente. O mercado homossexual é real – e quem prestar atenção a isso conseguirá obter grandes recompensas.

Mas, voltando aos tradicionais chefes de família, lembra-se de quando os únicos homens que viam os bebês nascerem eram os obstetras? Hoje, a presença do pai na sala de parto é quase tão obrigatória quanto a da própria mãe. Os homens terão de ser acomodados ao redefinirem seu papel como pais. Trata-se de uma mudança sísmica sentida no chão da área de vendas tanto quanto em qualquer outro lugar.

Por exemplo, quase nenhum homem da geração de meu pai tinha o hábito de pôr o Júnior, uma ou duas mamadeiras e algumas fraldas no carrinho de bebê para um passeio matutino dominical. Atualmente, isso é quase um clichê. Por isso, as toaletes progressivas dos homens modernos estão equipadas para a troca de fraldas de bebês. É por isso também que comerciais do McDonald's invariavelmente mostram papai e seus garotos entrando, sem mamãe. É provável que ela esteja passando o sábado no escritório (e não os deixaria pedir Big Macs, diga-se de passagem). Tampouco esse é um fenômeno tipicamente norte-americano. Aos sábados, minha observação informal dos bairros elegantes de Milão detectou que cerca de metade de todos os carrinhos de bebê eram empurrados pelos papais. Papai gosta de dirigir.

Testamos o protótipo de uma seção de jeans Levi's em uma loja de departamentos de Boston como parte de um esforço por um maior apelo para homens entre 20 e 40 anos. Captamos em vídeo um homem jovem descendo o corredor rumo à seção, acompanhado da esposa e do bebê, cujo carrinho ele empurrava. Ele queria alcançar as prateleiras da parede, mas estantes de roupas interpunham-se entre ele e o jeans, tão próximas umas das outras que foi impossível passar com o carrinho por elas. Podemos vê-lo refletindo: deixo minha esposa e filho no corredor só para comprar jeans? Ele fez o que a maioria das pessoas faria na situação. Desistiu. É impressionante a quantidade de área de vendas agregada dos Estados Unidos ainda inacessível a quem está empurrando um carrinho de bebê. Isso equivale a bloquear uma grande porcentagem dos shoppers entre 20 e 40 anos.

Há duas décadas, era raro o pai que comprasse roupas para os pequerruchos; hoje, é bem mais comum que se vejam homens comprando na seção infantil. No entanto, os fabricantes de roupas ainda não se deram conta disso. Basta pensar no fato de que os tamanhos das roupas de crianças são os mais complicados em todo o vestuário. É preciso ser um pai muito dedicado para não desanimar. O dia em que o tamanho corresponder diretamente à idade das crianças, os homens poderão participar mais ativamente da tarefa de vesti-las. Aí, será papai quem se dobrará aos desejos extravagantes das crianças, como o smoking de veludo para o filho ou um minivestido de baile para a filha.

Quando chegar sábado de manhã, onde papai vai guardar as mamadeiras, biscoitos, salgadinhos, fraldas, talco, óleo, lenços e todo o resto? Não será na grande bolsa de náilon cor-de-rosa que sua mulher carrega. Na verdade, ele deve estar predisposto contra quaisquer opções disponíveis, até mesmo contra a bolsa de fralda preta e lisa. Mas e se ele pudesse escolher uma bolsa de fraldas Swiss Army? Que tal uma Nike de náilon que se pareça exatamente com sua bolsa de ginástica? Ainda melhor: e se pudesse empurrar um carrinho de bebê Harley-Davidson enfeitado com tachas que viessem com uma bolsa de fraldas de couro preto embutida? Toda a categoria de produtos para bebês precisa ser reinventada.

Outros baluartes tradicionais das mulheres também podem acomodar os homens, mas terá de ser em termos masculinos. É preciso estar atento para que o homem não se sinta um estranho no ninho. Em muitas lojas, os salões de vendas, as paredes e tudo o que está pendurado nelas bradam para o intruso ousado: "Fora daqui! Este não é seu lugar!" Perto de meu escritório, uma loja vende louças, copos e produtos afins e é notável que eu consiga entrar e não me sentir como um macaco em uma loja de porcelanas. Por sua vez, na seção Royal Doulton, da Bloomingdale's, sinto-me como se estivesse de volta à sala de jantar de minha avó, de quem eu morria de medo.

Há outros desses lugares nos quais os homens gostariam de comprar (na verdade, eles querem e precisam comprar), se não se sentissem tão indesejados. Por exemplo, há mais lojas do que nunca de produtos para a saúde e a beleza masculinos. Mas a maneira como são vendidos nunca fará dos homens ávidos shoppers.

Nas redes de drogarias e seções de supermercado em que esses produtos são vendidos, a atmosfera é predominantemente feminina. Xampus, sabonetes e outros produtos utilizáveis por ambos os sexos são invariavelmente embalados e nomeados pressupondo que as mulheres farão todas as compras. É uma profecia fadada a se realizar. Os produtos fabricados especialmente para os homens, como cremes de barbear, loção para o cabelo e desodorante, são expostos em uma pequena e insignificante seção espremida entre todos os produtos claramente femininos. Uma terra de ninguém, em outras palavras, que dificilmente atrai os homens.

O tradicional mercado de produtos de beleza sempre prosperou quando migrou para segmentos de maior poder aquisitivo. A Estée Lauder e a L'Oreal persuadiram as mulheres de que gastar uma pequena fortuna em cremes é um investimento que vale a pena. O modo de se fazer os produtos para a pele masculina serem bem-sucedidos é por meio de uma escolha melhor de seu posicionamento na loja e de uma seleção cuidadosa de palavras e embalagens. Há um enorme mercado inexplorado para cremes hidratantes e filtros solares destinados a homens que trabalham ao ar livre: policiais, operários da construção civil, instaladores de linhas de TV a cabo e telefone, patrulheiros rodoviários e outros. Mas eles não vão andar em meio aos blushes e cremes contra rugas para encontrá-los. Nem comprarão um produto que se apresenta destinado a mulheres e crianças. Se você atravessar a seção de produtos para saúde e beleza típica, pensará que os homens não têm pele. Mas têm, e ela precisa de ajuda.

Uma boa solução parece ter sido encontrada, por exemplo, nas revendas Harley-Davidson. A empresa poderia chamar sua linha de produtos para a pele pelo nome que quisesse – protetor solar, hidratante pós-sol ou condicionador de couro humano. O importante é que seja um produto para a estrada, sem frescuras e que tenha um nome que evoque macheza. Como Goop (Grude), que remove graxa das mãos, ou sabonete Lava Vulcânica, para a eliminação de fungos. Devem ser comercializados como produtos para durões. Se a Harley sair na frente, talvez a John Deere e a Caterpillar acompanhem – e um passo efetivo na prevenção do câncer de pele terá sido dado.

A Clinique produz uma linha completa de produtos para barba e pele masculina. Mas, na ultra-sofisticada loja de departamentos Bergdorf em Nova York, um homem tem de percorrer toda a seção de cosméticos femininos no térreo para encontrar seus produtos que não estão disponíveis sequer na loja de produtos masculinos do outro lado da Quinta Avenida. Quem vai adivinhar que o creme de barbear está ao lado dos batons? Sem dúvida, muitas mulheres compram produtos de barbear para seus maridos, mas essa é a abordagem antiquada, não a tendência do futuro. A Gillette produz cremes de barbear para uma variedade de tipos de pele e não há dúvida de que são para os homens. Mas como um homem vai saber qual seu tipo de pele? Um quadro simples resolveria a questão, mas nunca vi nenhum. Recentemente, visitei a drogaria de uma rede nacional na região de Chelsea, em Manhattan, o epicentro da vida gay nova-iorquina. Mesmo essa loja menospreza os homens. A seção masculina consistia apenas em desodorantes e alguns produtos para os cabelos, Old Spice e um tubo de Brylcreem e espremia-se em uma prateleira de canto entre a cabine de revelação de filmes e as lâminas descartáveis. Essa loja seria um lugar perfeito para a criação de uma seção protótipo masculina. Em vez disso, era o cantinho insípido de sempre.

Dar aos homens seus próprios produtos e um lugar no qual comprá-los seria um bom começo. Mas é preciso esquecer a seção de saúde, beleza concebida para mulheres. É preciso começar do zero ao projetar um departamento de "saúde masculina", no qual se encontrariam produtos para a pele, para a barba, xampus e condicionadores, perfumes, camisinhas, pomadas para dores musculares, remédios de venda livre e as vitaminas, suplementos alimentares e remédios à base de ervas para males que afligem tanto os homens quanto as mulheres. Poderia haver também produtos para atletas, como meiões, camisetas, suportes atléticos, cintas elásticas e assim por diante, assim como um display de livros e revistas de saúde, educação física e aparência. A própria seção teria um ar masculino, dos materiais de exposição ao desenho das embalagens e a colocação dos produtos no ponto-de-venda teria em mente os homens. Os cartazes seriam grandes e proeminentes e tudo seria fácil de achar. A revista mais bem-sucedida dos últimos 10 anos é a *Men's Health*, que vende mais de 1,5 milhão de exemplares por mês, mais do que *GQ*, *Esquire*, *Men's Journal* e todas as outras do segmento. Se a revista consegue prosperar, por que não a seção de loja também?

CAPÍTULO 9

O que as mulheres querem

Antes de começar este capítulo, gostaria de assinalar o desaparecimento de uma das mais caras instituições norte-americanas e um dos últimos verdadeiros bastiões (se não covis) da masculinidade do pós-guerra.

Refiro-me à loja de ferragens Joe's Hardware. Ou era Jim's? Não importa, você sabe como é o lugar. Tábuas rangentes no chão. Cheiro esquisito de borracha e óleo no ar. Grandes caixões de madeiras com pregos a granel. Barbante. Cotovelos de encaixe. Fitas isolantes. Bobinas de fio de cobre. Tambores de selante à prova d'água. Tachas. *Tachas*? Sim, tachas, preguinhos, grampos, arruelas, porcas, parafusos, alfinetes, bocais, cantoneiras, suportes, buchas, dobradiças, vedações, cunhas, parafusos para madeira, parafusos para chapa metálica, um calendário de Miss Snap-On Tools com um short curtinho, um decote de enlouquecer e sacudindo uma máquina de desbastar. Lá em cima, sobre a escada vacilante, mascando um charuto ordinário, revirando às cegas uma velha caixa de plugues de dois pinos, praguejando raivosamente com seu bafo de charuto... o próprio Joe. Ou melhor, Jim.

O que aconteceu com ele? Morreu. E a loja? Morreu.

Quem os matou? Quem é que você pensa?

Oh, aquelas... mulheres! Elegantes demais para comprar na Joe's, certo?

O pobre-coitado tinha em estoque tudo que você poderia querer, mas não era suficiente. A *cor* não era certa. Os *estilos* eram insuficientes. O local fedia a *charuto vagabundo*.

Adeus, Joe!

Não surpreende que as mulheres consigam provocar mudanças tão tectônicas no mundo das compras. As compras ainda são e sempre serão o domínio das mulheres. Comprar *é* feminino. Os homens, ao fazerem compras, estão se engajando numa atividade inerentemente feminina. Assim, as mulheres são capazes de condenar espécies inteiras de varejistas ou de produtos à lata de lixo darwiniana – se aquele varejista ou produto for incapaz de se adaptar às necessidades ou aos desejos das mulheres. É como observar a extinção dos dinossauros.

Precisa de mais provas? Três palavras: máquina de costura.

Na década de 1950, ao que me informaram, mais de 75% dos lares norte-americanos tinham máquinas de costura. Atualmente, são menos de 5%. Portanto, sai Joe, entra Mr. Singer. (Na verdade, o colosso das máquinas de costura passou para o ramo dos armamentos militares.) Antigamente, as mulheres costuravam guarda-roupas inteiros para si e para suas famílias e viviam remendando as roupas até que realmente ficassem imprestáveis. Mas, com a revolução socioeconômica das últimas três décadas, as mulheres pararam de costurar qualquer coisa mais complicada do que um botão solto.

Um último exemplo?

Cupons de descontos nas compras de comestíveis.

Já eram. *Bye-bye!* Em 2007, menos de 3% de todos os cupons dos fabricantes, distribuídos em revistas, jornais e por mala-direta, chegam a ser resgatados. (Em resposta, a indústria de cupons está empreendendo um valoroso esforço para instituir a distribuição de cupons para negócios online.) A vida das mulheres mudou e, de repente, o pensamento de sentar-se curvada na mesa da cozinha recortando os cupons do jornal *Daily Bugle* pareceu tão econômico quanto fazer a própria manteiga. Ah, sim, ainda persistem alguns bolsões de resistência. Cidadãos da terceira idade, ultraeconômicos e motivados, a maior parte mulheres que não trabalham o dia inteiro. Quanto aos demais, fora cupons!

Sem dúvida, estamos todos familiarizados com a maneira como os homens se tornaram shoppers melhores, mais cuidadosos, mais sensíveis, dispostos a compartilhar parte da carga das compras e provisão mesmo dos itens mais corriqueiros do lar. Mas não esqueçamos que essa reforma resultou, em grande parte, da pressão sutil (quando não de empurrões violentos) das mulheres. Não nos esqueçamos também de que, embora o futuro do varejo vá mostrar, sem dúvida, os efeitos de uma crescente energia masculina no mercado, em sua maioria, as grandes mudanças continuarão a refletir modificações na vida e no gosto das mulheres.

Mas, como Sigmund Freud, o gênio do marketing, foi levado a perguntar, o que as mulheres querem das compras afinal? Falamos muito sobre as diferenças de comportamento de homens e mulheres nas lojas, mas, em vez de apresentar generalizações, comecemos com um bom exemplo extraído de um estudo recente para uma rede italiana de supermercados. Ele vem diretamente de uma filmadora de vídeo que apontamos para o balcão de açougue.

Ali, observamos uma mulher de meia-idade aproximar-se e começar a apanhar e examinar pacotes de carne moída. Nesse ínterim, um homem surgiu e, com as mãos atrás das costas, ficou olhando os cortes disponíveis. Após um breve instante, escolheu um deles, colocou-o no carrinho e se afastou. A mulher continuou examinando a carne. Depois, chegou um casal com um bebê. A esposa ficou ao lado do carrinho de bebê, enquanto o marido apanhou um pacote, deu uma rápida olhada e trouxe-o ao carrinho de compras. A mulher inspecionou-o e fez sinal de negativo com a cabeça. Ele o devolveu, escolheu outro e trouxe-o para o carrinho. A mulher inspecionou-o e repetiu a reprovação. Ele escolheu outro. De novo, sinal negativo. Exasperada, ela o deixou junto ao carrinho de bebê e foi escolher pessoalmente a carne. Ao se afastarem, a primeira mulher estava examinando o último pacote de carne exposto. Satisfeita com sua pesquisa, pegou o primeiro que examinara, colocou-o no carrinho e afastou-se. Minha irmã reclama que seu marido é capaz de sair de seu caminho para comprar vegetais passados. "Ele não entende. Queremos comer vegetais frescos, e não adotar os de aparência mais triste."

O que torna as mulheres shoppers tão heróicas? Os partidários das explicações científicas postulam que o papel pré-histórico das mulheres como coletoras de raízes, nozes e frutos para o lar, em vez de caçadoras errantes de mamutes cheios de lã, demonstra a inclinação biológica para compras habilidosas. Já os partidários das explicações culturais argumentam que, durante séculos, o todo-poderoso patriarcado manteve as mulheres em casa, afastadas do mundo do comércio, exceto como consumidoras no âmbito do varejo.

Uma coisa é certa: as compras permitiam à dona de casa sair à rua. Sob a antiga divisão do trabalho, a tarefa de comprar recaía principalmente sobre a mulher, que a desempenhava com vontade e habilidade, de modo sistemático. Era (e, em muitas partes do mundo, continua sendo) o principal domínio da vida pública das mulheres. Se, como indivíduos, elas tinham pouca influência no mundo dos negócios, no mercado elas davam as ordens. O ato de fazer compras deu às mulheres uma boa desculpa para se aventurar, às vezes em jubilosa solidão, além das amarras da família. Era uma atividade que se prestava à socialização com outros adultos, vendedores, donos de loja e colegas shoppers.

Entretanto, conforme muda a vida das mulheres, seu relacionamento com as compras precisa evoluir. Atualmente, a maioria das mulheres norte-americanas trabalha fora, obtendo, portanto, todo o contato impessoal e comercial com outros adultos que desejam. Elas também ficam muito tempo fora do recôndito do lar, de modo que a saída para compras rotineiras já não é mais a grande escapada. Agora, é algo que precisa ser espremido no espaço exíguo entre o trabalho, o transporte de ida e volta para o trabalho, a vida doméstica e o sono. É para ser feito correndo na hora do almoço, a caminho de casa ou à noite. O setor das lojas de conveniência é beneficiário direto da mudança na vida das mulheres. Em vez de uma ida semanal altamente organizada ao supermercado, com uma lista detalhada na mão, as mulheres agora descobrem às 21:00 que estão sem leite ou pão para o café-da-manhã e saem correndo à luz da lua para o 7-Eleven. Vendas por catálogo, canais de compra na televisão e compras pela internet florescem graças, sobretudo, às mudanças na responsabilidade das mulheres. É muito simples: quanto menos tempo as mulheres gastam nas lojas, menos compram ali. À medida que delegam algumas de suas tarefas tradicionais (como cozinhar, limpar a casa, lavar roupa, cuidar dos filhos) aos homens, renunciam também ao controle sobre a compra de alimentos, artigos de limpeza e roupas infantis. As mulheres podem até se tornar mais masculinas em seus hábitos de compras – artistas das compras-relâmpago, em vez de dedicadas examinadoras e pesquisadoras. De cara, as vantagens do mundo pós-feminista para os varejistas (as mulheres têm mais dinheiro) são contrabalançadas por algumas desvantagens (as mulheres têm menos tempo e inclinação para gastá-lo nas lojas).

No entanto, o uso das compras como atividade social parece inalterado. As mulheres continuam gostando de fazer compras com amigas, estimulando-se mutuamente e alertando umas às outras para compras pouco recomendadas. Acho que nunca chegaremos a ver dois homens partirem para um dia de caça ao calção de banho perfeito. Como vimos, estudos mostram que, quando duas mulheres fazem compras juntas, costumam gastar mais tempo e dinheiro. Elas certamente conseguem comprar e gastar mais do que mulheres atreladas a homens. Duas mulheres em uma loja podem ser uma máquina de compra se os varejistas inteligentes não medirem esforços para encorajar esse comportamento com promoções do gênero "traga uma amiga e ganhe desconto" ou áreas de descanso em frente às cabines dos provadores para permitir avaliações mais tranqüilas. As lojas que têm cafés em suas instalações permitem às mulheres comprar, depois fazer uma pausa sem sequer perder de vista o salão de vendas.

Quem já observou tantos shoppers como eu, percebe que, para muitas mulheres, as compras têm aspectos psicológicos e emocionais ausentes na maioria dos homens. As mulheres conseguem cair em uma espécie de devaneio quando saem às compras. Elas são absorvidas pelo ritual de procurar, comparar e imaginar as mercadorias em uso. Em seguida, calculam friamente os prós e contras de uma compra em relação a outra e, uma vez encontrado o que querem pelo preço apropriado, elas compram. Em geral, as mulheres fazem questão de se esmerar mesmo no mínimo ato de compra e se orgulham da capacidade de selecionar a coisa perfeita, seja um melão, uma casa ou um marido. De fato, observe os homens e as mulheres na seção de verduras. O homem passa despreocupadamente, pega alface no topo da pilha e vai embora, sem notar as manchas marrons e folhas descoloridas, enquanto a mulher apalpa, examina e cheira, evitando o refugo e procurando a verdura perfeita. Ele até deixará de observar quanto custa a alface, algo quase impensável entre as mulheres. Os homens se orgulham de sua perícia com certos bens duráveis, como automóveis, ferramentas, barcos, churrasqueiras, computadores. As mulheres, porém, tradicionalmente compreenderam a importância do mundo efêmero que é cozinhar uma refeição, decorar um bolo, fazer um penteado e se maquiar.

Não que haja algo de superficial no relacionamento das mulheres com o consumo. Na verdade, são as mulheres, e não os homens, que penetram na metafísica das compras. Elas nos iluminam quanto ao modo como nós, seres humanos, passamos pela vida pesquisando, examinando, questionando e, depois, adquirindo, assumindo e absorvendo o melhor do que vemos. Nesse nível elevado, as compras são uma experiência de transformação, um método de se tornar uma pessoa nova e, talvez, ligeiramente melhor. Os produtos que compramos nos transformam naquela outra versão idealizada que imaginamos de nós mesmos. Para a mulher, aquele vestido a deixará bonita, o batom, beijável, a luminária transformará sua casa em um elegante bazar.

Em termos práticos, tudo isso significa algo extremamente óbvio e abrangente: as mulheres exigem mais do que os homens dos ambientes de compras. Os homens querem lugares nos quais consigam encontrar o que precisam com o mínimo de procura para sair *rapidamente*. Se um homem tiver de perambular e procurar, em outras palavras, *fazer compras*, provavelmente desistirá frustrado e sairá. Os homens sentem menos prazer no passeio. As mulheres, em geral, são mais pacientes e indagadoras, sentindo-se completamente à vontade em um espaço que, aos poucos, se revela. Portanto, elas precisam de ambientes em que possam gastar tempo em deslocar-se confortavelmente, no próprio ritmo, no que às vezes se assemelha a um estado de semitranse. Nossa descoberta mais famosa, o "fator roça-traseiro", nos indica que as mulheres têm verdadeira aversão a examinar qualquer coisa abaixo da linha da cintura, com medo de serem abalroadas pelas costas. Isso consome um bom espaço no ambiente de varejo nos Estados Unidos. Você não pode exigir que uma mulher (ou um homem) se curve e esperar que se sinta confortável por mais que alguns instantes. Nem pode deixá-la se sentindo espremida e esperar que ela permaneça no local. Observe as expressões das pessoas em corredores lotados. Depois de alguns esbarrões, elas começam a parecer aborrecidas. E shoppers irritados não permanecem no local. Na verdade, eles costumam ir embora antes de comprar o que pretendiam. Os varejistas precisam manter tudo isso em mente ao decidir onde vender o quê.

É igualmente verdadeiro que as mulheres podem e irão mergulhar de cabeça em uma liquidação que já sabem de antemão que estará lotada. Nos

Estados Unidos, elas farão compras na Filene's Basement, em Boston, e na Barneys Warehouse, e sua fome por pechinchas se sobreporá a qualquer outra questão relativa ao fato de terem de se submeter a um esfrega-esfrega. Ao longo dos anos, observamos que o radar feminino para o roça-traseiro é calibrado para responder diferentemente, dependendo de quem está se esfregando – outras mulheres ou homens desconhecidos. Na maioria dos lugares apinhados, em que as mulheres navegam destemidamente, elas são empurradas, amassadas e esfregadas não por homens, mas por outras mulheres.

Por exemplo, as seções de cosméticos das lojas de departamentos requerem que as mulheres fiquem sentadas ou de pé em determinado local enquanto a maquiagem é demonstrada, o que pode ser um problema nos horários mais movimentados. Nossas pesquisas mostram repetidamente que mulheres de pé no canto de um balcão, onde podem se proteger do movimento, tendem mais a comprar algo do que mulheres um pouco adiante, no segmento principal, ao longo do corredor. Alguns departamentos de cosméticos usam balcões para criar becos sem saída, reentrâncias que permitem aos shoppers abrigar-se dos passantes e olhar as mercadorias sem medo. Nós chamamos esses cantinhos de bacias de captação, pois conseguem induzir as mulheres a prolongar um pouco as compras. Como discutimos anteriormente, as drogarias às vezes expõem cosméticos poucos glamourosos, como cremes para rugas, na parte inferior do mostruário de parede. Isso obriga as mulheres mais velhas, as que menos gostam de se inclinar, a se curvar até embaixo, expondo a parte de trás do corpo a esbarrões. Em conseqüência, as vendas de creme contra rugas são menores do que seriam se o produto fosse posicionado em local mais elevado.

No varejo, as necessidades espaciais das mulheres são visíveis em toda parte. As lojas de presentes nos aeroportos, por exemplo, costumam estar divididas entre zona de "alta rotatividade", que ficam perto da caixa registradora, onde você entra às pressas para comprar um jornal ou chicletes, paga e cai fora, e zona de "permanência". Essa fica mais para dentro da loja, onde artigos de presente costumam estar expostos. Nossa pesquisa mostra que, nessas lojas, as mulheres gravitam para longe do burburinho ao redor do balcão em direção à zona de permanência, na qual se sentem protegidas do movimento de pessoas. A arquitetura de muitas dessas lojas apresenta recessos criados pelas prateleiras e estantes – becos sem saída perfeitos para compras sossegadas. É assim que as mulheres preferem comprar, podendo ver o fluxo principal de movimento, mas abrigadas em áreas separadas.

A sensibilidade das mulheres a esbarrões por trás também estabelece uma relação entre a estrutura da loja e o tipo de letra dos cartazes. Quanto mais acanhado o local, menos tempo a mulher gastará ali, de modo que os cartazes e outros materiais de promoção em pontos-de-venda devem ser tão claros e diretos quanto possível. Todas as letras devem ser grandes e com alto contraste. Os projetistas de embalagens de xampu, por exemplo, ou de quaisquer produtos vendidos nas partes confinadas de uma drogaria moderna, têm de levar em conta essa realidade. Estudamos os departamentos de saúde e beleza de muitas drogarias e o resultado é sempre o mesmo. As mulheres gostam de estudar os produtos antes de comprar, sobretudo se for um produto novo no mercado. Em um estudo, vimos que 91% de todos os shoppers em drogarias liam a frente de uma embalagem, 42% liam a parte de trás e 8%, as laterais. Sessenta e três por cento das mulheres que compraram algo leram pelo menos a embalagem de um produto. Assim, há uma conexão clara entre leitura e compra. E ler leva tempo. Tempo requer espaço. Eis a decomposição do que compilamos em nosso banco de dados, com o tempo que as mulheres que compraram produtos levaram para ler antes a embalagem.

Cremes faciais: 13 segundos
Cremes hidratantes: 16 segundos
Sabonetes: 11 segundos
Gel para banhos: 5 segundos
Filtros solares: 11 segundos
Pomadas contra acne: 13 segundos

Se as mulheres não se sentirem confortáveis, não pararão nem por dois segundos e certamente não comprarão nenhum dos produtos que requeiram certa análise. Os varejistas devem percorrer cada metro quadrado da área de vendas formulando a seguinte pergunta: Será que posso parar aqui, neste local, e comprar sem ser abalroado por trás? Qualquer lugar em que a resposta for "não" será inadequado para mercadorias que exigem um olhar atento.

Mesmo em restaurantes de fast-food, homens e mulheres têm necessidades espaciais diferentes. Sem muita reflexão, os homens escolhem mesas na parte da frente, de onde têm uma boa visão da área mais movimentada do salão. As mulheres gastarão um minuto ou dois para decidir onde sentarão para saborear seus Big Macs e depois gravitarão em direção à parte de trás para mesas que permitam certa privacidade. Na verdade, as mulheres não se sentem muito à vontade para ir a restaurantes de fast-food sozinhas. Elas constituem um grande percentual dos consumidores de fast-food que passam pelo drive-thru e comem dentro de seus automóveis no estacionamento do restaurante.

As lojas de cartões de felicitações são os locais em que o estado de devaneio das mulheres em relação às compras fica realmente visível. Ali, as mulheres não estão meramente cumprindo obrigações, mas em busca de uma autêntica expressão emocional. As mulheres dedicarão um tempo significativo à análise de um cartão após o outro, em busca daquele que fala a seu coração. As lojas de cartões devem, portanto, parecer lugares em que prevalece a vida emocional.

Alguns anos atrás, a Hallmark contratou uma projetista com grande experiência em lojas de departamentos para reformar seus espaços de varejo. Ela criou um ambiente refinado, com muito mármore e outros materiais caros, mas o aspecto geral foi mais frio e elegante do que aquele com que os shoppers da Hallmark estavam acostumados. Eles devem ter sentido falta do ambiente aconchegante e indistinto com que estavam familiarizados. Em resposta à mudança do layout, o tempo de compras caiu.

As lojas de cartões devem ser projetadas para permitir a contemplação sossegada e sem pressa, ou seja, os corredores devem ser suficientemente largos para dar espaço aos leitores dos cartões e àqueles que estão apenas passando. Os corredores também devem ser largos o suficiente para carrinhos do bebê. As adjacências devem ser planejadas, e não acidentais. Ninguém em busca de uma mensagem de condolências quer ter a concentração interrompida pela mulher ao lado rindo dos cartões obscenos de quadragésimo aniversário. Outros importantes problemas dos displays também vêm à tona nas mesmas lojas de cartões. As mulheres compram cartões somente após pegar, abrir e ler muitos deles. Mas a mercadoria é frágil, fácil de dobrar, rasgar ou manchar. Surpreende-me que ainda não exista um sistema de exibição amplamente utilizado que permita aos shoppers ler amostras de cartões sem tocá-los. Além disso, nas lojas de cartões, os displays geralmente começam a cerca de 30cm do chão e chegam a 2m de altura. Dois são os problemas: primeiro, os cartões inferiores estão baixos demais para ser examinados sem que o shopper tenha de se dobrar; segundo, esses mesmos cartões estão facilmente ao alcance de criancinhas com dedos sujos acompanhando as mães. Se o display inteiro fosse elevado 20cm, os problemas seriam resolvidos. Mesmo que os cartões mais altos ficassem a mais de 2m do solo, ainda estariam ao alcance de qualquer pessoa com mais de 1,60m de altura.

A outra grande arena em que os comportamentos de compras femininos são exibidos é na seção de cosméticos. Seja na ultraglamourosa seção de cosméticos de uma loja de departamentos ou no display de parede de batons e sombra para os olhos da drogaria de uma rede, é ali que uma mulher de jeans e suéter pode transformar-se em uma princesa testando alguns itens e olhando-se no espelho. Essa é uma forma de arte privada que se torna pública. Há uma boa razão para os cosméticos estarem geralmente expostos ao longo de uma parede ou nas próprias áreas fechadas. É ali que a mulher solta os cabelos e se solta também. Para isso, elas precisam de um mínimo de privacidade.

Tipicamente, as mulheres começam como adolescentes comprando as marcas mais baratas nas drogarias. Depois, evoluem para os artigos sofisticados e caros vendidos em lojas de departamentos por representantes charmosos dos diferentes fabricantes. São bonecas de jaleco branco com aparência oficial (mas com maquiagem de sábado à noite) brandindo pincéis carregados de ruge, base e todo o resto. Essa é a escola da venda de cosméticos por alta pressão. Você se senta no banco e é transformada por ela em uma versão ligeiramente esmaecida dela própria; e compra o que ela lhe recomenda (pelo menos em tese). Os preços são intencionalmente obscuros, supondo que você estará intimidada demais para perguntar.

Esse ainda é o cenário-padrão, mas está mudando rapidamente graças ao conceito de "venda aberta", que, enfim, chegou ao balcão de cosméticos. É uma forma de liberação feminina. A maquiagem está se libertando das garras da vendedora-demonstradora e está à solta para os shoppers testarem, refletirem, testarem e depois comprarem... ou não. Parte do velho sistema de fingimento acabou, bem como algumas táticas de alta pressão. Essa venda aberta também permite às mulheres verificar o preço da maquiagem sem ter de passar pela humilhação de perguntar àquela atendente arrogante. Reduzindo o choque da etiqueta de preço, as lojas devem acabar vendendo mais cosméticos.

Esses são os fatores imutáveis de como as mulheres fazem compras, os fundamentos que ainda se aplicam – e que talvez se apliquem para sempre. Quem pretende vender algo deve levá-los em conta, mas eles não constituem o fator primordial atualmente.

Vimos o que significa a revolta dos sexos no tocante aos shoppers do sexo masculino. Todo o esforço atual reside em considerar lojas e produtos voltados principalmente para as mulheres e torná-los seguros para os homens. No caso das mulheres, dá-se exatamente o contrário. O desafio é tornar produtos e ambientes tradicionalmente "masculinos" atraentes para os shoppers do sexo feminino.

Por exemplo, o antiquado empório de ferragens da esquina ainda persiste aqui e ali, mas, na maioria das vezes, uma *category killer** já os liquidou. Como a Home Depot e a Lowe conseguiram isso? Principalmente refletindo a realidade socioeconômica de que as mulheres não dependem mais dos homens como antes. O que isso tem a ver com porcas de borboleta e fita de vedação? Bem, será que mulheres que passam o dia inteiro nas barricadas do liberalismo político e social voltarão para casa à noite e implorarão ao marido, pela milésima vez, que pinte a moldura da janela ou instale os controles de intensidade de luz? Difícil. Para não mencionar a ascensão, nos últimos 30 anos, da mulher solteira com casa própria – mulheres com dinheiro e vontade de ter o próprio canto. Se podemos ter policiais, bombeiros, CEOs, ciberempresários, vice-presidentes e candidatos presidenciais do sexo feminino, por que não podemos também ter

**Nota do Tradutor*: *Category killers* ("matadoras" de categoria) são grandes lojas especializadas em determinadas categorias de produtos que conseguem ter escala para ser mais eficientes, baratas, diversificadas, maiores e mais fáceis de encontrar que suas concorrentes menores.

mulheres confiantes, ambiciosas e plenamente autônomas fazendo os reparos do lar?

Aonde essas mulheres iriam para iniciar suas carreiras no uso de ferramentas? Ao Joe's Hardware? Não. A loja de ferragens típica era exclusiva e indesculpavelmente masculina e talvez um pouco hostil com a maneira de ser das mulheres. Era um Clube do Bolinha com uma caixa registradora. Assim, alguém tinha de ceder. Entram em cena as grandes cadeias de lojas de faça-você-mesmo (e, no outro extremo do espectro do varejo, as butiques de ferragens). Elas despojaram as lojas de ferragens tradicionais de seu lado misterioso, tornando-as não-intimidadoras, até amistosas, ao maior dos novatos. Isso exigiu uma grande mudança de missão, bem como de disposição e promoção de produtos no ponto-de-venda. Lojas que vendiam porcas e parafusos deram lugar a lojas que vendiam estilos de vida. Sob esse vasto guarda-chuva, porcas, parafusos, madeira e placas de reboco podiam ser vendidos lado a lado com luminárias, armários de cozinha, banheiras de hidromassagem, cortinas sofisticadas ou simples e outros itens. Essas lojas não vendiam ferragens, mas lares. O ramo varejista das ferragens evoluiu da mentalidade "conjunto Erector"* para a de "brincar de casinha"; de "menina-não-entra" para meninas e meninos brincando juntos.

Isso também se fez pela contratação de vendedores instruídos e capazes de ensinar e inspirar confiança. A nova onda de lojas de artigos para reparos domésticos contrata mulheres para funções de vendas e gerências tradicionalmente exercidas apenas por sujeitos chamados Tião (ou Zé). Nos Estados Unidos, há até um anúncio de televisão da Home Depot em que só mulheres aparecem. As lojas também utilizam com entusiasmo qualquer oportunidade de instrução, sejam vídeos de como fazer algo ou aulas gratuitas na loja de reparos domésticos. Essas lojas percebem que as mulheres que aprendem a pendurar um quadro hoje aplicarão betume amanhã e instalarão um friso no próximo mês. Quem você acha que assiste aos programas de reparos domésticos na televisão? Os machões estão assistindo ao programa de pesca, enquanto as mulheres estão aprendendo a manejar as ferramentas e consertar os objetos.

* *Nota do Tradutor*: Brinquedo dos anos 60 para meninos (similar ao Mec-Bras brasileiro), que consistia em peças de metal para serem montadas, com o auxílio de porcas e parafusos.

Essa infusão de energia feminina muda até a forma de exibir mercadorias nas lojas. As luminárias não podem mais ficar pendentes em uma estante ou de pé em uma prateleira. Os varejistas têm de mostrar exatamente como será a iluminação em um quarto. Em vez de exibir uma caixa de torneiras para banheiro, as lojas agora mostram o banheiro completo, incluindo cortina e toalhas. Eis a prova indiscutível de como a Home Depot venceu o antiquado empório de ferragens. Antes, você só ia à loja de ferragens quando precisava. Agora, você vai só para olhar, conhecer as novidades e ver o que está exposto. Comprar ferragens se tornou um *ritual*, o que significa, por definição, que as mulheres venceram e Tião (ou Zé) perdeu.

Não é por acaso que os lançamentos mais recentes e mais bem-sucedidos de tintas de parede nos Estados Unidos receberam o nome de gurus do estilo de vida, como Martha Stewart e Ralph Lauren. A tinta evoluiu de ferragem para moda, tudo porque as mulheres se envolveram. Os homens só pintam as paredes quando estão descascando e rachando. As mulheres o fazem quando elas, não as paredes, precisam de uma reforma. Claro que pintar sempre esteve dentro das capacidades do homem *ou* da mulher comum. Mas somente agora a própria tinta – a forma como é embalada, distribuída e vendida – tornou-se unissex.

Há outro beneficiário do modo como as ferragens mudaram. São os homens nascidos no pós-guerra, que se tornaram adultos sem nunca aprender a realizar reparos domésticos. À medida que as mulheres se tornaram mais jeitosas nessa área, os homens se tornaram menos. Eles também começaram a se sentir um pouco intimidados com a antiquada loja de ferragens. Mas mesmo isso teve um custo para os homens. Desde a ascensão do feminismo, assistimos ao declínio não apenas das lojas de ferragens, mas também dos negócios exclusivamente destinados a homens, como salões de barbeiro, bancas de engraxate e lojas de roupas e sapatos. Primeiro, caíram as barreiras à admissão das mulheres nas universidades, forças armadas, clubes fechados e em todo o resto. Depois, vieram os cabeleireiros unissex e lojas como Gap, Banana Republic e J. Crew, que derrubaram a segregação nas lojas de roupas e mesmo de estilos. A tendência geral da segunda metade do século XX foi expulsar os homens de suas tocas e, para melhor ou pior, ou talvez ambos, isso funcionou. Estará o pêndulo pronto para retornar? Você tem freqüentado um bar de degustadores de charutos ultimamente?

Uma segunda importante área de sublevação dos sexos é a loja de informática e outros pontos-de-venda de produtos eletrônicos de consumo. De forma estereotipada, imaginamos os homens na vanguarda da tecnologia pessoal, montando aparelhos de som a partir de kits ou pagando cifras de cinco dígitos por alto-falantes. Mais recentemente, os computadores pessoais e os telefones celulares estrearam como brinquedos para meninos. Mas o fato é que, com freqüência, são as mulheres que aderem inicialmente às novas tecnologias. Quando as empresas começaram a usar computadores, as funcionárias de escritório do sexo feminino tiveram de aprender primeiro sobre sistemas operacionais e software. As mulheres, com tempo de almoço apertado, foram as primeiras entusiastas dos caixas automáticos nos bancos.

Como foi que isso nos passou despercebido? Porque homens e mulheres usam a tecnologia de maneira muito diferente. Os homens se apaixonam pela tecnologia em si, pelo fator sensação, pelos cavalos-vapores, pelo máximo de potência com o mínimo de dinheiro. Antes que os automóveis tivessem componentes computadorizados, era comum ver três ou quatro sujeitos reunidos em torno de uma capota levantada observando o proprietário regular um carburador ou instalar uma bateria e fornecendo abundantes conselhos sobre a melhor forma de fazê-lo. Atualmente, esses homens estão reunidos em torno de uma churrasqueira comparando a capacidade seus discos rígidos e a velocidade de seus Blackberries. Como eles dizem, é coisa de homem.

Em geral, as mulheres adotam uma abordagem totalmente diferente em relação ao mundo da tecnologia. Elas despojam mesmo a mais sofisticada engenhoca de todo seu mistério e jargão a fim de descobrir sua utilidade. As mulheres olham para a tecnologia e enxergam seu propósito, sua razão de ser, em suma, aquilo que ela é capaz de *fazer*. A promessa da tecnologia é sempre tornar nossa vida mais fácil e eficiente. São as mulheres que exigem o cumprimento da promessa.

Do ponto de vista de 2009, sabemos que a consumidora mulher é um elemento-chave para a saúde da indústria de eletrônicos. A RadioShack tem feito enormes esforços para contratar gerentes de loja do sexo feminino. A Best Buy fez uma correlação entre o sucesso de uma loja específica e o número de mulheres de seu quadro de vendedores.

Para onde caminhamos com tudo isso? Bem, algum dia haverá uma empresa de computadores que terá uma mulher de alta visibilidade no comando, ou na diretoria; alguém que dê declarações às páginas de negócios do *Times* e à CBNC – uma espécie de Bill Gates de saias, mas com um penteado melhor. Seus produtos enfatizarão não o tamanho da RAM ou a velocidade do microprocessador, mas a facilidade de uso, a versatilidade e a conveniência. O foco será em resultados, não em processos. Seus computadores serão vendidos como geladeiras, não como instrumentos científicos. O aspecto mais fortemente promovido será um número de chamadas gratuitas para ajuda técnica ao usuário, em linguagem do dia-a-dia, para aquelas ocasiões em que um programa congela ou uma impressora funciona mal. Então, algumas agências começarão a usar imagens de mulheres nos anúncios de televisão e na imprensa, talvez até em uma campanha que satirize o relacionamento dos homens com a tecnologia. Finalmente, os projetistas fornecerão teclados ergonomicamente aperfeiçoados. Os computadores serão fáceis de limpar, o que é quase impossível até hoje. A maioria virá com uma seleção de cores diferentes do preto ou do cinza! E você poderá adquirir uma valise para laptop em cores complementares ou iguais à da máquina.

Precisa de evidências de que homens e mulheres enxergam a tecnologia de modos diferentes? Em uma loja de software de computadores que estudamos, predominavam os shoppers homens, mas a taxa de conversão – a porcentagem de pessoas que compravam algo – era maior entre as mulheres. Isso porque elas estavam na loja com alguma missão prática por realizar, e não apenas para divagar sobre uma nova placa-mãe ou scanner.

Há poucos anos, a indústria automobilística, talvez o negócio mais retrógrado e hostil ao shopper dos Estados Unidos, percebeu que as mulheres também compram automóveis. Considerando que esse mercado sempre foi dominado pelos homens, as revendedoras deveriam estar contratando quantas mulheres pudessem não só para vender, mas também para prestar assistência técnica. Entretanto, menos de 10% dos vendedores desse ramo são do sexo feminino. Contratar mulheres para vender automóveis não é apenas politicamente correto – a maioria das mulheres entrevistadas revelou que se sentiria mais à vontade comprando automóveis de outras mulheres. Não é que elas detestem os homens, mas se sentem vítimas de certa condescendência e, talvez, da trapaça dos vendedores de automóveis do sexo masculino.

Os vendedores de automóveis vivem da crença comum de que a metade masculina de um casal toma a decisão, não percebendo que, em muitos casos, é ela quem está pressionando por um carro novo ou são as objeções da mulher que têm de ser contornadas. Assim, a abordagem de vendas é dirigida ao homem, enquanto a mulher fica se roendo por dentro. Uma vez fechada a venda, os shoppers são normalmente encaminhados ao departamento de serviços para conversar com o gerente. Aquilo costuma ser uma área 100% masculina, a começar pela seleção de revistas na sala de espera (*Car & Driver* e *Sports Illustrated*, e não *Vanity Fair* ou *People*).

As mulheres revelam uma aversão marcante por todas as suas transações com revendas de automóveis, mecânicos e lojas de autopeças. Elas se sentem diminuídas, desprezadas e trapaceadas, mas elas também percebem que não há opções até agora. Elas merecem coisa melhor.

De novo, o primeiro lance esperto seria contratar mulheres para consertar automóveis e vender peças. Valer-se de atrizes nos anúncios de televisão também seria um grande progresso no reposicionamento desse mundo totalmente masculino. Há alguns anos, fizemos um estudo para o departamento de autopeças de uma grande revenda. Noventa por cento dos shoppers eram homens, mas 25% dos que usavam os dispositivos de informações computadorizadas eram mulheres. Claramente, aquelas mulheres tinham dúvidas e não estavam recebendo respostas dos vendedores. Talvez os vendedores não soubessem as respostas ou talvez as mulheres não gostassem de perguntar àqueles sujeitos. Em qualquer caso, vê-se que as mulheres estão ansiosas por aprender a lidar com a manutenção básica e os reparos simples de seus automóveis.

Se eu comprasse um posto de gasolina, minha primeira providência seria afixar um enorme letreiro dizendo: "BANHEIROS LIMPOS". Os postos de gasolina insistem em exibir com mais destaque o preço por litro até décimos de centavos, como se pensássemos num nível tão detalhado. Gasolina é gasolina e os preços são razoavelmente uniformes também. Mas banheiros limpos atrairiam motoristas mulheres, que usam essas instalações com maior freqüência e, portanto, têm reclamações mais amargas sobre sua terrível imundície. O fato é que, em muitos países, embora a gasolina tenha se tornado um item de auto-serviço, precisamos de assistência na estrada – agora mais do que nunca. Estamos percorrendo distâncias maiores e, portanto, precisamos de orientações e de lugares decentes para comer e beber, além de banheiros limpos. Até mesmo um lugar limpo para trocar as fraldas do bebê, uma pia que funcione e uma lata de lixo que não esteja transbordando. Nenhuma mulher vai querer poupar alguns trocados no preço de gasolina se receber outros cuidados. Será possível que os homens proprietários de postos de gasolina não percebam isso? A maioria, não. E por que perceberiam? Mas, se houvesse um número maior de mulheres envolvidas no negócio de automóveis, das revendas e autopeças aos reparos e postos de gasolina, todo o setor mudaria de aspecto. Teria o aspecto de – uma loja de ferragens! O que talvez signifique que mesmo o setor de automóveis tem salvação.

CAPÍTULO 10

Se você conseguir ler isto, é jovem demais

Você já deve conhecer esta estatística: em 2025, cerca de um quinto da população norte-americana terá 65 anos ou mais. Se você viver na Itália, Japão, Alemanha, França ou China, esse percentual será ainda maior. Você percebe o que isso quer dizer: uma geração *baby boomers** envelhecida. Um monte de velhinhos *baby boomers*!

Mas o que *isso* significará? Para início de conversa, que será bom ser idoso. Como poderia ser diferente? Quando essa geração era jovem, a juventude era boa. Quando chegou à meia-idade, certa maturidade moderada era boa. E os velhos do século XXI não serão como a atual safra sóbria de pessoas da terceira idade. Os velhinhos do futuro não cresceram na Grande Depressão; eles chegaram à maioridade nos fartos e permissivos anos 50, 60, 70. Não lhes foram empurradas goela abaixo as virtudes do sacrifício, da abnegação, da gratificação adiada, nem eles absorveram a estranha noção de que ser velho é aceitar estoicamente, como nosso destino na vida, a enfermidade e a incapacidade. A velhinha de 2025 não terá um impecável Ford Fairlane (para ir à missa uma vez por semana) mofando na garagem.

* *Nota do Tradutor*: Indivíduos nascidos entre 1946 e 1964. Depois que os soldados americanos voltaram para casa após a Segunda Guerra Mundial, houve uma explosão de nascimentos (daí o nome "*baby boom*"). Esse segmento somava, nos anos 90, 76 milhões de pessoas nos Estados Unidos (29% da população americana). Seus hábitos de consumo e estilo de vida têm uma forte influência na economia daquele país.

Ela estará circulando pela cidade em um Alfa-Romeo (totalmente equipado, inclusive com assentos de ajuste hidráulico), trajando dos pés à cabeça a linha Nike "Prata", estacionando nas vagas abundantes reservadas a pessoas da terceira idade, mas não para deficientes físicos (pela Lei da Proteção dos Velhinhos Transviados de 2012). Graças à melhor assistência médica, nutrição, preparo físico e cirurgia cosmética aos 70 anos, ela se parecerá e se sentirá como sua mãe aos 50. Os filhos estarão crescidos e encaminhados na vida, trabalhando como mouros para sustentar o sistema previdenciário, enquanto nós, os velhinhos, dissiparemos os frutos de nossa contribuição previdenciária, além do que herdamos de nossos falecidos pais, cuja morte, desde agora, começa a desencadear a maior transferência de renda da história do dinheiro.

Para o mundo das compras, será uma festa! Isso é óbvio. Todo o varejo – lojas, restaurantes e bancos – terá de nos paparicar, pois teremos a quantidade e a grana. Mas precisaremos de um mundo totalmente novo. O atual não vai funcionar. E nós não o engoliremos!

O que há de errado com este mundo? Para início de conversa, todas as letras são pequenas demais. Está vendo esta frase? Como você conseguiu? Letras pequenas demais! E o jornal matutino? Esqueça. Pequenas demais. As instruções em seu vidro de laxante de ervas? Pequenas demais. Você nem vai forçar a vista para tentar ler, pois pode causar rugas. Se não conseguiu ler, não comprará. E, se *você* não comprar laxativo de ervas, ninguém comprará. E se ninguém comprar... bem, você está vendo onde isso vai parar.

Os olhos humanos começam a fraquejar mais ou menos aos 40 anos, e mesmo olhos saudáveis costumam estar comprometidos aos 60. Com a idade, ocorrem três importantes eventos oculares: o cristalino torna-se mais rígido e os músculos que o sustentam enfraquecem, significando que você não consegue focalizar letras pequenas; a córnea torna-se amarelada, mudando sua percepção das cores, e menos luz atinge sua retina, fazendo o mundo parecer um pouco mais turvo do que antes. A questão da acuidade visual, que já é importante no mercado, será ainda mais crítica, não apenas em um futuro remoto, mas a partir de agora.

Por exemplo, todas as pesquisas atuais de leitores de jornais chegam ao mesmo resultado. Eles querem um texto maior. A maioria dos jornais costuma usar um corpo de texto de cerca de 9 pontos. Os leitores querem 12 pontos ou mais, mas, na maioria das vezes, não conseguem. Os jornais foram os primeiros a entender essa necessidade. Se não me engano, o *Miami Herald* foi o primeiro jornal de grande circulação a aumentar o tamanho de sua fonte. Em seguida, o *London Times* abandonou o formato tradicional e passou a ser tablóide, com títulos maiores e fonte mais robusta. E, em 2007, o *The New York Times* diminuiu de tamanho e reduziu o número de colunas, tornando o texto mais fácil de ler, mas ainda usa um tipo de 8,7 pontos. Ainda há muito a ser feito, mas por que será que esses veículos levaram tanto tempo para perceber que estávamos acenando para eles?

Mas problemas de tamanho de letra não se limitam à atividade editorial. Uma grande base de clientes das atuais drogarias são pessoas mais velhas, e essa dependência só aumentará. Certamente, de todas as palavras que temos de ler no decorrer da vida, poucas são mais importantes do que os rótulos, instruções e advertências nos remédios de venda controlada ou livre. Por exemplo, descobrimos que 91% de todos os shoppers de produtos para a pele compram apenas depois de lerem o rótulo da frente da embalagem. Quarenta e dois por cento deles também lêem o verso. Sem dúvida, a leitura é crucial na venda de itens para a pele e de outros produtos de saúde e beleza.

Nossos estudos de embalagens de produtos encontrados em drogarias também revelam algumas comparações interessantes. Por exemplo, as instruções, ingredientes e/ou informações de advertência têm 10 pontos ou mais nas embalagens de marcas famosas de tintura para cabelos, cremes para a pele, remédios contra acne e pastas de dentes. Mas têm entre 6 e 9 pontos na aspirina e em vários outros analgésicos comuns. Também têm entre 6 e 9 pontos em antigripais e outros produtos para resfriados, bem como nas vitaminas. Em outras palavras, os projetistas de embalagens tornam muito fácil para os adolescentes lerem seus cremes contra espinhas do que para as pessoas na terceira idade lerem seus remédios contra dor de cabeça ou resfriado. A única concessão à idade que encontramos foi em uma caixa do limpador de dentaduras Polident, que usa tipo de 11 pontos para as instruções e de 8 pontos para os ingredientes.

Trata-se obviamente de uma falha dos gênios das divisões de embalagens dos fabricantes de remédios. Mas, quando você percebe que a maioria dos designers, inclusive aqueles que criam rótulos, está na casa dos 20 anos, entende facilmente a razão desse gigantesco erro de cálculo. As pessoas que encomendam e projetam as embalagens parecem não ter a menor noção de qual será seu aspecto para as pessoas que precisarão lê-las. Vejamos as publicações voltadas para os jovens, revistas como *Wired* ou *Spin*. Em todas, os tipos são miúdos e, com freqüência, impressos contra fundos que fornecem pouco contraste. A mensagem é clara. Essa revista é dirigida aos jovens e não fará concessão alguma à decrepitude. É como quando Mick Jagger, rapaz de boa família e nível universitário, passou a pronunciar mal suas letras, tornando sua música inacessível aos ouvidos acostumados com Bing Crosby e Patti Page. No próximo século, a disparidade de idade entre desenhistas de produtos de drogarias e seus leitores mais freqüentes apenas aumentará.

Em algumas drogarias na Flórida, lentes de aumento foram presas por correntes às prateleiras. Trata-se de uma inteligente solução improvisada, mas não será suficiente. As drogarias informam que, no todo, cerca de um shopper em cada cinco pede ajuda aos funcionários, mas, no caso dos mais idosos, essa porcentagem quase dobra. Invariavelmente, eles precisam da ajuda de olhos mais jovens para encontrar um produto ou ler uma etiqueta. Em *qualquer* tipo de loja você encontrará textos que são um desafio para olhos idosos, como as informações nutricionais no lado da caixa de cereal, instruções de lavagem de uma camisa de seda, instruções da tintura para cabelos, teste de colesterol auto-aplicável, manual de uma câmera fotográfica, software ou videocassete. As especificações no cartucho de impressoras a jato de tinta, os títulos das faixas de um CD, o tamanho de um par de calçados de golfe, a etiqueta em uma garrafa de vinho, o preço de um livro. E como os futuros shoppers encontrarão sua empresa? No catálogo telefônico? Eu *já* não consigo lê-lo. E não nos esqueçamos dos menus de restaurantes, horários de trens, formulários oficiais, cartões de aniversário, selos postais, termômetros, velocímetros, hodômetros, o *dial* do rádio, os botões da lavadora, secadora, ar-condicionado e geladeira, seu umidificador, seu aquecedor de água... Será que mencionei aquelas pequenas etiquetas que informam que a pêra que você acabou de comprar é de fato *uma pêra*? Como é que você vai saber? Em todos os exemplos, o objeto se torna proibitivo e até hostil aos shoppers mais velhos devido ao tamanho das letras. Os idosos atuais suportam essa pequena forma de discriminação sem reclamar, como seu destino na vida. Mas os velhos do século XXI, acostumados a ter a própria existência adaptada às suas especificações, decerto se rebelarão. Em 2025, qualquer tipo inferior a 13 pontos será uma forma de suicídio comercial. Mesmo atualmente, à medida que perdemos a acuidade visual, um tipo de 9 pontos já se qualifica como tendência autodestrutiva.

Veja o dilema: quanto mais educado e, portanto, abastado o shopper, mais suas decisões se baseiam nos dizeres dos rótulos, caixas e vidros. Na verdade, todo o varejo depende agora da palavra escrita mais do que nunca. A conclusão aparente é que se coloque o máximo de informações nos produtos, embalagens e materiais ponto-de-venda. Mas, quando se pede aos desenhistas que encaixem mais textos, eles costumam diminuir seu tamanho. Talvez embalagens maiores sejam uma solução (embora isso cause problemas de outra natureza, como a alocação de espaço nas prateleiras, sem falar da necessidade de se cortarem mais árvores no mundo). Talvez as etiquetas devessem recorrer mais a imagens gráficas. Talvez tenha chegado a hora de produzir cartazes maiores e melhores ou displays falantes. Que tal enviar mensagens de texto para celulares e Blackberries? Ou, melhor ainda, uma concepção inteiramente nova de fusão de rótulos e embalagens – ambientalmente amigável, elaboradas em papel reciclado. Talvez devamos testar essas idéias, pois, em pouco tempo, precisaremos revolucionar o tamanho das letras em toda a nossa cultura.

O tamanho não é o único problema ótico. O amarelecimento da córnea ao envelhecer fará certas gradações sutis de cor se tornarem invisíveis para grande parte da população. Assim, por exemplo, mais pessoas do que nunca tropeçarão nas escadas (ou cairão) à medida que a distância clara entre um degrau e outro for desaparecendo. A diferença entre azul e verde se tornará mais difícil de perceber para muitos shoppers e o amarelo se tornará mais traiçoeiro para os designers, pois *tudo* parecerá um pouco amarelado. Como resultado, as embalagens, os elementos de comunicação e a publicidade terão de ser desenhados levando em conta o contraste, e não apenas o jogo matizado de cores. Teremos de ver muito mais preto, branco e vermelho e muito menos de qualquer outro matiz.

Por exemplo, testamos materiais de ponto-de-venda para um grande banco de poupança do sul da Califórnia e, ao entrevistarmos os clientes que saíam, descobrimos que um grande cartaz na parede atrás dos caixas tinha um baixo recall entre os mais velhos. O cartaz, que promovia o cartão Visa Gold do banco, mostrava um cartão de crédito gigante sobre um tijolo de ouro. Para nós, a imagem era clara. Para olhos mais velhos, porém, a distinção entre o cartão e o ouro era imperceptível, de modo que tudo parecia uma única forma amarela, grande e misteriosa, um cartaz sem sentido para muitas pessoas com mais de 65 anos. Estudamos a sinalização de um grande hotel em Nova York e percebemos que o sistema de cores dos números dos quartos, letras douradas em um fundo quase branco, dificultava a circulação pelo local para os olhos dos mais velhos.

Finalmente, as retinas típicas de 50 anos recebem cerca de um quarto a menos de luz do que a retina normal de 20 anos. Isso significa que muitas lojas, restaurantes e bancos deveriam ser muito mais claros do que são atualmente. Não pode haver áreas mal iluminadas se quisermos que os shoppers vejam o que estão comprando ou mesmo por onde estão andando. A iluminação deve ser clara, em especial nas horas do dia em que shoppers mais velhos tendem a chegar. E, de novo, todo texto impresso deve ser nítido e com alto contraste – cores escuras sobre fundo branco, ou claro.

Por que será que a indústria de vinhos tem pensado em seus rótulos como projetos de arte? Das lojas de departamento, como a Kroger, à loja de ferramentas Trade Joe, ali na esquina, já documentamos inúmeras pessoas se esforçando para tentar ler rótulos. A situação é ainda pior na loja chique de bebidas perto de sua casa, onde a iluminação tende a ser mais baixa que em um supermercado, sendo que algumas gôndolas podem estar na penumbra. Não estou sugerindo que um rótulo não deva ser belo ou ostentar o desenho de um canguru. Sustento apenas que uma garrafa deve ser manuseada e lida antes da compra. Isso é particularmente importante para vinícolas pequenas ou em crescimento. Tipo do vinho, país de origem, ano, safra e apelo de marketing – são coisas que todos os consumidores procuram. As marcas francesas mais tradicionais podem fazer o que quiserem, mas aqueles magníficos novos entrantes do mercado global de vinhos – os chilenos, argentinos, sul-africanos e australianos – precisam prestar atenção a isso.

Um de nossos clientes do ramo de fast-food percebeu que os shoppers com mais de 55 anos eram o grupo demográfico que mais crescia, embora os quadros de menu usassem um tamanho de letra quase ilegível para pessoas mais velhas. A empresa redesenhou os menus usando grandes fotos dos alimentos e, embora, com isso, listassem menos itens, as vendas aumentaram.

Mudar o mundo visual para acomodar olhos envelhecidos será fácil, se comparado com as alterações estruturais que serão requeridas. Mesmo no século XXI, os velhos serão decrépitos. Lembre-se de que a terceira idade durará muito mais do que jamais se imaginou. Muitos de nós serão velhos durante muito mais tempo do que fomos jovens. O mesmo mundo terá de ser navegável por velhos robustos de 65 anos e velhos raquíticos de 85 anos. Há 20 anos, muitos dos recém-aposentados nos Estados Unidos compravam apartamentos em áreas litorâneas e muitos ficavam no segundo ou terceiro andar de prédios sem elevadores e tinham varandas com vista para o mar, aparentemente ninhos perfeitos para curtir uma velhice tranqüila. Contudo, duas décadas mais tarde, muitos daqueles ágeis velhinhos de sessenta e poucos anos estão presos a cadeiras de rodas ou, por algum outro motivo, não conseguem subir escadas, tornando esses refúgios obsoletos. O que acontecerá com nossas lojas, ruas e shopping centers quando os atuais enxames de carrinhos de bebê derem lugar a cadeiras de rodas motorizadas? Entradas, elevadores, corredores, áreas de caixas registradoras, mesas de restaurantes, banheiros, aviões, trens, ônibus e automóveis particulares terão de ser bem mais largos do que agora. Rampas serão exigidas por considerações comerciais e até mesmo por decretos governamentais. Escadas serão relíquias. Escadas e esteiras rolantes deverão ser redesenhadas e, em certos casos, ter sua velocidade diminuída. Pense em todos os shopping centers de vários andares que, em 2025, parecerão inconvenientes, se não totalmente inadequados, para um quinto da população. Lembre-se de que os shoppers mais velhos estarão então por toda parte. Não só nas drogarias, mas também na Gap, Ralph Lauren, Toys 'R' Us, Starbucks e na Borders, as marcas com que os velhinhos de amanhã – nós – se habituaram na juventude. Uma vez que os fabricantes comecem a produzir cadeiras de rodas motorizadas elegantes e esportivas, que mais parecerão com carrinhos de golfe adaptados às ruas, e andadores ágeis em estilo europeu, veremos realmente a diferença. Precisaremos de guardas de trânsito para os pedestres.

Não é apenas para pessoas imobilizadas que a paisagem varejista terá de mudar. Mesmo shoppers mais velhos, capazes de andar, já não conseguem se curvar e se esticar como antes. E eles realmente não querem nem uma coisa nem outra, pois isso os faz sentir o peso da idade, que é a última coisa que desejam. Na RadioShack, as baterias que menos vendiam eram as destinadas a aparelhos de audição, de modo que, pela lógica convencional, deveriam ser expostas na parte inferior dos displays giratórios. Ora, quem compra baterias para aparelhos de surdez a não ser pessoas velhas, os shoppers menos capazes de se inclinar? Quando as baterias foram removidas para a parte mais alta dos displays giratórios, as vendas aumentaram, enquanto a venda das baterias de uso geral transferidas para baixo não caíram nem um pouco. Examinamos o andar de alta-costura feminina de uma loja de departamentos de Nova York e encontramos um problema semelhante. Não surpreende que muitas das mulheres em condições de comprar essas roupas sejam mais velhas e, portanto, com tendência a ter proporções generosas. Para preservar a imagem, os projetistas, porém, colocavam em exposição nas estantes os tamanhos menores e mantinham os tamanhos maiores em um espaço qualquer nos fundos, forçando a shopper humilhada a pedir a uma das vendedoras magérrimas que apanhasse algo mais folgado. Nessa mesma seção, uma situação semelhante ocorre com outras peças de vestuário. Estantes e prateleiras de roupas íntimas ou de calças estão organizadas em ordem de tamanho: as menores em cima e as maiores lá embaixo, forçando as shoppers mais gordas e idosas a se abaixarem e facilitando a vida das jovens e esguias.

(Pessoalmente, gostaria de liderar uma revolta de shoppers altos, aqueles de nós forçados a se abaixarem em todo telefone público e bebedouro que existe. Nossa população está ficando mais alta e mais velha também, significando que ter de se abaixar com freqüência realmente será um grande incômodo dentro de duas ou três décadas.)

Nos supermercados, os produtos expostos em locais muito baixos ou muito altos são praticamente inacessíveis a shoppers mais velhos: não vale a pena o esforço, eles suspiram, e vão procurar em outro lugar. Isso acontece principalmente com itens pesados, como caixas de refrigerantes ou pacotes grandes de detergente: se você não conseguir tirá-los da prateleira e colocá-los no carrinho, não comprará ali. (Na verdade, em benefício dos shoppers de todas as idades, embalagens volumosas deveriam ficar expostas à altura do topo dos carrinhos de compras.) Lembre-se do exemplo das guloseimas para cães, descrito no Capítulo 1. Facilitar a vida dos shoppers mais velhos, além de ajudar a vender produtos, também desperta sentimentos cordiais entre um grupo que costuma ser mal atendido pelos varejistas. O velhote que vier comprar baterias para aparelhos de surdez e não tiver de fazer uma ginástica para obtê-las provavelmente retornará quando precisar comprar um telefone celular ou um computador.

O Japão é um país em que houve grandes avanços em relação à acomodação da população mais idosa. Ali, há escassez de espaço, portanto os shopping centers tendem a crescer para cima, e não para os lados. As escadas rolantes de alguns dos shoppings movem-se com rapidez suficiente para não irritar a ativa juventude local, mas devagar o suficiente para que possam ser usadas pela crescente base de clientes da terceira idade. A maior empresa de telefonia móvel do Japão, a DoCoMo, oferece um aparelho especial para usuários mais idosos, com números e botões grandes. Cabe repetir a pergunta: será que estaríamos minimamente preparados, nos Estados Unidos, ou na Itália ou na Rússia (dois outros países com uma população de idosos em rápido crescimento), para oferecer esse mesmo tipo de apoio aos shoppers de cabelos brancos? Nossa população com mais de 50 anos tem cada vez maiores dificuldades de lidar com a incerteza espacial – uma forma sofisticada de dizer que, nas lojas mais de 10 mil m² de área, os velhinhos não se sentem muito satisfeitos ao descobrir que estão perdidos. Os varejistas gostariam que seus shoppers ficassem deliciosamente perdidos, e não furiosos, irritados e extremamente perdidos.

Áreas de espera são – ou deveriam ser – outra área de preocupação para varejistas. Se um shopper mais idoso souber que, ao caminhar certa distância, encontrará um lugar para sentar, provavelmente fará exatamente isso. A HEB, uma cadeia de supermercados do Texas, reconhece que muitas famílias de origem latina gostam de fazer compras em grupos compostos por pessoas de várias gerações. Espalhar bancos por toda a loja não é apenas um ato generoso, mas também de marketing de guerrilha. Além disso, qualquer área de espera é um fantástico ponto-de-venda ou de comunicação. Sua audiência será cativa e estará pronta para ler toda e qualquer informação que você lhe oferecer. Você também marcará muitos pontos junto aos shoppers idosos se for fácil sentar-se e levantar-se das cadeiras que estiverem disponíveis. Aqueles de nós que estamos às vésperas de nos tornar cidadãos da terceira idade e que ocupamos posições de moderada influência sobre essas questões devemos ter o maior interesse em preparar o mundo para daqui a pouco, quando formos idosos. Já está mais do que na hora de prestarmos profunda atenção aos shoppers mais velhos. Bem antes que a Calvin Klein lance no mercado uma linha de fraldões para adultos, temos de tornar o mundo bem mais amigável para os idosos.

Um dos desafios permanentes dos bancos é convencer os clientes mais velhos a utilizar os caixas automáticos. Eles podem intimidar quem não está familiarizado com as telas de toque interativas e com o linguajar das máquinas. As pessoas na terceira idade podem ser ensinadas, mas não devem sê-lo por jovens ou por obsequiosos pretendentes à vice-presidência do banco. Os clientes mais velhos preferem ser instruídos por pessoas da mesma faixa etária. Um funcionário mais velho estacionado junto às filas dos caixas automáticos pode orientar multidões de clientes mais velhos. Também convém manter os caixas à vista das pessoas na fila; se os mais velhos puderem observar as pessoas usando as máquinas, elas deixarão de ser tão assustadoras. Devido às visões declinantes e aos dedos artríticos, esses caixas automáticos terão de se adaptar também. Botões terão de se tornar maiores, assim como as telas e as palavras. Para que a economia obtida com o auto-serviço seja preservada, várias máquinas terão de ser reprojetadas para mãos e visões mais velhas. As instruções por escrito e os botões das máquinas de vender selos e balanças nos correios, por exemplo, são pequenos demais para serem manipulados facilmente pelos idosos. O mesmo ocorre com a leitora de cartões de créditos, com as bombas nos postos de gasolina de auto-serviço, com a máquina de vender bilhetes do trem suburbano e com os quiosques de check-in nos aeroportos.

Botões e ganchos minúsculos nas roupas – aqueles vestidos que fecham pelas costas são especialmente incômodos – terão de ser substituídos por prendedores mais simples ou mesmo por Velcro. Os fabricantes de telefones celulares concorrem entre si pela miniaturização do produto, mas, em certo ponto, o telefone com teclas e tela de cristal líquido maiores será mais desejável, pelo menos para os usuários mais velhos. (Isso acontecerá mais ou menos na mesma época em que os telefones celulares deixarem de ser brinquedos de jovens executivos para se tornar um meio de comunicação vital para os mais velhos.) Os controles remotos de televisores, videocassetes e CD players, os botões da filmadora de vídeo, o teclado dos notebooks, todos em essência se miniaturizarão, pelo andar da carruagem, até se tornarem inadequados às pessoas mais velhas. Vivo falando como se tudo isso fosse ocorrer no futuro, mas é um erro. Isso já começou a acontecer. O mundo do varejo está tendo uma reação interessante.

Para onde se destinam toda a energia, inovação e dispêndios de capital nos ambientes varejistas atuais? Para atender a iminente tsunami de shoppers anciãos, certo? Não, errei... destinam-se aos grandes complexos de entretenimento para as crianças e adolescentes, como os da Disney e Nickelodeon, às lojas para adolescentes, como Abercrombie & Fitch, American Eagle, Roxy e Torrid. As novas armações e displays interativos produzidos pelos laboratórios de projeto são estonteantes – você nunca sabe se está em uma loja ou em um parque temático, o que me parece ser o objetivo. Deve ser divertidíssimo conceber essas engenhocas e as lojas que as contêm. Por isso, não surpreende que é lá que as coisas estejam acontecendo.

Infelizmente, essas lojas estão atendendo um mercado já em declínio. Em 2035, segundo dados do censo, o número de norte-americanos acima de 65 anos será quase o dobro do que a cifra atual. Como disse, é de longe o segmento de maior crescimento da população norte-americana. Há muito trabalho pela frente a ser feito no mundo do varejo para atender melhor às pessoas na terceira idade. Para nosso próprio benefício, esperemos que esse trabalho seja conduzido com imaginação e entusiasmo.

Na verdade, o momento de começar esse trabalho é agora. Vamos aos poucos: exigindo melhor som ambiente nos elevadores! Quero percorrer meu supermercado ao som dos próprios The Doors, e não de uma versão açucarada para violinos de "Light My Fire". Na verdade, não vejo a hora de freqüentar um centro social para idosos, em que, apoiados em nossos andadores, rodaremos pelo salão de dança enquanto o DJ tocará a edição especial de qüinquagésimo aniversário da trilha sonora de "Embalos de Sábado à Noite".

A vista cansada já começou a ser sentida no marketing. Alguns varejistas já montaram redes de lojas destinadas a consumidores mais velhos em algumas categorias, como eletrodomésticos de pequeno porte, ferramentas, acessórios automotivos e produtos sazonais. Não tiveram tanto sucesso com livros, artigos de vestuários, produtos de saúde e beleza e medicamentos que não necessitam de receita médica. Não é que os idosos não se importem com a palavra escrita ou com a boa aparência. E certamente não é porque não precisem de analgésicos, uma ocasional pastilha para dor de garganta ou de um xarope para a tosse. Talvez tenha a ver com os produtos em si. O mundo da moda parece ainda não ter compreendido que as pessoas mais velhas desejam parecer na moda, mas com roupas adequadas que caibam nelas.

Ao mesmo tempo, se você for uma pessoa como eu, aposto que não precisa de mais nada. De um modo geral, a população de mais de 50 anos está cortando custos, ajustando para a saída de casa dos filhos e para a velhice dos pais. Hoje mesmo, já possuo todas as camisas, gravatas, sapatos e relógios que prevejo necessitar durante o resto de minha vida. As únicas coisas de que ainda preciso são frutas, vegetais, massa, vinho, azeite, carne e peixe semanalmente e doses anuais de meias e cuecas novas. Tudo o mais pode ser consumido de acordo com meus desejos ocasionais (embora minha companheira de longa data tenha me surpreendido há dois anos, no Natal, com uma nova traquitana chamada Slingbox. Conectado ao serviço de TV a cabo e internet de minha casa, o aparelhinho me permite assistir, em meu laptop, ao vivo, ao jogo de beisebol de meu time favorito às duas horas da manhã de um quarto de hotel em Cingapura. É demais!). Assim como a maioria dos senhores de mais de 50 anos, com a notável exceção do Slingbox, que ninguém vai tirar de mim, posso escolher que experiências desejo vivenciar em qualquer dia. Além de comprar alguns pares de meias.

Já mencionei o admirável mundo novo das cadeiras de rodas, território virgem do qual ninguém, ao que me consta, ainda se apossou. Esses veículos pessoais certamente serão remodelados, recebendo motores envenenados, piloto automático, várias opções de estofado (será que couro preto esquentará demais no verão?), pneus grandões como aqueles de nossos jipes lá na década de 1990, carregador de telefone celular, porta-copos, CD players e os adesivos de pára-choque apropriados. Haverá muitas oportunidades de licenciamento, trazendo marcas como Harley, BMW e John Deere, ou Louis Vuitton, Chanel e Prada, ao mercado. Elas sequer serão chamadas de cadeiras de rodas. Na verdade, serão algo mais parecido com cortadores de grama ou motocicletas de três rodas. Esses carrinhos sequer conotarão necessariamente alguma limitação física. Serão uma divertida conveniência para o velhinho que já tem tudo.

Na outra extremidade do espectro, não é segredo que, depois das crianças, os velhos representam o maior mercado para tênis. Quem mais tem um estilo de vida que nunca exige calçados sérios de adulto? Na verdade, os trajes atléticos – calçados macios com sola de borracha, camisetas largas, calças folgadas com elástico na cintura – são ideais para as necessidades dos velhinhos na moda. Eles têm muito mais dinheiro para gastar em tênis do que crianças e adorariam pagar por detalhes projetados para trazer conforto extra. Mesmo assim, nenhum adolescente que se preze deseja calçar o mesmo par de tênis do vovô, razão provável pela qual todos os anúncios da Nike e Reebok mostram jovens, em vez de velhinhos. Será que não há alguma maneira de um grande fabricante de trajes atléticos ter pessoas mais velhas como público-alvo? Aposto que isso vai acontecer em muito pouco tempo – é lucrativo demais para que se desperdice a oportunidade. Quem sabe os comerciais mostrarão o grande Michael Jordan aos 65 anos jogando com o principal astro do basquete do século XXI?

Há uma questão no ar de como a moda da geração *baby boomers* envelhecerá? Será que as crianças comprarão a marca de jeans preferida pelos avós? Pressuponho que nossa geração usará jeans azul até chegar ao túmulo. E por que parar por aí? Mas, se esse for o uniforme dos velhinhos, alguém mais ousará usá-lo? Ou os jeans trilharão o mesmo caminho das polainas?

O mundo dos artigos de saúde e beleza não dispensa atenção suficiente ao consumidor mais velho, mas terá de fazê-lo no futuro. Marcas inteiras deveriam estar voltadas às necessidades das pessoas com mais de 65 anos, incluindo fórmulas especiais de produtos para cabelos, pele, dentes, beleza masculina e cosméticos. Alguém também terá de descobrir como vender produtos para incontinência urinária aos velhos do século XXI. A categoria atual – poucas marcas discretas de fraldas para adultos vendidas acanhadamente no corredor de higiene feminina – não vai funcionar. Será a Hanes, a Calvin Klein ou a Estée Lauder? Ou os produtos para incontinência serão vendidos junto dos sutiãs esportivos extrafirmes e suportes atléticos?

A loja de colchões do futuro fará bem em se especializar na terceira idade. Os idosos dedicarão tempo e esforço à procura de produtos ergonomicamente recomendados e pagarão por eles o que for necessário. Os colchões estarão mais próximos dos produtos paramédicos do que dos móveis. Farão parte de toda a categoria de saúde da espinha dorsal, que sem dúvida, será imensa. Até mesmo os hotéis estão usando suas camas como argumento de marketing para o viajante mais velho e alquebrado.

Quando não houver mais tantas crianças à solta, o segmento de fast-food terá de redobrar esforços para atrair pessoas na terceira idade. Elas já constituem uma grande parcela do consumidor desse tipo de alimentação, sem sequer ser reconhecidas sob os arcos dourados da McDonald's. Chegará o dia em que não será o último desenho da Disney que servirá de tema para promover restaurantes de fast-food, mas "Rambo: A Revolta no Asilo".

Quando os pais compram roupas, brinquedos, livros e vídeos para os filhos, geralmente sabem que tamanho pedir, qual o brinquedo favorito ou qual seu nível de leitura. Daqui a 30 anos, os pais atuais estarão comprando para seus netos e precisarão de certa orientação. Será que os fabricantes de roupas infantis terão amadurecido e criado um sistema sensato e padronizado de tamanho? Atualmente é um caos. Quem compra roupas de criança sabe. Se um sistema desses não tiver sido criado, as lojas terão de fazer o que for necessário – quadros fáceis de ler com os tamanhos, manequins de diferentes alturas, muitos vendedores atenciosos – para garantir que os avós comprem roupas com segurança.

Se não puderem comprar roupas, eles optarão por brinquedos, livros ou DVDs. De novo, os fabricantes e varejistas terão de tornar as coisas mais fáceis do que agora. A idade apropriada do leitor deve estar marcada com clareza em todos os livros para crianças e adolescentes. O mesmo vale para vídeos e *videogames*. A vovó que não quer comprar por engano Mortal Kombat para o netinho de 5 anos precisa de uma mãozinha para que isso não aconteça.

Sem dúvida, as pessoas de nossa geração nasceram tecnocratas, mas quem saberá quais novas maravilhas existirão para nos intimidar daqui a três décadas? Em geral, as novas tecnologias trazem benefícios perfeitamente apropriados ao shopper mais velho: compras pela internet e correio eletrônico facilitam a vida de quem já não se locomove mais tão facilmente e os PCs de bolso do futuro (como os BlackBerries e os iPhones, só que melhores) terão bastante memória para os momentos em que a sua falhar, como quando precisar de um número de telefone ou quando estiver no meio de um supermercado e não se lembrar do que comprar.

Mas veja como a tecnologia é colocada no mercado e vendida – nunca se vê alguém com mais de 30 anos em um anúncio ou no balcão de uma loja. O próprio produto é hostil aos usuários mais velhos, dos teclados minúsculos às letrinhas nos sites, sem falar na freqüência com que os botões de ligar-desligar das impressoras e computadores ficam atrás do aparelho. Talvez parte da atração da alta tecnologia se perca quando ela for suficientemente fácil para sua avó usar. Mas, algumas décadas à frente, quando formos as avós, iremos à forra.

CAPÍTULO 11

Crianças

Com a revolta dos sexos (ou reconfiguração, pelo menos) tendo mudado tanto nossa vida, e com homens e mulheres freqüentemente explorando novos terrenos de compras, atualmente o efeito sobre as crianças é bastante simples: elas estão por toda parte.

Aonde elas costumavam ir? À escola, é claro, o que deixava suas mães livres para um sem-número de tarefas de superintendentes do lar, com destaque para a aquisição de comestíveis, roupas e outros suprimentos e serviços, quando necessários. Papai comprava bebida, pneus, charutos, cortadores de grama, comestíveis – talvez duas ou três vezes por ano – e o presente de aniversário de mamãe. Ir ao banco era tarefa da mãe ou do pai, dependendo da divisão de trabalho específica do lar. Somente compras grandes exigiam a presença da família inteira, mas com que freqüência alguém adquiria um automóvel ou sofá? Eram tão poucas as vezes que as crianças que vinham juntas não chegavam atrapalhar.

Hoje, ambos os pais quase certamente trabalham fora, de modo que as compras que não se encaixam na hora do almoço acabam se tornando um programa de família. As compras, então, tornam-se uma saída de lazer aceitável, menos agradável, talvez, do que uma semana no Disney World, mas não inteiramente sem potencial de diversão, como veremos. Além disso, o divórcio é tão comum que pais ou mães separados em companhia dos filhos tornaram-se uma visão comum em cinemas, restaurantes e lojas. Em qualquer tarde de sábado, não há loja de sorvetes ou de diversões eletrônicas que não seja visitada por pais divorciados passando o fim de semana com seus filhos. As crianças vão a toda parte porque nós as levamos; porém, uma vez ali, alteram a paisagem de compras de forma óbvia, mas também sutil.

Quanto mais velhos ficamos, mais reconhecemos que a propriedade de qualquer produto – não importa qual – não é transformadora. Aquele vestido, aquele batom ou aquele iPod Nano não irão modificá-lo, tampouco a opinião das pessoas sobre você. O consumidor mais velho é também muito melhor em ignorar anúncios pop-ups on-line ou comerciais de televisão. Já existem dispositivos que gravam seus programas favoritos, excluindo, automaticamente, os comerciais. Portanto, o profissional de marketing do século XXI está focado em crianças e adolescentes. Não surpreende que, nos Estados Unidos, uma criança comum, de 4 anos, seja capaz de identificar mais de uma centena de marcas.

Precisamos considerar também o fato de que nossas crianças consomem ainda mais mídia de massa do que nós, adultos, com grande parte dela tentando vender-lhes coisas. O mercado deseja as crianças, necessita delas, necessita das crianças e elas são cortejadas pelo convite e o aceitam com prazer. Hoje, elas idolatram os personagens da televisão da mesma forma que as crianças de outrora eram ensinadas a venerar os santos padroeiros e aprendem desde cedo a relação entre marca e status. Trata-se de mais um exemplo de como o capitalismo traz a democratização. Você não tem mais de ficar à margem do mercado global só por ter 1 metro e pouco de altura, não ter renda da qual se vangloriar e não ter permissão para atravessar a rua sem dar a mão à mãe. Você é uma força econômica, agora e no futuro, e é isso que conta.

Tudo isso, como toda grande mudança, tem seu lado bom e ruim. Em termos práticos, significa três coisas:

1. Que, se uma loja for de alguma forma hostil às crianças, os shoppers captarão a mensagem e se afastarão. Não sei quantas lojas que dependem de clientes do sexo feminino falham em garantir que todos os corredores e caminhos entre estantes e armações sejam suficientemente largos para a passagem de um carrinho de bebê. Se não forem, pelo menos metade das mulheres na faixa dos 20 aos 40 anos estará excluída, por algum tempo pelo menos (o mesmo ocorrerá com muitos shoppers do sexo masculino). Realizamos um trabalho para uma loja de departamentos e

descobrimos, usando uma fita métrica, que a seção de roupas para bebês e crianças era a mais entulhada de estantes e armações da loja. Assim, era a parte mais difícil de navegar da loja para quem estivesse empurrando um carrinho de bebê; também era a seção menos visitada, não por acaso. Todo ano, a Hallmark gasta uma pequena fortuna em comerciais de televisão de sua seção de enfeites de Natal. Em uma loja-protótipo que estudamos, o expositor ficava em um corredor estreito. Cada vez que um shopper com carrinho de bebê se aventurava por ali, a seção ficava totalmente bloqueada. Em conseqüência, nossa pesquisa mostrou que somente 10% dos shoppers da loja chegavam a ver os enfeites. Pela estrutura da loja e disposição dos expositores, você define se será amistoso ou hostil em relação às crianças. Portas automáticas, corredores largos e ausência de escadas facilitam a vida de pais com carrinhos de bebê ou que estejam arrastando, ou caçando, os pimpolhos.

2. Que podemos contar com as crianças como consumidores ávidos, contanto que suas necessidades tenham sido consideradas. Em outras palavras, caso você queira vender um produto para as crianças, coloque-o onde elas consigam vê-lo e alcançá-lo. Isso vale para itens óbvios, como espuma de banho em um frasco com a forma do Barney, mas também para coisas como iguarias para cães, como expliquei em um capítulo anterior, pois as crianças, junto com os idosos, são o principal mercado de biscoitos com sabor de fígado. Inversamente, se você não proteger a loja de crianças como protegeria sua casa, será vítima de terríveis surpresas.

3. Que, se a atenção plena dos pais for exigida por, digamos, um vendedor de automóveis ou gerente de banco, alguém terá primeiro de encontrar um meio de distrair uma criança inquieta e entediada.

A primeira vez em que prestei atenção ao efeito das crianças sobre o mundo "adulto" não foi em um estabelecimento varejista, mas em um templo da cultura, o Museu Rodin, na Filadélfia. Eu caminhava entre as deslumbrantes esculturas de bronze do mestre, absorto no devaneio estético, quando ouvi uma voz de criança exclamar: "Olha, mamãe, um bumbum!" Voltei-me e vi um fedelho agarrando com ambas as mãozinhas as nádegas de Balzac.

Olhei depois ao redor da sala e observei marcas de dedos em todas as estátuas, mais ou menos à altura em que aquela adorável criança agarrara o pobre Honoré. Obviamente, aquele sujeitinho não era o único conhecedor de arte através do tato dos Estados Unidos.

Aquele momento ilustrou várias verdades sobre crianças. Primeira: elas são participantes exuberantes do mundo dos objetos. Se algo estiver a seu alcance e despertar a mínima curiosidade, elas o tocarão. O impulso criativo de uma criança se expressa por sua busca da essência lúdica em tudo, dos objetos mais corriqueiros aos mais sublimes. Uma tábua de passar? É um brinquedo. As nádegas de Balzac? Também. Descobri que, se você quiser que as crianças toquem em algo, basta colocá-lo baixo o suficiente que elas o acharão. Na verdade, objetos colocados abaixo de certo ponto serão tocados *somente* por crianças.

Os supermercados têm estado na vanguarda quando se trata de explorar o estilo de compras tátil das crianças. Temos inúmeras cenas de vídeo mostrando crianças em mercearias, rogando, persuadindo, choramingando, implorando à mãe e ao pai que escolham certo item, e, quando isso falha, agarrando-o e colocando-o no carrinho. Se estiver a seu alcance, eles o tocarão, e se o tocarem, haverá pelo menos uma chance de mamãe ou papai cederem e comprá-lo (o pai especialmente). Mas mesmo isso deve ser feito com cuidado. Certa vez, estudamos um mercado que colocara os produtos atraentes às crianças nas prateleiras inferiores, sem perceber que, para as crianças nos carrinhos de compras, a prateleira imediatamente inferior à do meio é a ideal.

Os supermercados têm se esmerado tanto em despertar o desejo das crianças que deixaram os pais meio revoltados. Reagindo às queixas contra estantes de bombons e chicletes junto aos caixas, alguns supermercados passaram a oferecer caixas livres de doces. Agora, são os fabricantes de guloseimas que estão reclamando. Descobrimos uma tendência alarmante em um estudo alguns anos atrás. Um número crescente de pais que sistematicamente evitam o corredor de biscoitos e doces para evitar a algazarra previsível das crianças. Para contornar essa manobra, nosso cliente fabricante de biscoitos passou a assegurar vizinhanças estratégicas, garantindo parceiros de corredor apropriados, biscoitos de um lado do corredor e comida para bebês do outro, por exemplo, e melhores displays individuais e de ponta de gôndola.

Na década de 1980, a General Mills bolou um novo produto para o paladar infanto-juvenil, uma pipoca de microondas que vinha em diferentes cores. O produto foi intensamente divulgado em programas infantis de televisão, mas, em um exemplo clássico de falta de coordenação entre o departamento responsável pela disposição dos produtos no ponto-de-venda e o de marketing, os produtos não ficaram expostos ao alcance do público-alvo. Na verdade, pressupondo que os pais fariam a compra, o planograma típico do supermercado previra seu posicionamento no alto, e isso, nós tivemos certeza, foi o motivo das vendas decepcionantes. Até hoje, ainda mostramos a nossos clientes o vídeo de um menino de uns 6 anos pulando para alcançar a prateleira onde a pipoca estava exposta, tentando derrubar uma no chão para mostrá-la à mãe. Enfim, conseguiu, mas a mãe recusou-se a colocar a pipoca no carrinho. Abatido, ele devolveu a pipoca à prateleira, não no local de antes, mas no nível de seus olhos. É claro que o próximo menino que passou por lá viu a embalagem de pipoca, agarrou-a e colocou-a no carrinho do pai, onde permaneceu. Um momento clássico da sabedoria de se observar o shopper.

Seria quase impossível que as famílias fizessem compras juntas sem o advento da refeição amigável às crianças. A McDonald's, mais do que qualquer outra empresa, prosperou com isso. Os restaurantes são parte conveniência e parte suborno para os pimpolhos que se comportarem durante uma manhã no shopping center. Desde cedo, o McDonald's percebeu que, se conseguisse atrair as crianças – não apenas por meio do menu, mas também com centros de diversão e com a distribuição de brinquedos e com ações promocionais envolvendo personagens licenciados –, atrairia também os pais. Não é coincidência que a McDonald's seja a empresa dominante nos Estados Unidos e também a favorita entre as crianças. Mas mesmo a McDonald's não consegue estar certa sempre. Uma omissão gritante: os balcões são altos demais para os shoppers-mirins. Uma criança de 7 ou 8 anos consegue, sem dúvida, ir sozinha da mesa ao balcão para pedir mais batatas fritas ou outro refrigerante. Mas a estrutura do restaurante não permite isso. Mesmo os quadros de menu são tão altos que só um adulto consegue lê-los comodamente. Deveria haver menus no nível das crianças, com grandes fotos dos sanduíches e o mínimo de palavras possível.

Eu mesmo tenho uma história de crianças no restaurante para contar. Como falei anteriormente, durante algum tempo, fui sócio de um bar e restaurante na parte sul de Manhattan, a uma quadra e meia do Rio Hudson, chamado Ear Inn. Quando adquirimos o negócio, ele era freqüentado principalmente por gráficos e estivadores – uma turma de operários da pesada. Como novos proprietários, estávamos interessados em atrair donos de casa, artistas e jovens famílias que estavam gradualmente transformando aquela área industrial em domiciliar. Precisávamos também aumentar a tabela de preços e, para fazer isso, era preciso – de forma sutil e não agressiva – mudar o perfil da base de freqüentadores do local. Nossa solução? Colocamos uma caixa de lápis de cor em cada mesa e, na happy hour, convidávamos nossos clientes preferenciais a deixar seus filhos soltos dentro do bar – enquanto mamãe cozinhava o jantar em casa, papai tomava algumas cervejas de olho em seus filhos. Assim, no período entre 17:00 e 20:00, o Ear Inn se tornava um imenso playground. A happy hour virou um momento de genuína alegria, e não uma oportunidade para se beber o máximo de *whisky sours* possível. Os gráficos e os estivadores desapareceram. Essas eram pessoas com quem não queríamos confusão, mas eles ficaram incomodados, atemorizados – ou ambos.

O que jamais poderíamos ter previsto foi como a presença de crianças nos protegia de outras maneiras. Quase todos os outros novos donos de bares da vizinhança relataram ter tido problemas com a máfia local: taxas de proteção e de retirada do lixo, brigas encenadas, corretores de aposta ocupando os telefones públicos para fazer jogo. O Ear Inn, de alguma forma, manteve-se misteriosamente isento de tudo isso.

Ao longo dos anos, passei a conhecer pessoalmente alguns dos mafiosos locais. Dois dos sujeitos com quem eu tinha algum relacionamento naqueles tempos estão na cadeia. Outros, ainda encontro ocasionalmente na rua e é sempre um prazer conversar com eles. Até hoje, brinco que, se um dia precisasse dar um "corretivo" em alguém, saberia a quem procurar. Certa noite, 10 anos atrás, estava caminhando pela rua quando dei de cara com, bem, vamos chamá-lo de Tony. Fomos tomar uns drinques em um bar próximo e conversamos muito sobre os velhos tempos. Perguntei por que ninguém jamais nos incomodou.

"Paco, foram aquelas malditas crianças. Por três vezes, mandamos alguém ter uma conversinha com vocês, mas, assim que entrávamos e víamos aquelas velhinhas e a criançada lá dentro, não havia nada que pudéssemos fazer. *Nada*!"

Incrível o que uma folha de papel e um monte de lápis de cor podem fazer por você.

* * *

Não, você não está sonhando. As livrarias estão mais repletas de crianças do que nunca. Antigamente, a seção de livros infantis consistia em algumas prateleiras num canto atrás dos dicionários. Hoje em dia, pode ser a parte mais convidativa e bonita da loja.

Eis como os livreiros inteligentes organizam as prateleiras. Eles colocam os livros com personagens de programas de televisão populares na parte inferior das prateleiras, de modo que a criançada possa apanhar Bob Esponja ou Teletubbies sem ser impedida por mamãe ou papai – que, provavelmente, não devem ser muito favoráveis a personagens hipercomercializados. Os clássicos infantis – *Contos de Grimm*, *O Pequeno Príncipe* ou qualquer coisa que pareça antiga e com mais texto do que figuras – ficam expostos no alto, no nível dos olhos dos adultos, pois serão eles que escolherão essas obras valiosas. No meio, ficam os livros que agradam a várias gerações, como *Babar*, *Tintim* ou *Dr. Seuss*. Os planogramas das lojas de vídeo devem seguir o mesmo sistema. Os filmes veneráveis que os pais poderiam escolher, *Meu Melhor Companheiro* ou *O Mágico de Oz*, expostos em cima, e os filmes que estão na moda, como "High School Musical" ou "Hannah Montana", embaixo, onde as crianças possam apanhá-los e começar seus ruidosos, mas de certa forma encantadores, apelos.

Sempre aconselhamos nossos clientes livreiros a agrupar as seções por sexo, reconhecendo a tendência dos homens de gravitar em torno de esportes, negócios, manuais práticos e computadores, enquanto as mulheres transitam pela psicologia, auto-ajuda, saúde, nutrição, dieta, casa e jardim. Recomendamos que os livros infantis sejam visíveis das seções femininas. Use prateleiras baixas para as crianças, permitindo às mães folhear seus livros e, de vez em quando, dar uma espiada nas crianças.

Na superloja da Barnes & Nobles perto de meu escritório, há uma seção de livros infantis com vários assentos para crianças, o que é bom, mas ignoram o fato de que a maioria delas está acostumada a ouvir histórias no colo dos pais. Sinto-me tentado a apanhar uma ou duas das grandes poltronas de outra parte da loja e trazê-las para a seção infantil.

As editoras de livros infantis falham em tornar seu produto atraente ao público principal, os adultos. Se você estiver comprando livros para seu filho, cujos gostos e nível de leitura sejam bem conhecidos, provavelmente não será necessário ter muita orientação. Mas e os avós, tias e tios e amigos da família que querem comprar livros para as crianças? Eles precisam de alguma indicação clara nos livros, e talvez nas prateleiras de livros e outros displays, sobre o público-alvo do livro, principalmente a série ou idade do nível de leitura. Mas poucos livros infantis ou displays de livros exibem essa importante informação. Esse é um exemplo clássico de como projetistas e profissionais de marketing às vezes ignoram totalmente as necessidades dos shoppers. Você verá compradores potenciais nas lojas folheando um livro, como se pudessem encontrar uma pista, para depois, inseguros quanto à escolha, devolverem o livro à prateleira e decidirem dar ao Júnior outro presente. Talvez também seja importante encontrar um meio de informar aos shoppers o enfoque de um livro específico, se pretende ensinar o desenvolvimento de relacionamentos ou brincadeiras criativas, como forma de sinalizar se aquela obra é um presente apropriado.

Eis outra falha das editoras em relação aos shoppers de presentes: os livros infantis tendem a ser relativamente baratos. Isso significa que, em uma compra, você poderá levar mais de um. Mas, mesmo nas séries que fazem sucesso entre as crianças, você encontrará poucas coleções em caixas, embora coleções de quatro ou cinco livros constituíssem um presente perfeito.

Apesar de tecnicamente serem os adultos que selecionam e compram os brinquedos, quem toma realmente as decisões são as crianças. Mesmo que o Junior ainda não saiba falar, você verá seus pais apanharem um brinquedo da prateleira. Em seguida, eles examinam a peça e a colocam diante do rosto do pequerrucho para obter a opinião dele, que é a que importa. Se a criança morder a isca, os pais comprarão o brinquedo. Por isso, agora, a maioria das embalagens permite apertar os botões ou puxar a corda sem abrir a caixa.

Portanto, o princípio é simples. Se os adultos são shoppers altamente táteis, as crianças o são despudoradamente. Elas tocam em tudo. Basta vê-las em ação e planejar de acordo. Mas há pelo menos dois aspectos incômodos aqui que exigem bom senso do varejista.

Primeiro, você tem de perceber que o grau de seu sucesso em fazer as crianças verem, tocarem, apanharem e, depois, desejarem itens é também o grau em que você frustrará e aborrecerá seus pais, aqueles que, afinal, trouxeram as crianças. Como aqueles adultos que evitam o corredor de biscoitos ou o caixa cercado de doces, chicletes e bonecos de algum personagem de televisão, por exemplo. Fazer compras é muito mais difícil quando você corre atrás de uma criança que acredita ser ela mesma quem está fazendo as compras. Após algum tempo, a experiência de uma loja que atrai demais as crianças torna-se algo que os adultos só desejam evitar. Há um equilíbrio aqui que vale a pena ser perseguido.

Segundo: se você for fazer a distribuição dos produtos na loja pensando nas crianças, também terá de protegê-las de si mesmas. Em outras palavras: torne o ambiente seguro para as crianças, como se elas estivessem em casa. Passe seu olhar clínico pela área do chão até quase 1m de altura para ver exatamente que tipo de acidente poderá vitimar uma criança ativa de 4 anos. Os perigos óbvios, como tomadas e prateleiras com quinas afiadas, devem ser fáceis o suficiente de detectar e remediar. Mas você também deve se certificar de que os itens pesados não sejam facilmente empurrados ou derrubados. Passamos um dia em um restaurante da Burger King que controlava a fila no balcão com um "labirinto": um parapeito à altura da cintura. Em oito horas, contamos um total de 52 crianças que brincaram, pularam ou subiram naquele obstáculo perigoso e não tenho dúvida de que algumas crianças devem ter levado alguns tombos feios ali.

Em um de meus primeiros trabalhos, antes da popularidade dos telefones celulares, estudamos três lojas de telefones da AT&T em diferentes partes dos Estados Unidos. Todas, atraentemente projetadas, tinham o mesmo número de funcionários para atender a aproximadamente o mesmo número de clientes. Uma das lojas, porém, tinha um índice bem menor de interceptação de shoppers – a porcentagem de compradores potenciais com quem algum vendedor conversa – e um tempo médio muito menor dedicado aos shoppers. O que tornava aquela loja tão diferente quando todos os números eram tão semelhantes? Levou algum tempo até que percebêssemos que aquela loja de baixo desempenho era a única das três que empregava um sistema de displays em "cascata". Trata-se de uma série de pedestais de altura decrescente, nos quais era exibido o equipamento. Observamos diferentes ângulos de vídeo do salão de vendas e, em pouco tempo, um padrão emergiu. Na loja com pior desempenho, os funcionários tinham constantemente de correr para salvar telefones e máquinas de fax ao alcance das crianças na loja com seus pais. Os vendedores, mesmo envolvidos em uma conversa com um shopper, tinham de manter um olho distante para ver o que as crianças estavam querendo pegar daquele display em cascata. Não era só uma questão de arrumação. A loja dispunha apenas de uma ou duas peças de cada modelo em estoque. Assim, se uma máquina de fax cara caísse do pedestal e se quebrasse, não haveria uma peça substituta para ser vendida. Os pobres vendedores gastavam mais tempo salvando os caros equipamentos de telecomunicações do que conversando com os shoppers. Foi inteligente colocar o equipamento telefônico ao alcance dos curiosos, mas seria mais inteligente colocá-lo fora do alcance das crianças.

Certa manhã, sentei-me com um designer altamente respeitado de displays de vídeo interativos enquanto ele apresentava seu mais recente protótipo, uma estação de videogame para a área de recreação de um restaurante de fast-food. As duas primeiras crianças sentaram-se ao aparelho e jogaram sem incidente. O terceiro menino tirou os sapatos, inclinou-se bem para trás na cadeira e operou a tela sensível ao toque com os dedos do pé. A próxima criança pegou o brinquedo duro de plástico que ganhara de brinde com o almoço e começou a bater com ele na tela do vídeo.

"Meu Deus", suspirou o projetista, "veja o que ele está fazendo!"

"Ele está interagindo", observei. Não era essa a questão? A lição fundamental? Qualquer tecnologia localizada no chão de uma loja e que seja acessível a crianças deve ser construída segundo padrões de guerra. Como se fosse ser usada em combate no Iraque ou no Afeganistão.

Você não precisa ser Mickey Mouse para manter as crianças relativamente entretidas. Mas especialmente em lojas nas quais os shoppers precisam permanecer em um local e prestar atenção, oferecer diversão às crianças é imprescindível.

Esse pensamento parecerá dolorosamente óbvio a qualquer pai. Assim, é espantoso que tão poucos comerciantes o levem em conta. Recentemente, observei uma criança de 2 anos fazer uma bagunça infernal enquanto a mãe tentava fazer uma compra em um estabelecimento que realmente deveria estar atento à presença de crianças na vida de seus clientes: uma loja de roupas para gestantes. Distrair uma criança pode significar apenas instalar uma televisão e exibir alguns vídeos da Disney em um pequeno recinto, como fazem os hipermercados franceses. Eu me surpreendo sempre ao ver que, dentre todos os lugares, as locadoras de vídeo freqüentemente deixam de exibir uma programação infantil em pelo menos uma televisão, deixando os pais livres para examinar os filmes alguns minutos a mais. Alguns brinquedos de plástico em uma área de $2m^2$ que a mãe ou o pai possam espiar de vez em quando podem ser suficientes em uma loja pequena. A Ikea é famosa por sua área infantil: a avalanche de bolas de plástico coloridas tornou-se um símbolo amigável. Não surpreende que uma rede sueca esteja na vanguarda em relação a esse assunto. Os europeus – e particularmente os escandinavos – são menos paranóicos com a segurança dos filhos e os deixam sob a guarda do pessoal da loja enquanto fazem compras. Alguns anos atrás, houve um rebuliço em Nova York quando uma jovem mulher dinamarquesa estacionou seu bebê adormecido no carrinho diante da janela de um restaurante e, depois, foi almoçar lá dentro, em uma mesa à janela. A polícia foi chamada, funcionários da proteção à infância surgiram e a mulher quase teve de enfrentar uma batalha pela custódia da criança.

Por qualquer que seja a razão, os pais norte-americanos *são* paranóicos em relação às crianças. Nos Estados Unidos, a Ikea teve de instituir uma identificação rigorosa dos adultos ao buscarem seus filhos na área de recreação. Muitos pais se recusam a deixar os filhos em áreas de recreação que não sejam visíveis do resto da loja o tempo todo. Alguns anos atrás, a Blockbuster construiu um engenhoso cinema *drive-in* para crianças, com vídeos em telões e carrinhos em que as crianças podiam sentar-se para assistir aos filmes. Infelizmente, ele foi posicionado em um canto logo antes da saída, deixando os pais nervosos. Falta aos americanos experiência com creches públicas. Assim, não surpreende que as crianças acabem vagando pelas lojas, bancos e outros estabelecimentos varejistas.

Há alguns anos, realizamos um estudo para o Banco Wells Fargo mostrando que 15% dos que entravam em suas agências tinham menos de 7 anos.

"Qual é sua ferramenta de vendas mais eficaz?", perguntamos a uma funcionária responsável por empréstimos. Ela abriu a gaveta da escrivaninha e apanhou um pirulito. Revelou que, em geral, podia contar com ele para ganhar dois minutos de conversa ininterrupta com um pai, que era tudo o que ela precisava. O banco também oferece um álbum de colorir com um filhote de cão que mora em uma agência da Wells Fargo. Isso e alguns lápis de cera podem resultar em um empréstimo para a compra de uma casa nova em folha, sem dúvida. Em Nova York, o Citibank edita um livro de passatempos para crianças. Em ambos os casos, os bancos estão comprando sossego hoje e, dada nossa veneração pelas experiências felizes da infância, clientes fiéis amanhã.

O projeto de uma boa área, que não seja um mero cercado, para crianças deve seguir alguns princípios. As linhas de visão devem permitir aos pais verem os filhos a qualquer instante, de modo que o local deve estar em uma área aberta, sem nenhuma parede ou obstáculo à frente. Deve ser grande o suficiente. O ideal é que permita separar crianças de diferentes idades. Caso contrário, as crianças mais velhas sempre dominarão, tornando desagradável a experiência das menores que interagirem com elas.

As revendas de automóveis são péssimas para distrair crianças. O que é desapontador, quando se pensa a respeito, pois as crianças são propensas a gostar de automóveis – pelo menos os de brinquedo. Muita coisa poderia ser feita, mas o ramo dos automóveis está muito atrasado nas vendas. Como resultado, comprar um automóvel é bem mais difícil para as famílias do que seria necessário. Enquanto nenhuma revenda de automóveis atacar o problema, todas estarão seguras. Mas, no momento em que a Ford ou a Chrysler passarem a reconhecer a realidade das crianças nas revendas, as concorrentes serão forçadas a reagir.

No Japão, a Nissan dividiu suas revendas em duas categorias – Azul e Vermelha –, cada uma vendendo diferentes linhas de automóveis. Ambas dispõem de um lindo mostruário de miniaturas na frente da loja que reproduzem todos os modelos à venda no momento. Como muitas das lojas são pequenas e não dispõem das imensas áreas de estacionamento comuns nos Estados Unidos, as miniaturas servem como uma forma fácil de se fazer uma pré-seleção. Tentei convencer a Nissan a ter uma grande quantidade de miniaturas em estoque para que fossem distribuídas como os bancos distribuem pirulitos. É uma boa prática, barata e serve como ação promocional instantânea. E, no século XXI, até mesmo um garotinho de 6 anos tem voz ativa na compra do automóvel da família.

Outro local no qual as crianças precisam ser distraídas é a área de espera das farmácias. Ali, entre adultos doentes esperando as receitas serem aviadas, a exuberância infantil perde o encanto. Muitas daquelas crianças provavelmente estão elas próprias doentes, o que piora sua disposição. As drogarias poderiam facilmente espalhar brinquedos ou álbuns de colorir com lápis de cera perto da área de espera, criando uma vizinhança eficiente. Eis outra ótima maneira de distrair as crianças: dê-lhes algo para comprar enquanto os pais fazem o mesmo alguns metros adiante. Dada a quantidade de pais que recorrem ao suborno para acalmar os filhos, essa poderia ser uma estratégia inteligente. Como as mulheres ainda realizam a maior parte das compras, faz sentido exibir produtos para crianças perto das seções visitadas por suas mães. Será isso exploração infantil ou um favor para as mães? Talvez ambas as coisas.

* * *

Alguns anos atrás, li uma reportagem sobre uma loja de conveniências que estava tendo problemas com adolescentes que vadiavam no estacionamento à noite. Contratar um guarda de segurança para postar-se ali e espantar os adolescentes seria uma solução cara. Portanto, eis o que a loja fez: passou a tocar o som suave e careta de Mantovani pelos alto-falantes. Os adolescentes sumiram.

Os adolescentes ainda são suficientemente jovens para serem dominados pela imagem, com toda a bajulação da propaganda, marketing da identidade, mensagens pela mídia, tendências e rótulos. Eles ainda acreditam no poder de uma marca de conferir status, serenidade, carisma, conhecimento. Eles constroem suas identidades pelas opções de compras que fazem – eles são muito parecidos com os adultos da década de 1950, antes que nos tornássemos tão críticos em relação aos vendedores de imagens. Os adolescentes também têm menos opções de mídia que os adultos, de modo que as mensagens os atingem de forma concentrada. Eles adoram explorar o mundo em busca de ícones ou quaisquer outras pistas de que algo – algum produto ou loja – esteja voltado para eles. Eles fogem do som ambiente como se fosse uma peste, enquanto nós conseguimos tolerar quase tudo.

Poderiam ser alvos razoavelmente fáceis no mercado, mas eles também têm algumas limitações intrínsecas. Em um estudo de como são vendidos jeans, observamos um padrão estranho nas compras feitas por adolescentes. Em grupo, eles gastavam um tempo relativamente longo na seção de jeans (3 minutos e 52 segundos), comparados com aqueles acompanhados dos pais (2 minutos e 32 segundos). Os adolescentes em grupo examinavam um terço a mais de produtos. Mas a porcentagem de adolescentes com pais que compravam jeans era quase o dobro, 25% contra 13% de adolescentes em grupo. Até que percebemos o motivo. Eles vêm com os amigos para olhar, para a pré-compra, por assim dizer. Após terem feito suas escolhas e obtido a aprovação de uma banca de colegas, eles retornam com mamãe ou papai, os donos da carteira de dinheiro, e fazem uma transação rápida, para evitar a humilhação de serem vistos em público comprando roupas com seus antigos guardiões.

Será que isso é uma indicação de que o comércio em geral e os bancos em particular poderiam atender melhor o público jovem? Que tal implantar um sistema de depósito direto da mesada, acessível por caixa eletrônico/cartões de débito? Será que algum varejista ainda oferece o *layaway** e será que esse sistema voltará a ser comum, mas direcionado aos jovens? Prestei consultoria ao Crédit Agricole, uma instituição financeira francesa que está testando um projeto de agências para clientes adolescentes e na faixa dos vinte e poucos anos – o banco da Geração Y.** Não terá a aparência nem a

* *Nota do Tradutor*: Sistema de compra em que se paga um depósito para reservar um produto, que só é entregue após o pagamento final.

** *Nota do Tradutor*: Geração, especialmente de americanos e canadenses, que compreende as pessoas nascidas entre o começo dos anos 80 e o final dos anos 90.

linguagem de um banco. Todo o design, material gráfico, horário de trabalho, empregados e música ambiente refletirão seu público-alvo. Nas agências, serão promovidos seminários em que serão abordados temas como o aluguel do primeiro apartamento, financiamento de motocicletas etc.

Essa é uma abordagem inteligente – lembre-se de que se trata de apenas um dos ramos de um negócio muito maior –, pois reconhece o fato de que um produto ou serviço voltado para os shoppers jovens será inacessível ao resto de nós. A Clarion – marca de cosméticos da Procter & Gamble – não existe mais, mas foi por algum tempo pesadamente promovida. Foi usuária prematura de displays interativos. As mulheres digitavam certas informações sobre cor e tipo de pele e o computador informava que produtos Clarion comprar. Entretanto, por alguma razão, os aparelhos gradualmente migraram para as prateleiras inferiores, na posição perfeita para garotas adolescentes. Elas retribuíram o favor usando avidamente os computadores. Quando as mulheres adultas viram isso, naturalmente acharam que a Clarion era destinada a principiantes e se afastaram. Assim, selou-se a reputação de Clarion e, em pouco tempo, a marca foi retirada do mercado.

IV

Veja-me, sinta-me, toque-me, compre-me: a dinâmica das compras*

Nota do Tradutor: Alusão à canção do *The Who* que diz: "*See me, feel me, touch me, heal me*" (Veja-me, sinta-me, toque-me, cure-me).

Até agora, vimos tudo que precisa ser feito para tornar os ambientes varejistas amigáveis aos usuários. As exigências da anatomia precisam ser respeitadas apenas para viabilizar as compras. É preciso adaptar-se às diferenças comportamentais entre os sexos e as faixas etárias; caso contrário, as lojas, os restaurantes e os bancos serão mais adequados a um ser humano genérico – sem sexo e sem idade –, o qual não existe. Uma vez considerado tudo isso, as coisas começam a se tornar desafiadoras. O terceiro aspecto da ciência das compras é onde encontramos a maior parte da negociação, as idas e vindas – o romance, se podemos chamá-lo assim. O varejo, segundo tudo que sabemos a respeito do assunto, permanece um mistério. Por que alguém entra em uma loja pensando em Hewlett-Packard e sai levando uma Canon? (Ou vice-versa?) O que induz alguém que resolve matar alguns minutos em uma butique a sair com o bolso $1 mil mais vazios, mas se sentindo mais fashion, mais bonita do que nunca? Sim, a resposta simples é que ela encontrou o que queria, mas não há explicação fácil de por que *aquilo* aconteceu. As boas lojas travam um tipo de judô varejista. Elas usam o impulso do próprio shopper, suas inclinações e desejos em grande parte velados, para movê-lo em uma direção talvez não-planejada e, muitas vezes, despercebida. No final, não basta que os produtos estejam ao alcance do shopper. Ele precisa querer alcançá-los. E, ao alcançá-los, precisa então querer possuí-los, ou todo o seu esforço terá sido em vão. Em meio a tanta ciência, descobrimos que, no final, é o amor que faz o mundo do varejo girar. O que os shoppers amam? Descobrimos algumas coisas importantes. Por exemplo:

Tato. Vivemos em uma sociedade destituída do tato e as compras são uma das poucas chances de experimentar livremente o mundo material em primeira mão. Quase todas as compras não-planejadas resultam de tocar, ouvir, cheirar ou provar algo no ambiente de uma loja, razão por que o posicionamento de produtos no ponto-de-venda pode ser mais poderoso do que o marketing e também por que a internet, catálogos e compras pela televisão prosperarão e complementarão, mas nunca desafiarão seriamente as lojas da vida real.

Espelhos. Fique de pé e observe o que acontece em qualquer superfície refletora. Nós nos arrumamos como chimpanzés, homens e mulheres igualmente. O auto-interesse é um dos pilares de nossa espécie. Seja fazendo compras, seja recorrendo à cirurgia estética, importamo-nos com nossa aparência. Como dissemos, espelhos detêm os shoppers em seu caminho, o que é ótimo para qualquer mercadoria que esteja em exposição naquele local. Mas mesmo em torno de itens usados no corpo, como roupas, jóias e cosméticos, onde os espelhos são ferramentas de vendas básicas, as lojas deixam de fornecê-los em número suficiente e raramente os colocam no lugar certo.

Descoberta. Poucas coisas são mais gratificantes do que entrar em uma loja, captar o aroma (metafórico) de algo que estivemos procurando e, depois, descobrir onde está escondido. O excesso de sinalização e propaganda na loja tira toda a aventura da viagem de compras; as lojas não devem ser deliberadamente confusas ou obscuras, mas devem seduzir os shoppers pelos corredores com sugestões e alusões ao que os aguarda adiante. O cheiro de pão quentinho pode ser suficiente para atrair os shoppers de um supermercado à seção de padaria; uma foto grande e bonita de um homem charmoso no estilo de James Bond envergando um smoking bege traz mais níveis de informação do que o mais explícito letreiro "Trajes a rigor" pode transmitir.

Conversa. Lojas que atraem montes de casais, amigos ou grupos de shoppers geralmente fazem bem. Se você conseguir criar uma atmosfera que estimule a discussão de um traje, digamos, ou um telefone, a mercadoria começará a se vender sozinha.

Reconhecimento. As pessoas querem ir para onde todos saibam seus nomes. Esse é um campo de batalha em que a pequena loja local pode competir com as redes nacionais. Dada a opção, as pessoas comprarão onde se sintam desejadas e, geralmente, pagarão até um pouco mais pelo privilégio. Mesmo as menores lojas podem desenvolver a fidelidade de seus clientes, fazendo um monitoramento das compras de seus shoppers e, quando apropriado, oferecendo descontos especiais. Nossos estudos mostram que *qualquer* contato iniciado por um funcionário da loja – e isso inclui até um "olá" – aumenta a probabilidade de o shopper adquirir algo. Se o vendedor sugerir algumas coisas ou oferecer informações, as chances aumentarão ainda mais. É claro que os shoppers não gostam de vendedores insistentes, portanto há um limite nessa abordagem.

Pechinchas – Isso parece óbvio, mas vai além da simples redução de preços. Na Victoria's Secret, por exemplo, as roupas íntimas costumam ser empilhadas em um tabuleiro em que cinco pares são vendidos a $20, o que parece uma oferta bem melhor do que os $5 normalmente cobrados por um par. Até nas lojas mais caras, os mostruários de itens em promoção são avidamente explorados pelos shoppers. Mesmo assim, embora as pessoas esperem certa aglomeração em torno do tabuleiro de ofertas, não morderão a isca se o desconforto físico tornar-se ostensivo demais. Eles sacarão uma blusa de uma pilha lotada de itens com desconto, mas, se não houver espaço para recuar e examiná-la tão detidamente como fariam com a mercadoria de preço normal, não a comprarão.

Por outro lado, os shoppers tendem a odiar:

Espelhos demais. Uma loja não deve assemelhar-se a um salão de espelhos de parque de diversões. Em certo ponto, todo aquele vidro acaba desorientando.

Filas. Além de detestarem esperar, os shoppers também detestam sentir emoções negativas enquanto esperam, como frustração diante da ineficiência dos caixas, ansiedade por não estar na fila mais rápida ou tédio por não haver nada para ler, observar ou comprar enquanto esperam. A memória de um bom passeio de compras pode ser apagada por uma experiência ruim na fila do caixa.

Fazer perguntas tolas. Novos produtos em especial devem estar expostos onde os shoppers possam examiná-los, e não atrás de um vidro.

Além disso, deve haver letreiros, folhetos, vídeos ilustrativos, artigos de jornais, displays falantes o suficiente e o que mais for necessário para os shoppers se informarem antes de fazer uma pergunta. Quando as lojas procuram tornar acessíveis produtos novos ou complicados, as vendas sempre aumentam.

Agachar-se. Ou dobrar as costas, especialmente quando as mãos estão ocupadas. É um desafio abaixar-se e pegar alguma mercadoria. Os shoppers desistirão, calculando que provavelmente será mais fácil fazer aquela aquisição em outra loja.

Produtos em falta. Auto-explicativo.

Etiquetas de preços obscuras. Idem.

Serviço intimidador. Também serviço rude, lento, desinformado, burro, distraído, preguiçoso, mal-humorado. Provavelmente, a melhor propaganda boca a boca é: "Eles são tão legais naquela loja!" Quando o atendimento é ruim, os shoppers acabam achando outra loja. Além disso, o atendimento ruim quase sempre neutraliza uma boa mercadoria, um bom preço e um bom local. Por mais prática que a atividade de compra se afigure, os sentimentos sempre vêm em primeiro lugar e ser bom é sempre melhor do que ser ruim.

Nos capítulos seguintes, discutiremos talvez a mais poderosa indução às compras: a oportunidade de tocar, experimentar, provar, cheirar e de outras formas de explorar o mundo de objetos desejáveis e como a justaposição engenhosa desses objetos pode, às vezes, fazer toda a diferença do mundo. Veremos como não só as mercadorias, mas também os mostruários, que determinam o que é observado ou ignorado. Discutiremos como os varejistas podem manipular mesmo nossa percepção do tempo a fim de controlar a experiência de compra. Veremos também o que pode parecer a antítese da compra sensorial: o futuro do varejo na internet.

CAPÍTULO 12

O shopper sensorial

Esta poderia parecer uma pergunta estranha feita por qualquer um em qualquer momento, especialmente surgindo aqui e agora, neste estágio avançado de uma investigação como a que estamos conduzindo. Mas, de qualquer modo, tenho de fazê-la: o que é fazer compras?

Não me refiro ao ato mecânico de comprar, que é entrar em um local público em que produtos são mantidos até serem trocados por dinheiro. Definitivamente, não me refiro ao que seja varejo, comércio ou troca.

Refiro-me ao ato de fazer compras. Quem as faz e de que forma? Como uma pessoa realiza atividade de compras?

Com vista à nossa discussão, estipulemos que fazer compras é mais do que a simples e dócil aquisição do que é absolutamente necessário à vida de alguém. É mais do que "apanhar e ir embora". Você precisa de cereal, vai até a seção de cereais, apanha os cereais, paga pelos cereais e tchau. O tipo de atividade a que me refiro envolve experimentar a parte do mundo que se supõe à venda, usando nossos sentidos – visão, tato, olfato, audição – para escolher ou rejeitar este ou aquele produto (ou rejeitar tudo, suponho) com base em... alguma coisa. É o aspecto sensorial do processo de tomada de decisões que é mais intrigante, pois de que outra forma experimentaríamos algo? Mas ele é crucial nesse contexto, porque praticamente todas as compras não planejadas, e também muitas planejadas, resultam de o shopper ver, tocar, cheirar ou provar algo que promete prazer, até mesmo a realização total.

Quero repetir isto por julgá-lo fundamental: compramos coisas hoje em dia mais do que nunca baseados na experimentação e no toque.

Ora, por que alguém desejaria tocar algo antes de comprar? Há várias razões práticas, a mais óbvia é que, se as qualidades táteis de um produto são sua característica mais importante, é preciso saber qual a sensação de toque. Por exemplo, gostamos de apalpar toalhas antes de comprá-las; em um estudo que realizamos, as toalhas são tocadas em média por seis diferentes shoppers antes de serem compradas. (Esta é a razão pela qual você deve lavar as toalhas novas antes de usá-las.) Artigos de cama também passam pelo mesmo escrutínio. A sensação de maciez dos lençóis é sua essência. E roupas – precisamos afagar suéteres e camisas, especialmente, mas a maioria do vestuário enquadra-se nessa categoria. Acho que os fabricantes de cuecas masculinas estão perdendo oportunidades ao encerrar o produto dentro de uma embalagem de plástico. Nenhuma roupa íntima feminina é vendida dessa maneira, por uma boa razão. As mulheres querem testar qualquer coisa que estará em contato com a pele. Os homens contemporâneos também testariam se alguém lhes desse a chance.

Existem também produtos não-têxteis que entram em contato com nosso corpo e que, portanto, desejaríamos tocar, como loções e cremes hidratantes, batom, maquiagem, desodorante, talco, apenas para citar alguns itens dos corredores de saúde e beleza. Você precisa tocar um objeto que será segurado, carregado ou manejado de alguma maneira. Um martelo, por exemplo. Você precisa levantá-lo para saber se é apropriado. O mesmo vale para uma bolsa, pasta ou maleta. Um guarda-chuva, uma faca, uma espátula ou um pegador de gelo. Qualquer coisa que você leve consigo o dia todo, como uma carteira. Olhar dá uma boa idéia de qual será a sensação, mas nada substitui as mãos.

Mas o que seria dispensável ao toque? Lâmpadas, ninguém *toca* em lâmpadas. Mas até lâmpadas exigem ser experimentadas. Você pode comprá-las em uma embalagem no supermercado ou penduradas de uma estante na loja de ferragens. Ou você pode ir a uma grande loja de iluminação e ver todas aquelas lâmpadas em ação, brilhando agradavelmente dentro de luminárias. Em sua opinião, que método vende mais lâmpadas, sobretudo lâmpadas caras?

Nesses casos, a regra básica é, geralmente, que os shoppers querem gastar tempo investigando e avaliando os produtos com os quais têm alto nível de "envolvimento", ou seja, produtos que oferecem possibilidades ou convidam à comparação. No supermercado, por exemplo, talvez você queira experimentar uma nova marca de ketchup ou queijo ou uma variedade cara de maçã ou pêssego antes de comprar. Por alguma razão, os produtores de molhos parecem estar sempre realizando testes de sabor de novas variações. Ninguém precisa testar o gosto de uma Budweiser, mas, se você vai comprar aquela nova cerveja belga ou uma cerveja polonesa, vai querer ter uma prova antes. E quanto ao açúcar? Perda de tempo. Açúcar é açúcar. Idem para o óleo vegetal, embora as pessoas provem azeite como se fosse vinho fino. Vinagre aromático de 20 anos sempre será um item especial, mas, se as lojas deixarem experimentar um pouco, você não hesitará em comprar. Leite? Contanto que esteja em local refrigerado e dentro de data de validade, você estará convencido.

Quase 90% dos novos produtos alimentícios fracassam, não porque as pessoas não tenham gostado deles, mas porque nunca os experimentaram. Em minha opinião, o lançamento de um novo produto que não inclua um esforço com boa verba e pleno apoio de marketing e de anúncios para oferecer amostras aos shoppers não é uma tentativa séria. Os cigarros podem ser nocivos, mas as empresas de tabaco descobriram um bom método de oferecer amostras: rapazes e moças bonitas em esquinas oferecendo amostras grátis. Mesmo os não-fumantes as apanhavam, não querendo rejeitar uma oferta tão gentil. Talvez tenhamos de treinar aqueles jovens para oferecer alimentos no supermercado.

É claro que um esforço combinado de marketing e de *sampling* (distribuição promocional de amostras) precisa escolher o público-alvo adequado. Nos primórdios da pipoca de forno de microondas, fomos contratados pela General Mills para ajudar a expandir o mercado de seus produtos. "Quais são seus shoppers atuais?", perguntamos. A resposta: "Sessenta e quatro por cento são mulheres". Isso, em parte, ocorria porque, naquela época, os homens ainda não haviam descoberto a facilidade da culinária de microondas e, em parte, porque a maioria das campanhas de marketing, dos comerciais de televisão e dos anúncios impressos era voltada à programação e à mídia femininas.

"Quem vocês querem atingir com a campanha de *sampling*?", perguntamos. "As mulheres, claro", foi a resposta. Aliás, uma resposta errada. Eles já haviam atingido uma parte substancial do mercado feminino. Além disso, quando se pensa em pipocas para microondas, fica evidente que são perfeitas para os homens. Não há coisa mais fácil de se preparar. Elas são um aperitivo salgadinho e os homens são shoppers sugestionáveis e impulsivos que podem ser convencidos a experimentar quase tudo. O produto era vendido em pacotes de seis por cerca de $4. Para direcioná-lo aos homens, sugerimos um compromisso menor – um pacote de duas embalagens por $1 e anúncios nas transmissões esportivas de hóquei sobre o gelo.

Quando vamos além dos alimentos, o envolvimento com o produto cai. Estou convencido de que há lugar no mercado para papel higiênico sofisticado. As pessoas gostariam mais se fosse possível mostrar-lhes a diferença nas dependências do supermercado, mas aí está o problema. Os fabricantes de sacos plásticos para alimentos, papel-alumínio e sacolas de lixo sentem grande frustração nesse ponto. A maioria dos shoppers leva o produto mais barato e é quase impossível convencê-los de que faz sentido comprar uma sacola de lixo melhor, e mais cara. Por que gastar mais se apenas seu lixo notará a diferença?

Os supermercados estão sabiamente tentando ser mais propícios às compras sensoriais. Agora, os melhores têm padarias no recinto, que enchem o ar de um cheiro fresco e caseiro. Mesmo que esteja na seção de vitaminas, quando o aroma o atingir, sem perceber, você seguirá a trilha olfativa até o balcão. De repente, estará pensando: "Preciso de pão!" E mais importante: aquele cheirinho gostoso deixará suas glândulas salivares funcionando, o que resulta em um aumento das vendas. As lojas imitaram a Starbucks e começaram a preparar e vender em xícaras os grãos de café caro que vendem a granel, outra forma de pôr em funcionamento o potencial sensorial de um produto.

Aromas são a nova fronteira do marketing. Martin Lindstrom, um proeminente autor e consultor, ajuda as empresas a ter aromas como marca. Em seu livro *Brand Sense*, ele descreve os lugares especiais que as fragrâncias ocupam na memória, seja com o Play-Doh, uma massinha para crianças, o xampu de bebês Johnson's ou uma cheiradinha de pura baunilha. Da mesma forma que um filhote de animal reconhece o odor de sua mãe, também os humanos estabelecem laços íntimos com aromas.

Em abril de 2007, visitei o protótipo de uma nova loja da Comissão de Bebidas da Nova Escócia, em Halifax, no Canadá. A loja estava dividida no que eles consideravam preferências por idade e cada seção tinha um odor característico que era alimentado pelas canaletas de ar. Havia uma seção com um cheiro adocicado e frutado para os bebedores com menos de 30 anos que gostavam de tomar, de um só gole, bebidas fortes em cálices, como tequilas e vodkas aromatizadas. Ao lado, uma seção de uísques para paladares maduros (o aroma ambiente era de defumados e mais sofisticado). Em seguida, havia grandes coleções de vinhos concebidas para grupos de shoppers específicos; as fragrâncias eram diferentes, dependendo da variedade da uva e da safra. Assim como nossos olhos envelhecem com o tempo, o mesmo ocorre com nossos sentidos do paladar e do cheiro. Adoro um anúncio de uísque escocês que, certa vez, vi em um cartaz, em um abrigo de um ponto de ônibus de Nova York. O anúncio dizia: "Um dia você também acreditou que as meninas fossem repulsivas." Não é por acaso que as crianças adoram cheiros e paladares doces e, à medida que envelhecemos, passamos a apreciar aromas mais amargos.

Na nova loja de produtos eletrônicos da Best Buy que abriu perto da Columbus Circle, em Nova York, no outono de 2007, a seção de eletrodomésticos tinha cheiro de roupa passada a ferro. Hoje em dia, a dispersão de aromas é feita mecanicamente. Mas tudo tem limite. Será que começaremos a sentir cheiros como o de essência de bife na chapa, ou de bacon e ovos na seção de congelados do supermercado? Eu gostaria disso. Certamente, mais carne seria vendida, mas os aromas acrescentariam outra coisa ao ambiente mais amplo da experiência de compra. Eles se tornariam uma jornada sensorial, e não apenas mais uma visita ao supermercado. O problema é que o que é perfume para um poderá ser fedor para outro. Tenho uma amiga italiana que abomina o cheiro de laranja, a ponto de proibir que alguém entre com o suco da fruta em seu escritório. O cheiro de carne no espeto pode levar muita gente a salivar, mas, para um vegetariano, pode ser enjoativo.

Na Inglaterra, agora, algumas lojas de roupas infantis canalizam talco para bebê pelos dutos de ar, para lembrar aos shoppers o cheirinho agridoce dos recém-nascidos, talvez o mais fortemente evocativo de todos os perfumes. Quando sugerimos aos fabricantes norte-americanos de talco para bebê que adicionassem cheiro às embalagens, eles recuaram, temerosos de que os gerentes das lojas banissem qualquer produto que ameaçasse contaminar os recintos esterilizados e inodoros do supermercado. É verdade que, com exceção dos corredores de produtos agrícolas, os supermercados não têm a tradição de alimentar nosso desejo de estímulo sensorial, de olfato, paladar, tato ou mesmo visão. Eles estacionaram no início da década de 1960, época dos alimentos congelados, enlatados, processados, salgados, embalados e do ideal de limpeza absoluta e sem germes.

Gostaria que um deles instalasse uma grande cozinha aberta, como aquelas que se vêem nos programas de culinária da televisão, em que o mestre-cuca da loja pudesse preparar guloseimas e oferecê-las, junto com suas receitas, aos shoppers. Imaginem se o gerente anunciasse pelo alto-falante: "Atenção, todos os nossos clientes! Nos próximos 15 minutos, na seção de congelados... sorvete de maracujá grátis!" Que tal um DJ e uma pista de dança na seção de produtos agrícolas, um espetáculo de marionetes no corredor de cereais, um trio de jazz ou o coral da escola na saída? É possível trazer um pouco mais de vida a uma loja que é o ápice do puritanismo nas compras.

Tocar e provar também são mais importantes do que nunca no mundo das compras, devido às mudanças no funcionamento das lojas. Antigamente, os proprietários das lojas e os vendedores eram nossos guias às mercadorias que vendiam. Eles tinham conhecimento bastante e havia um número suficiente deles para atuar como intermediários entre o shopper e as mercadorias. Podíamos seguir os conselhos do balconista porque ele acertara tantas vezes antes. Isso foi, não por coincidência, no tempo dos grandes armários de madeira com frente de vidro, atrás dos quais os produtos ficavam expostos, no apogeu da loja de ferragens, do armarinho e das vendinhas do interior, quando o espaço era claramente dividido entre os shoppers e os funcionários da loja.

Atualmente, a escola da "venda aberta" de mostruário expõe quase tudo em locais onde possa ser tocado, cheirado e provado sem a mediação de vendedores. Em 1960, 35% de uma loja normal da Sears destinavam-se ao depósito; agora, são menos de 15%. Hoje, é quase inútil perguntar ao vendedor se um item que você deseja está guardado no fundo da loja. É bem provável que não exista parte dos fundos. Tudo está nas prateleiras ou nas pequenas estantes, abaixo ou acima. É uma inovação brilhante. De que adianta um produto estar guardado? Você só conseguiria comprá-lo se encontrasse um vendedor. E, se houver poucos vendedores, poucos vendedores instruídos ou poucos vendedores prestativos? Faz todo sentido deixar tudo exposto da forma mais convidativa, atraente e convenientemente possível e, depois, deixar os shoppers e seu bom senso descobrirem as coisas por si.

Outra razão pela qual tocar e provar se tornaram tão importantes é o poder cada vez menor da marca do produto. Quando os consumidores acreditavam nas empresas por trás das grandes marcas, essa crença contribuía significativamente para vender produtos. Já não é mais assim. Eis um exemplo extremo, mas revelador. Em um estudo que realizamos para uma marca norte-americana de produtos para a pele e os cabelos, descobrimos que, de todos os grupos étnicos, os asiáticos norte-americanos eram mais agressivos em abrir uma embalagem e tocar nas loções, sabões e xampus. Na verdade, 23% deles rasgavam as caixas ou abriam os vidros para testar a viscosidade e o perfume dos produtos. Claramente, isso se devia ao fato de que a marca, embora gastasse milhões em anúncios e mídia, ainda não conquistara o reconhecimento instantâneo e a fidelidade entre um importante e crescente segmento étnico.

Quanto a isso, somos todos shoppers pós-movimento de defesa do consumidor. Só acreditamos depois de ver, cheirar, tocar, ouvir, provar, experimentar. Dependendo do que estamos comprando e do preço, há um ceticismo saudável (ou será uma dúvida insistente?) em nossa cabeça, que precisa ser acalmada, para que compremos com tranqüilidade. Precisamos sentir o valor e certo nível de confiança em um produto que só advêm de provas concretas, e não de comerciais de televisão ou recomendações verbais. É chocante quão pouco as lojas parecem entender algo tão simples. Fizemos inúmeras pesquisas no varejo de computadores e, várias vezes, deparamo-nos com grandes seções de impressoras em exibição, mas apenas algumas realmente ligadas, supridas de papel e funcionando, embora seja fácil fazer testes com a maioria das impressoras.

Não é somente em relação a itens caros, como automóveis, aparelhos de som ou ternos de grifes famosas, que precisamos obter confiança. Realizamos um estudo sobre o design de uma banca de jornais que pretendia incluir uma geladeira de refrigerantes. O projeto escondia discretamente a geladeira sob o balcão, permitindo apenas a exibição de latas vazias para mostrar aos shopers o que estava disponível. Logo constatamos que era um sistema pouco convincente. As pessoas não acreditam que os refrigerantes estejam gelados se não puderem ver a fina camada de gelo nas latas. Nesse caso, como em outros, a necessidade de prova parece instintiva. Quando as latas foram colocadas de forma visível dentro da geladeira, montes de refrigerantes estupidamente gelados foram vendidos. As lojas de conveniência são mestres nisso. Elas ensinaram aos supermercados que os shoppers preferem refrigerantes ou cervejas geladas, ainda que não pretendam bebê-las no local. Cerveja quente *parece* antinatural.

Grande parte de nossa experiência pioneira das coisas do mundo advém das compras. A que lugar vamos com a intenção específica de examinar objetos? Aos museus, é claro, mas ai de quem tocar em algo fora da lojinha de lembranças, um ambiente varejista. Somente as lojas são plenas de oportunidades de exploração tátil e sensorial. Mesmo que não precisássemos comprar coisas, precisaríamos sair de casa para tocá-las e prová-las de vez em quando.

O exemplo mais autêntico que conheço de um ser humano fazendo compras decorre da observação de uma criança passar a vida tocando em absolutamente *tudo*. Você observa essa criança fazer compras de informação, compreensão, conhecimento, experiência, sensações. Especialmente sensações. Caso contrário, por que ela precisaria tocar, cheirar, provar ou ouvir algo duas vezes? Continue olhando. Observe um cão. Observe um besouro. Você diria que aquela formiga está procurando alimento. Eu digo que está fazendo compras.

Se você continua não acreditando nisso, vá ao local de um produto não muito associado a cheiro, tato ou qualquer outra experiência sensorial: uma livraria. Ali, você verá shoppers afagando, esfregando, levantando e experimentando de outras formas a natureza física de um produto em que nenhum atributo físico, a não ser, talvez, o tamanho da fonte, tem a ver com o prazer. Contudo, de modo incontrolável, nós tocamos. Somos animais como quaisquer outros e, não obstante todos os nossos poderes de imaginação, conceituação, intelectualização, racionalização e visualização, nós, criaturas físicas, experimentamos o mundo apenas mediante nossos cinco sentidos. E talvez, se essa for sua inclinação, nosso sexto sentido – o sentido do mundo e o metassentido, o sentido que sente o que não pode ser sentido. O mundo e todo o seu conteúdo nos atingem e estimulam através de nossos sentidos e nós reagimos. É tão fundamental nossa capacidade e necessidade de sentir que, mesmo diante de algo que não podemos conhecer através dos sentidos, falamos dele como se pudéssemos fazê-lo.

Está vendo o que quero dizer? Isso soa correto? Você sente que estou com razão? Ou minha história não cheira bem?

Eis a razão final pela qual o tato é tão importante. Quando um shopper passa a possuir um item? Tecnicamente, é claro, no instante em que o item é trocado por dinheiro na caixa registradora. Mas o caixa é a parte menos agradável da loja; ninguém está saboreando a posse naquele momento. Na verdade, tudo o que se experimenta é perda de dinheiro e agonia de esperar na fila, de aguardar a aprovação do cartão de crédito, de esperar o atendente a enfiar o produto na sacola para você poder ir embora. Então, onde se materializa o sentimento de posse? Sem dúvida, a posse é um processo emocional e espiritual, não técnico. A posse começa quando os sentidos do shopper se acoplam ao objeto. Começa nos olhos e, depois, no tato. Uma vez que o produto esteja em sua mão, em suas costas ou em sua boca, pode-se dizer que você começou o processo de apropriação. Pagar por ele é um mero detalhe técnico. Então, quanto mais cedo um produto for colocado nas mãos do shopper ou quanto mais fácil for para ele experimentá-lo, mais facilmente ele mudará de proprietário, do vendedor ao comprador.

Isso é fazer compras.

Assim, o princípio parece bastante simples. Os shoppers querem experimentar a mercadoria antes de comprá-la. Portanto, a principal função de uma loja é estimular o contato shopper/mercadoria. As lojas deveriam implorar às pessoas para que tocassem ou experimentassem as coisas, embora, com freqüência, elas dificultem ao máximo essa tarefa. Não importa se estamos falando sobre teclados para computadores, duchas massageadoras ou um novo sabor de gelatina. Se um produto faz algo, deveria fazê-lo na loja. Se tem gosto, os shoppers deveriam poder prová-lo. Se tem um cheiro, os shoppers deveriam poder senti-lo. Na verdade, mesmo que seu cheiro não tenha nada a ver com seu propósito, deveria ser permitido senti-lo, pois, às vezes, o uso básico do produto não tem nada a ver com o modo como será experimentado.

Por exemplo, o que os aparelhos de ar-condicionado prometem fazer? Refrigerar os aposentos. Como sabemos que cumprirão a promessa? Perguntamos aos amigos, lemos uma revista especializada ou confiamos na opinião do vendedor. Não se consegue saber olhando-o ou mesmo ligando-o na loja refrigerada. Portanto, na ausência de provas concretas, você compra a marca que está acostumado a comprar ou a que está em promoção. Mas há outro aspecto em pauta: como soa aquele ar-condicionado? Precisamente pelo fato de que ar fresco *é* ar fresco, o som faz diferença. Em última análise, é um dos poucos aspectos que distinguem um ar-condicionado de outro. Afinal, o aparelho vai zunir, ou estrepitar, em sua casa anos a fio. Em um verão típico, aposto que ouvirei três ou quatro conversas sobre os níveis de decibéis de aparelhos de ar-condicionado. É sobre isso que seres humanos reais se importam quando se trata de aparelhos de ar-condicionado, mas você não saberia avaliar essa característica durante o processo de compra. Os fabricantes e varejistas estão perdendo uma oportunidade. Talvez, se o vendedor fosse encorajado a girar alguns botões para mostrar como soam os aparelhos – este aqui, como um avião a hélice; aquele ali, como uma batedeira caindo aos pedaços, e este outro, mais caro, como um gatinho ronronando ao dormir –, você teria uma nova base, mais sólida, para preferir um ao outro.

O mesmo se aplica, até certo ponto, a todos os grandes eletrodomésticos: refrigeradores, lava-louças, aspiradores de pó, lava-roupas e secadoras, e mesmo alguns pequenos, como cafeteiras, processadores de alimentos ou abridores elétricos de latas. Podemos olhar a caixa e ver de um relance se é o que queremos. Podemos ler a folha de especificações para saber mais ou menos o que fará. Mas então poderíamos ao menos *ouvi-lo* em ação.

Eis outra forma como as lojas ignoram a questão crucial sobre nosso desejo de experimentar produtos. A julgar pela forma como os artigos de cama são embalados, parece que o aspecto mais importante é algo denominado "densidade de fios". O que é densidade de fios? Duvido que a maioria das pessoas saiba que diabos é isso, mas está lá, impresso em todas as embalagens de roupa de cama que você irá encontrar. Um expert em artigos de cama certamente sabe o que é densidade de fios. Seres humanos normais, porém, julgam um lençol, sobretudo, pelo seguinte fator: qual é a sensação ao toque? O problema é que a maioria dos lençóis é vendida em embalagens de plástico, que permitem ver, mas não tocar. Assim, você rasga a embalagem com a unha e, furtivamente, roça no tecido. Agora, se você decidir comprar, escolherá outra embalagem, porque quem deseja uma embalagem danificada (mesmo que o autor do dano tenha sido *você*)? De qualquer modo, você continua ignorando a sensação daquele lençol, devido ao que se conhece como "engomado". E o que é exatamente um engomado? Sei lá, mas você tem de lavar os novos lençóis; caso contrário, eles parecerão duros e ásperos. Por que os shoppers têm de tocar o lençol em seu pior estado possível? Em um grande empório de artigos de cama e banho perto de meu escritório, os lençóis expostos foram todos lavados até ficarem perfeitamente macios e, depois, pendurados em ganchos para que os shoppers saibam a sensação da roupa de cama depois que ela chegar em casa. E isso é tudo o que importa para as pessoas.

Talvez a arena mais óbvia para o ritual de tocar e provar sejam os artigos de vestuário. Atualmente, rara é a loja de roupas em que os shoppers não podem tocar ou acariciar as mercadorias, sejam meias de ginástica de $3 ou ternos elegantes de $1.000. Você continua não podendo ir ao Museu de Arte Moderna e tocar em um Picasso, mas pode ir às lojas Calvin Klein ou Giogio Armani e se esbaldar com obras-primas do vestuário *prét-à-porter*. Em sua maioria, os projetistas de lojas de roupas fazem todo o possível para que possamos tocar os artigos à venda. Mas, na hora de projetar as cabines de provas, mostram sua total ignorância a respeito do que acontece dentro daquela loja.

Qual é seu erro? Eles vêem as cabines dos provadores como toaletes sem a parte hidráulica. Vêem-nas como cabines em que os shoppers podem se despir, vestir a roupa em questão, sair para uma rápida e zelosa olhada em um espelho e, depois, trocar de roupa novamente. Eles projetam as cabines com todo o romance e *glamour* dos vestiários de piscinas públicas. Trata-se do aspecto mais equivocado de arquitetura e projeto das lojas, uma ocupação que, na melhor das hipóteses, consegue ser pouco sensível aos varejistas e shoppers. Os projetistas de loja são econômicos nas cabines de provas, talvez por não desejarem "desperdiçar" espaço ao tornar esses recintos grandes demais. Eles não querem estourar o orçamento em salas que nunca serão fotografadas pelas revistas de moda.

Na verdade, a cabine de provas pode ser mais importante do que o salão de vendas da loja. É uma verdade estabelecida que melhorar a qualidade das cabines do provador aumenta as vendas. Isso nunca falha. Uma cabine de provas não é apenas uma conveniência. É uma ferramenta de vendas, como um mostruário, vitrine ou propaganda. Ela é mais eficaz nas vendas do que tudo isso combinado, se usada apropriadamente. Sou um incansável visitante de provadores de uma loja se estiver nas proximidades. Se não houver perigo, pedirei até para dar uma olhada nas cabines femininas. A verdade é que eu poderia escrever um livro inteiro sobre o assunto. Há muito a ser dito a respeito. Eis uma fórmula que descobrimos após estudar várias lojas de roupas. A taxa de conversão dos shoppers aumenta 50% quando há contato iniciado por um vendedor e chega a dobrar quando, além disso, o provador é usado. Em outras palavras: um shopper que fala com vendedor e prova uma roupa é duas vezes mais passível de comprá-la do que aquele que não faz nada disso.

Ainda assim, realizamos um estudo para uma grande rede de lojas de roupas extremamente bem-sucedida cujos provadores eram deploráveis. Eram um grande corredor de pequenos cubículos despojados e ordinários com um único espelho mal iluminado no fundo. Nessa loja que avaliamos, quem compra algum produto gasta entre um quarto e um terço do tempo total dentro de cabines de provas. Em outras palavras, fica preso em um espaço mínimo com nada na cabeça, além do desejo de comprar algo que o embeleze. Em qualquer outro negócio, esse tempo seria cobiçosamente considerado "o encerramento", o momento crítico em que o shopper está vulnerável e pronto para morder a isca. Em uma revenda de automóveis, que não é um grande exemplo da arte do varejo, salas são reservadas justamente para coordenar esse momento crítico. Aqui, porém, não se fazia absolutamente esforço algum para tornar as cabines minimamente agradáveis ou para tornar a área propícia a se verem as roupas à melhor luz possível. Tampouco se aproveitava o momento para mobilizar todo o encanto e capacidade de servir da equipe de vendas. Penso em coisas simples, como o vendedor conduzir o shopper à cabine de provas, depois sair em busca de cintos que possam combinar com a calça, ou de uma camisa ou camiseta, já que muitas vezes o acessório certo vende o traje. Quando o shopper está na cabine de provas, seu espírito é totalmente de compras. Mas, em vez de tirar vantagem desse momento, a maioria das lojas o joga fora.

Na verdade, visitei o andar de alta-costura de uma grande loja de departamentos de Nova York e deparei com as mais horrendas cabines de provas de minha vida. Tapetes sujos, surrados, gastos, iluminação agressiva, desagradável. Os mesmos ganchos de parede que você encontraria em uma loja de descontos ordinária. Espelhos que distorcem o corpo da observadora, tornando-a mais gorda. Quando observei isso, uma vendedora sardonicamente retrucou: "Não é isso que todas as mulheres querem – quadris maiores?" A mobília ali deveria ser o que você desejaria para o quarto de seus sonhos. A iluminação deveria fazer todas as mulheres se sentirem maravilhosas. Na verdade, a iluminação deveria ter vários ambientes, para que você pudesse ver o aspecto de uma cor à luz do dia, sob luz fluorescente ou de velas. Os espelhos deveriam ser grandes, abundantes e de primeira. Deveriam ser como a moldura para um retrato lisonjeador, não um mero pedaço de vidro pendurado por grampos em uma parede de placa de reboco. Se houver espaço para uma pequena ante-sala, fora das cabines de prova, melhor. Uma shopper e seu acompanhante poderiam realmente examinar os produtos ali. Uma shopper poderia ver como a roupa lhe cai quando está sentada. Esse é um aspecto importante se o traje for para um jantar especial, por exemplo. E deveria haver flores novas, que indicam que alguém se preocupou com a sala hoje, não ontem, e essa é a mensagem apropriada.

Mesmo fora das cabines de provas, com freqüência, as lojas de roupas manejam muito mal algo tão simples como espelhos. Em geral, eles são escassos ou estão mal colocados. Deveria haver um espelho em que mercadorias pudessem ser provadas ou mesmo erguidas para simples inspeção. Se você pegar um item e puder ver em um instante como ele ficará em você, poderá comprá-lo. Se tiver de procurar um espelho, pelo menos algumas vezes, poderá desistir da compra. Se os chapéus estão aqui, o espelho dos chapéus deverá estar também aqui... não a um metro e meio de distância. Já vi vários departamentos de calçados de auto-serviço sem espelho algum no nível do chão – e sem cadeira alguma! Tudo isso parece simples. Por que tantos erros?

As cabines de provas devem ser em número suficiente e devem estar claramente sinalizadas, de modo que seja fácil achá-las, mesmo a distância. Quanto mais distantes das roupas, menos shoppers se darão ao trabalho de ir até lá. Alguém realmente determinado sempre achará uma cabine de provas, mas nenhuma loja pode contar apenas com os obstinados. Vimos lojas em que você tinha de atravessar todo o andar de vendas e, depois, subir ou descer alguns degraus para experimentar uma roupa. Isso é fatal. Em um estudo para uma loja de departamentos, nossas filmadoras de vídeo flagraram shoppers andando errantes, trajes na mão, procurando e procurando os provadores. Seu número era suficiente, mas elas estavam ocultas em cantos, com portas pequenas e simples, marcadas apenas com letreiros imperceptíveis. Encontrar uma cabine de provas não deveria ser um desafio.

Muito bem, e o que mais temos aqui? Um sujeito em uma loja de material de escritório de uma grande rede. Ele está procurando apontadores de lápis. Incrível que ainda existam nos dias de hoje. Vitrolas já saíram de moda, mas lápis e apontadores de lápis continuam a existir, graças à popularidade do Sudoku. Mas, como eu ia dizendo, os apontadores estão todos agrupados em uma prateleira. Uns poucos são de manivela, outros movidos à bateria e outros ainda são bem grandes, de ligar na tomada. Ele gira a manivela dos apontadores manuais para sentir como funcionam. Depois, pega um modelo à bateria e abre o compartimento para achar... nada. Finalmente, passa para os modelos de ligar na tomada, apanha-os também e, depois, olha em torno à procura de uma tomada. Nada. Ainda que tivesse encontrado uma bateria ou tomada, existe o pequeno problema dos lápis, pois não há nenhum à vista. Ele agarra um apontador e sai do corredor em busca de uma tomada, suponho, e talvez também de um lápis.

Será esse um esforço sério para vender apontadores de lápis? Claramente, deve haver uma diferença entre os apontadores; caso contrário, por que haveria tantas opções? Mas como esse pobre sujeito pode dar preferência a um e não a outro – ou escolher qualquer um – se não pode testá-lo? Parece a coisa mais simples do mundo prever o que os shoppers querem fazer e onde. Na ausência de um vendedor de apontadores, deixe que eu escolha sozinho. Mas lojas ruins erram o tempo todo, mesmo as grandes redes nacionais, sofisticadas e rentáveis. Naquela mesma loja, há uma estante de parede de 3m de altura onde estão expostas resmas de papel embaladas também em papel. Alguns papéis são baratos, outros mais caros... mas não há chance alguma de se ver ou tocar o papel à venda. Como resultado, cada quinto ou sexto pacote foi rasgado para um exame furtivo por algum shopper frustrado. Esse é um exemplo clássico de como uma decisão de poupar, não permitindo às pessoas tocar sequer uma folha de papel, acaba custando dinheiro (montes de embalagens rasgadas e invendáveis).

Tornar os produtos inacessíveis prejudica também de outras formas. Estudamos uma joalheria cujo proprietário, recentemente, dera um golpe de mestre, contratando um famoso designer, conhecido por criar exposições em museus, para criar alguns mostruários de jóias. O resultado foi bonito, mas mantinha as pessoas a distância. O sujeito estava habituado a criar expositores que permitiam ao público ver, mas o mantinham a uma distância segura, exatamente o que não se deseja em uma loja em que as pessoas são encorajadas a levar os produtos para casa. Os mostruários tiveram um desempenho pífio comparado com outros menos sofisticados.

Vejamos como fazem as boas lojas. Estávamos fazendo um estudo para a RadioShack exatamente quando a rede decidira tornar-se a loja de telefones favorita dos americanos. Observamos um sem-número de shoppers aproximar-se da muralha de telefones expostos, examinar todos eles, verificar os preços e, depois, quase sem exceção, apanhar um fone e levá-lo ao ouvido. O que estavam esperando? Nada, provavelmente. Creio que fosse apenas uma ação reflexa. O que mais se pode *fazer* com um telefone? Como comparar telefones a não ser pela sensação na mão e contra a orelha? Raciocinamos que, se o primeiro princípio de um teste é torná-lo o mais real possível, seria possível consumar a experiência colocando voz naquele telefone. Aconselhamos a RadioShack a conectar os telefones a uma mensagem gravada que seria ativada quando um fone fosse levantado. Isso feito, as lojas ficaram lotadas de shoppers apanhando telefones do mostruário, escutando por um momento e, depois, entregando os fones aos acompanhantes para que também ouvissem. Isso era uma vantagem, pois proporcionava uma base para discutir a compra, o que aumenta sobremaneira a chance de algo ser adquirido. Nas lojas, as pessoas adoram conversar sobre o que quer que estejam comprando. Essa também foi uma boa maneira de a RadioShack acrescentar furtivamente uma mensagem comercial. Em outro estudo, as lojas de telefones celulares da Sprint usavam um display de balcão que permitia ver e levantar os diferentes modelos, mas cada telefone também estava ativado, o que é a maneira certa de vender telefones. Os shoppers pegavam os telefones e discavam para o marido ou esposa ou algum amigo para discutir o próprio aparelho que estavam examinando. Os telefones vendiam a si próprios, que é a questão central.

Outras lojas, como a Brookstone ou o varejista francês de produtos de beleza Sephora, entendem o valor de expor as mercadorias à experiência dos shoppers, ainda que eles as danifiquem. Se a Brookstone exibe uma cadeira vibratória e, após alguns meses, ela fica bamba em razão do uso freqüente dos shoppers, tudo bem. Eles, sem dúvida, terão vendido um número suficiente delas para compensar o prejuízo.

Os expositores das lojas podem ser refeitos para permitir aos shoppers tocar e provar as mercadorias. Mas, se a embalagem dos produtos não mudar também, muitas oportunidades continuarão sendo perdidas. Nos corredores de saúde e beleza, por exemplo, cheirar e tocar são de vital importância. Qual a principal responsabilidade da loção para a pele exceto dar uma sensação agradável quando aplicada à pele? Por que alguém compra desodorante senão por seu perfume? E, embora a principal função do xampu seja limpar os cabelos, o que não se pode realmente testar numa loja, ele também deve deixar o cabelo cheirando como uma floresta tropical em dia de sol, e isso é algo que *pode* ser investigado no ponto-de-venda, se os fabricantes assim o permitirem. Infelizmente, os atuais frascos lacrados frustram qualquer tentativa de experimentar o produto.

A Gillette fez um enorme furor com sua linha de desodorantes em gel transparentes para homens. Eles vêm em uma variedade de perfumes, cada um com um nome evocativo, porém másculo. Alguém na Gillette pensou certo quando decidiu dar aos homens uma variedade maior de opções do que apenas o Right Guard original ou mentol. Mas, então, o pessoal que projeta as embalagens resolveu interferir. Na loja, você se depara com uma variedade de desodorantes, que diferem apenas no perfume, de modo que é natural você querer saber como cheiram. Você remove a tampa de um frasco e dá de cara com uma imensa fita de alumínio resistente vedando o aplicador. Por quê? Poderão terroristas matar pessoas usando suas axilas? Pois bem, se ninguém estiver olhando, você rasgará um pouco a fita e dará uma cheirada. Mas isso seria errado. Assim, o que faz um shopper? Se não estiver terrivelmente motivado, devolverá o frasco à prateleira e irá embora. Caso seja persistente, olhará para ambos os lados do corredor e, se a barra estiver limpa, rasgará a fita e dará uma cheirada. Se decidir não comprar aquela flagrância Manhã Alpina, talvez ele se identifique mais com Crepúsculo do Arizona. Mas como se sentirá o próximo shopper ao descobrir que a fita vedante foi violada? Muitos desodorantes em ótimo estado serão assim arruinados devido a projetistas de embalagens que se recusam a reconhecer como os seres humanos fazem compras.

Uma solução para esse e todos os outros problemas seria as drogarias criarem um balcão de amostras, no qual novos itens pudessem ser livremente experimentados. A questão tátil dos produtos para o corpo é tão importante que resolvê-la certamente aumentaria as vendas.

A maior luta nessa área está ligada ao modo como os cosméticos são vendidos. Fabricantes e varejistas querem vender os produtos da forma mais asseada e ordeira possível. As mulheres não discordam disso, mas, compreensivelmente, querem provar antes de comprar, o que nem sempre é um impulso limpo e ordeiro.

Nos velhos tempos, a maioria dos cosméticos era vendida pelo mesmo farmacêutico atencioso que aviava as receitas e servia refrigerantes no balcão. Você pedia, digamos, base e, então, ele ia para trás do balcão, abria a gaveta e começava a tirar caixas até encontrar sua marca. Estava tudo ao alcance dele. Ninguém aturaria isso hoje, mas era um método eficiente e higiênico. O mundo dos cosméticos foi liberado, em grande parte, pela marca Cover Girl, a primeira a fazer uso generalizado de displays de parede, permitindo aos shoppers tocar na maquiagem sem a necessidade de um intermediário. Foi isso que lançou os cosméticos em direção a seu futuro de categoria de autoserviço. Isso também pôs em xeque as perspectivas futuras de outra tradição: o estande de cosméticos da loja de departamentos. Ali, mesmo hoje em dia, os shoppers se empoleiram em bancos altos diante de balcões, enquanto, pesadamente maquiadas, as representantes dos fornecedores de cosméticos as pintam à perfeição, resultando daí uma pequena mas dispendiosa sacola de cosméticos no braço da shopper ao sair da loja.

Entretanto, mesmo esse método de vender cosméticos está desaparecendo. As mulheres estão fartas dele, parece-me, e ele está sendo substituído pelo *layout* de venda aberta. Assim, cada fabricante experimenta um sistema de mostruário diferente que permite às shoppers examinar os cosméticos e até, sob condições controladas, testá-los. Mas não demais. Algumas mulheres ficam tentadas a neutralizar esses controles para poder testar os produtos à vontade. Os interesses do vendedor e da shopper não deveriam ser antagônicos, porém muitas vezes o são. Às vezes, os projetistas dos displays de cosméticos são culpados também. Eles os constroem sem pensar que os shoppers necessitam de comodidades simples como lenços de papel, por exemplo, que melhorariam a limpeza geral das seções de cosméticos. Ou não instalam espelhos suficientes, obrigando as mulheres a rodar pela loja enquanto experimentam a maquiagem. Os projetistas dessas seções nunca as visitam às 17:00 de uma tarde de sábado, posso garantir, pois, se o fizessem, as projetariam de forma diferente, mais adaptadas às mulheres que as usam. Embalagens hostis ao shopper que visam impedir o teste dos cosméticos são quase sempre uma má idéia. Má, porque desencorajam a compra e porque encorajam as mulheres a danificar a mercadoria. Em qualquer categoria de produto, a melhor forma de limitar a destruição das embalagens é oferecer aos shoppers um meio de experimentar os produtos sem danificá-los.

O advento da película de polietileno termorretrátil dificultou o teste direto de muitos produtos. De fato, muitos produtos parecem estar excessivamente embalados, o que é um estorvo para quem gosta de tocar em tudo. Evoluímos bastante em relação às cabines de audição simples encontradas antigamente nas lojas de discos. Hoje, vários sistemas eletrônicos complexos tentam tornar amostras de gravações disponíveis aos shoppers. Tipicamente, eles envolvem estações de escuta: fones de ouvido plugados em uma torre com o menu dos CDs que podem ser selecionados. O problema é que você pode não estar muito familiarizado com essas engenhocas, de modo que aperta o botão do CD desejado, mas aí... nada. Na verdade, há uma espera enquanto a faixa é acionada, mas nada na máquina informa isso. Você espera um instante e dá de ombros e desiste ou pensa que escolheu um canal desativado e aperta outro botão, e depois novos botões, até deixar a máquina pifada.

O melhor sistema é sempre o mais simples e direto, como o de algumas lojas da Blockbuster Music. Ali, o shopper seleciona qualquer CD de qualquer estante e o traz para um local de escuta, no qual um funcionário abre a embalagem e toca o CD. É isso aí. Nenhuma engenhoca, nenhum botão, nenhum menu, nenhuma espera. Em vez de gastar dinheiro com máquinas complicadas e não-confiáveis de tocar amostras de canções, a loja compra um dispositivo para reembalar aquilo que não for comprado, e ponto final. Esses sistemas também deveriam permitir aos shoppers ouvir música de acordo com a natureza humana. Ou seja, ninguém ouve música de pé, parado, e olhando para o chão. Em uma loja que pesquisamos no Alabama, os fones de ouvido das estações de escuta estavam equipados com fios de seis metros, permitindo aos fãs de música se locomoverem e até acessarem as estantes próximas. Com isso, de lugares para comprar CDs, as lojas se transformam em lugares nos quais se pode ouvi-los, descobrir as novidades, quem está tocando o quê. Isso faz da loja uma estação de rádio interativa e torna a compra uma experiência divertida. Melhor de tudo: do ponto de vista da loja, o varejista passa a depender menos das empresas fonográficas para comercializar apropriadamente seus artistas. Quando uma loja permite o acesso às mercadorias, está, no fundo, realizando o próprio marketing um a um, para um consumidor em condições de agir imediatamente movido por seus desejos.

Muitas vezes, a embalagem sofre quando o desejo de informações das pessoas é frustrado. Vemos isso com produtos eletrônicos. O shopper de fones de ouvidos, por exemplo, encontra uma pilha de caixas do produto em uma loja. Não há modelo algum em exibição. Se o design da caixa fosse apropriado, com uma foto grande e clara dos fones de ouvido e todas as características e especificações em um tamanho de letra legível, talvez efetivamente ver os fones de ouvido fosse menos crucial. Mas, quando a embalagem força os shoppers a adivinhar, é mais fácil abrir a caixa à força, tirar os fones de ouvidos e vê-los por si próprio. Se o shopper não comprar, você fica com produtos invendáveis. Ninguém comprará um produto em uma caixa violada.

No entanto, a embalagem nem sempre precisa ser uma barreira tão insensível ao toque. Os fabricantes perceberam que os adultos queriam testar os brinquedos antes de comprá-los. Talvez a razão fosse a natureza enganosa de boa parte da propaganda de brinquedos, dando às crianças crédulas a impressão de que um avião de plástico barato será capaz de alçar vôos e bombardear o inimigo na cozinha. De qualquer modo, agora a tendência é projetar embalagens que permitam testar os brinquedos sem danificar a caixa ou o invólucro de plástico. Você pode apertar o botão ou puxar a corda, que o mostrengo cantará de dentro de sua prisão de cartolina. Isso, de repente, facilitou bastante saber o que se está comprando na loja de brinquedos e esse foi um dos casos em que a confiança do shopper resultou no aumento das vendas. Recentemente, tive a oportunidade de ver, talvez, a mais inteligente embalagem de brinquedo de todas. Um triciclo de plástico encaixotado de modo a deixar exposto o assento, pedais, guidão e rodas, permitindo, assim, à criança dar uma volta de teste sem danificar a caixa. Se esse princípio fosse aplicado a todas as embalagens de produtos, as compras seriam muito mais divertidas.

Considerações de segurança estão por trás da decisão de colocar as mercadorias fora do alcance dos shoppers. Os tocadores de MP3 são um desses produtos. Suponho que qualquer artigo caro com que sonham os adolescentes seja surrupiado com freqüência. Mas a decisão de vendê-los atrás de um balcão trancado deveria ser suficiente; em vez disso, eles também vêm em volumosas embalagens de plástico transparente que tornam quase impossível escutar o aparelho antes de comprá-lo. Estou certo de que os shoppers prefeririam modelos mais caros se pudessem comparar alguns modelos na loja. Veja o sucesso das lojas da Apple, que o convidam a manusear os iPods à vontade e experimentar iPhones e todos os demais produtos da loja.

Bijuteria é outra categoria que comete esse pecado. Artigos que custam talvez $35 ou $55 ficam trancados atrás de vidro e aço, privando os shoppers da chance de ver seu aspecto e de sentir as correntes e os pingentes em seu pescoço ou pulso. Na mesma loja, várias outras mercadorias de valor igual ou superior estão abertamente expostas. É automático, mas não faz sentido comercial. Vemos a mesma mentalidade com um dos itens mais quentes resultantes da informatização do mundo moderno: cartuchos de impressoras a jato de tinta. Até muito recentemente, em quase todas as grandes lojas de produtos de escritório dos Estados Unidos (como a Staples, OfficeMax, Office Depot e outras), eles eram exibidos em armários trancados, devido ao pequeno tamanho e alto preço. Mas, quando você vê tantos shoppers frustrados percorrendo os corredores das lojas procurando, em vão, um vendedor com a chave como nós vimos, você se pergunta se toda essa segurança não tem algo de autodestrutivo. Cartuchos de tinta para impressoras representam um enorme percentual dos lucros desse tipo de loja. Nos últimos 10 anos, a maioria das grandes redes já redesenhou suas lojas com foco na seção de cartuchos a jato de tinta.

Os varejistas de roupas aprenderam alguns truques sobre como exibir os produtos sem que sejam danificados. Voltemos, por exemplo, à bonita loja Armani, na Madison Avenue. Eles têm shoppers que andam colocando as mãos sabe-se lá onde e apalpam caros trajes italianos como se já o possuíssem. Você se sentiria à vontade sabendo quantos dedos já passaram pela manga de seu terno? Eis uma estratégia: se o terno vier em várias cores, a loja exporá os de tonalidade escura onde possam ser facilmente alcançados e os de cor mais clara, como bege, cinza-claro e os quase brancos, serão colocados no alto, onde podem ser vistos, mas não tocados. Se um suéter exposto em um tabuleiro vier em várias tonalidades, você sempre verá os mais claros embaixo e os escuros em cima, onde serão esfregados e apalpados, mas quem notará?

Vender é a principal razão para que as mercadorias fiquem tão acessíveis quanto possível aos shoppers. Mas não é a única. Há também o aumento do valor da venda. Se você não tiver nenhuma base real para comparar um produto com outro, o instinto normal será comprar o mais barato. Mas, se uma loja se organizar para educar os shoppers, ainda que só um pouco, certo número deles gastará mais do que o estritamente necessário. Se puder escolher entre três marcas ou modelos e tiver a chance de compará-los, o shopper terá pelo menos uma razão sensata para escolher o item de melhor qualidade.

Isso se aplica a quase todos os produtos até agora mencionados, como roupas íntimas masculinas, café, fones de ouvido, suéteres, creme para a pele etc. Também nas lojas de colchões, você normalmente encontrará uma série de camas sem lençóis aguardando inspeção. Alguns colchões são mais baratos do que outros, mas é tão caro estocar e conservar um colchão de

$1.500 como o de $4 mil. Assim, se você conseguir que pelo menos um shopper em cinco comece testando o modelo mais barato e progrida para um melhor, estará indo bem.

E como fazer para que isso aconteça se não for pela experimentação? Só há um jeito de testar um colchão, que é deitando-se nele. As camas estão todas ali esperando você se reclinar, certo? Bem, não é exatamente assim. Você precisa se sentir à vontade para testar um colchão. Trata-se de uma posição vulnerável naquele espaço público, diante de estranhos. Talvez você não queira se deitar sob o olhar do vendedor, de pé. Ele, por sua vez, teme que, caso se afaste uns metros e deixe de enviar mensagens telepáticas de "compre este colchão agora!", perderá a venda. Além disso, o colchão foi prestativamente colocado na frente da loja, de onde suas formas esbeltas poderão ser avistadas por quem estiver passando. E, se você for mulher de vestido ou saia, seu recato correrá grave risco. É possível piorar ainda mais essa experiência? E que tal a falta de um lençol? Você jamais saberá qual é a sensação do colchão enquanto ele não chegar à sua casa. E, sem travesseiro, não dá para se ter a menor idéia do conforto que o colchão proporcionará (ou não).

Parece que, se os colchões de melhor qualidade fossem colocados fora da visão do público, talvez até em parte escondidos atrás de uma divisória para dar à experiência certa sensação de cabine de provas, talvez os shoppers fossem encorajados a sofisticar seus desejos. As lojas se preocupam mais com a experiência de prova de um jeans de $40 do que com a de colchões de $4 mil. Em um estudo de uma loja de colchões, indagamos ao gerente se seria possível providenciar travesseiros de diferentes alturas e firmezas, bem como fronhas recém-lavadas para os testes dos colchões.

"Mas nós não *vendemos* travesseiros", foi sua rejeição categórica à idéia. Ele nem se importou com o fato de que a margem dos travesseiros é bem superior à dos colchões ou de que vender travesseiros seria um meio de acrescentar acessórios a um produto com poucas oportunidades de novidade.

Da mesma forma, nas lojas de telefone da AT&T, o foco foi vender o produto principal; quase como uma idéia tardia, venderam um pequeno e tolo item denominado SoftTalk, que consistia de um apoio de plástico macio para que o fone ficasse mais confortável apoiado entre o ouvido e o ombro, liberando as mãos do usuário. A coisa não se parecia com nada existente, mas, uma vez que você a testava, descobria que era engenhosa e realmente eficaz. Sem testá-la, porém, parecia inútil; como não havia nem um item sequer em exibição, não havia como testá-lo e, graças à falta de esforço da equipe de vendas, ninguém jamais o fez. Tudo bem, era um item de menos de $5, mas sua margem de lucro, como da maioria dos acessórios, era altíssima, o objeto mais rentável da loja. Calculamos que, se um em cada três shoppers comprasse pelo menos uma unidade, o lucro cobriria o aluguel mensal da loja.

Outro caso gritante é o serviço de telefonia sem fio, em que os shoppers podem comparar os custos dos aparelhos e dos serviços on-line. É um mercado extremamente competitivo, em que as margens são pequenas e se ganha dinheiro principalmente com a venda de acessórios, desde toques de chamada a capas protetoras. A BestBuy, por exemplo, fechou um negócio com a gigante da moda Liz Claiborne para o desenvolvimento de capas chiques para telefones e laptops. Em uma recente inauguração de loja, montou-se um desfile em que as capas para celulares, laptops e máquinas fotográficas eram usadas como acessórios pelos modelos. Nenhuma era barata. Grande idéia. Só acho que, se tivessem sido realmente inteligentes, teriam percebido que quem deseja comprar capas chiques caras precisa de espelhos. No Japão, é possível "tatuar" seu iPhone ou iPod – você escolhe a capa e, por cerca de $40, alguém cuidadosamente a decalca sobre o telefone. Acrescente a isso baterias de reserva, um carregador e um acessório para automóvel para deixar as mãos livres e a transação passa a ser muito mais lucrativa.

Há uma última questão relativa à natureza sensorial e tátil das compras. Estranhamente, envolve informar aos shoppers que eles *podem* tocar nos produtos. Em lojas da Hallmark que estudamos, alguns displays frontais de enfeites de Natal foram tão engenhosamente projetados e cuidadosamente montados que os shoppers não sabiam se deveriam pegá-los ou contemplá-los em adoração. As livrarias também têm às vezes o mesmo problema quando os displays refletem um esforço exagerado. As pessoas sabem como é difícil embelezar as coisas e podem relutar em estragar o trabalho árduo de alguém. Defrontamo-nos com esse problema ao ajudar a Einstein Bagels a testar o protótipo de um restaurante, imagine onde...

em Utah. Por sinal, uma decisão anormalmente brilhante, inventando uma nova forma de vender *bagels** em um lugar praticamente sem cultura de consumir esse alimento. Se funcionar lá, funcionará em qualquer parte. Nessa loja, uma estante de parede com sacos de fatias de bagels de diferentes sabores foi instalada de modo que os shoppers na fila do caixa pudessem esticar o braço e apanhar um por impulso. O problema foi que os sacos estavam dispostos com tanto esmero e ordem que os shoppers nunca sabiam ao certo se podiam tocar neles. A solução foi um funcionário aparecer de vez em quando e bagunçar as prateleiras, removendo alguns sacos, para que houvesse espaços vazios óbvios. Somente a partir de então, os clientes tocavam nos sacos. (A população de Utah é muito educada.) Na verdade, os funcionários criavam uma experiência sensorial completa ao apanhar um saco, abri-lo e oferecê-lo a quem aguardava na fila, como uma forma de apresentar à população local as maravilhas dos bagels de pimenta jalapeño, com queijo cheddar e trigo integral. Pode parecer uma piada, mas não riam antes de prová-los.

***Nota do Tradutor*: Espécie de rosquinha de pão feita com uma massa consistente, característica da culinária judaica. No estado de Utah, principalmente na capital, Salt Lake City, predomina a cultura mórmon.

CAPÍTULO 13

Os três grandes

Acabo de ter uma idéia brilhante. Vamos poupar dinheiro! Estamos encarregados da disposição e promoção de produtos no ponto-de-venda e dos displays de uma rede de lojas. Portanto, tomemos uma decisão executiva de substituir nossas dispendiosas e antigas prateleiras de madeira por um sistema novo e mais barato de rede de arame. A diferença de custo afetará diretamente o resultado financeiro. Pronto! Está feito. E o que mais temos para fazer?

Caramba! Vejam o que aconteceu! Quem poderia prever? As prateleiras de arame pareciam perfeitamente bonitas e funcionais até que as caixas dos produtos foram colocadas em cima. Naquele momento, ou alguns minutos mais tarde, para ser preciso, a principal desvantagem da rede de arame tornou-se clara: cada vez que um shopper tocava em alguma coisa, ela tombava. Às vezes, para ser honesto, ninguém tocava em nada e ela tombava. Acho que as danadas das caixas podem estar empurrando umas às outras. Olhando a longa extensão de redes de arame, você vê que cada quarta ou quinta caixa parece cair. O aspecto é infernal e alguém precisa endireitá-la, concordo. Os funcionários não param de reclamar; tivemos de pagar aos funcionários $8,00/hora para endireitar as caixas. Em uma noite movimentada de sábado, com o crescimento das filas, estamos perdendo uma hora ou mais de trabalho por loja para endireitar as caixas. Quantas lojas são? Quantas horas são? Quanto foi economizado? Nada!

Esse não é um cenário hipotético. Ele consta textualmente do manual de varejo da Envirosell. Ele ilustra um dos princípios mais importantes das compras. O primeiro capítulo de varejo começa com a noção de que uma loja tem três aspectos diferentes: design (significando as instalações), disposição e promoção de produtos no ponto-de-venda (o que você põe dentro da loja) e operações (o que os funcionários fazem). Esses Três Grandes, embora aparentemente distintos, estão, na verdade, completa e totalmente entrelaçados e são inter-relacionados e interdependentes, ou seja, quando alguém toma decisão sobre um deles, uma decisão também foi também tomada sobre os outros dois. No caso específico citado, cometeu-se um erro comum. Os projetistas de displays aparentemente nunca vão às lojas ver suas criações em uso, de modo que lhes falta um controle firme sobre o que acontece no mundo real. Aqui, a grande lição é que, se um dos Três Grandes for fortalecido, retirará parte da pressão dos outros. Se um for enfraquecido, transferirá mais carga para os dois restantes. Por si só, isso não é bom ou ruim. É a *geometria* que rege o universo das compras.

Eis um exemplo. A marca registrada da Gap e de muitas outras lojas de roupas é que você pode facilmente tocar, afagar, desdobrar e examinar de perto tudo que está no salão de vendas. Um monte de suéteres e camisas é vendido graças à decisão de estimular o contato íntimo entre o shopper e os produtos. Obviamente, a política de disposição e promoção de produtos no ponto-de-venda determina o sistema de exposição – bancadas largas e planas, em que é mais fácil comprar do que em estantes ou prateleiras. Ela também determina como e onde os funcionários gastarão o tempo; todo aquele contato faz os suéteres e camisas precisarem ser dobrados e arrumados, constantemente. Isso gera a necessidade de um grande número de funcionários percorrendo os recintos, em vez de ficarem atrás do balcão registrando as vendas. O que é uma grande despesa, mas, para a Gap e outras lojas, é um investimento sólido, o custo de fazer negócios. Aqui, o principal aspecto é que foi uma decisão consciente.

Às vezes, é menos uma decisão do que uma reação a um fato da vida. A atividade de disposição e promoção de produtos no ponto-de-venda da Revlon deve atuar em uma série de ambientes: revendedores de massa, lojas de especialidades, drogarias. Nessas últimas, os corredores costumam ser estreitos e repletos de mercadorias. Devido a essa realidade do design, entra em ação o temido fator roça-traseiro, detestado pelas mulheres, que não gostam de ser esbarradas por trás enquanto fazem compras. A disposição e a promoção de produtos nos pontos-de-venda da Revlon nas drogarias têm de ser claras, fortes e diretas, para que as mulheres possam reconhecer a marca, encontrar o que procuram e encerrar a compra o mais rápido possível. Se a sinalização e os displays fossem mais sutis ou dissimulados, essas mulheres sofreriam esbarrões por trás e abandonariam o corredor antes de escolher qualquer coisa. Esse problema surge o tempo todo, porque os projetistas dos materiais de embalagem e da disposição e promoção de produtos no ponto-de-venda não passam tempo suficiente nas lojas, visitando suas criações *in loco*. Por exemplo, todos nós sabemos que shoppers com nível universitário tendem a ler o que está escrito na embalagem. É assim que eles preferem se informar antes de tomar a decisão de compra. Portanto, uma empresa que vende remédios fitoterápicos deve instruir seus projetistas de embalagens a incorporar uma boa quantidade de texto aos frascos. O projetista segue as ordens. Mas, para os mais velhos, que são o principal público-alvo do mercado de vitaminas e de suplementos à base de ervas, é difícil ler as letras pequenas. Além disso, esses produtos tendem a vender bem em drogarias, onde os corredores costumam ser estreitos, desencorajando os shoppers a ler qualquer embalagem por muito tempo. É assim que uma boa decisão (adicionar informações à embalagem) leva a um resultado sofrível (ninguém consegue lê-las). No Capítulo 17, explicarei qual seria uma solução potencial para essa questão das letrinhas miúdas.

Aqui, o importante é observar que, sempre que uma decisão for tomada, deve ser examinada detidamente, tendo em vista suas implicações mais remotas. Na vida real, contudo, nem sempre isso acontece assim – nas pequenas empresas, por exemplo, em que umas poucas pessoas se esfalfam tomando todas as decisões. E especialmente não acontece nas grandes empresas. Com freqüência, fazemos reuniões em empresas para revelar nossas descobertas e os chefes de design, de disposição e promoção de produtos no ponto-de-venda e de operações das lojas estão presentes. Às vezes, fica evidente que eles mal se conhecem entre si. Em alguns casos extremos, eles podem até estar trabalhando em cidades diferentes. A desconfiança mútua, a hostilidade e a luta pelo poder às vezes são palpáveis. Os executivos ou não sabem o que os outros estão fazendo ou não se interessam em saber. O resultado é que inúmeras decisões míopes são tomadas.

Outro exemplo é o de uma grande e famosa loja de departamentos. O chefe da seção de calçados femininos decidiu que precisava de mais espaço de exposição e, para isso, mandou diminuir a área das caixas registradoras. Em conseqüência, os funcionários que antes usavam o balcão para embalagem passaram a ter de colocar as sacolas no chão e enfiar os sapatos dentro. Isso adicionou várias etapas ao processo e dificultou o registro das vendas pelas funcionárias, que usavam, elas próprias, sapatos bonitos e sofisticados. No final do dia, essas mulheres estavam com dores nas costas e cansadas e, compreensivelmente, um pouco irritadas. Como parte de nossa pesquisa, apontamos filmadoras para as caixas registradoras e, de volta ao escritório, cronometramos as transações. Às 16h30m, registrar uma venda levava quase o dobro do tempo do que às 11h. Diminuir o espaço do balcão também aumentou a desordem geral, tornando as transações mais confusas do que antes. O resultado geral foi que uma ligeira melhora na disposição e promoção de produtos no ponto-de-venda exigiu uma mudança no projeto que prejudicou bastante as operações. Para expor alguns sapatos a mais, talvez uma dúzia de pares, o tempo das transações aumentou, a paciência dos shoppers se esgotou; a energia e o moral dos funcionários diminuíram. Considerando-se que funcionários vendem calçados melhor do que qualquer display, mudar, nesse caso, foi uma péssima decisão, tudo porque alguém que deveria ter sido mais previdente esqueceu que, quando se modifica algo, tudo muda.

Outro cliente nosso, uma rede de locadoras de vídeos, tomou algumas decisões interessantes sobre a aparência de suas lojas. A cor dominante seria vinho-escuro. A iluminação, uma fileira de lâmpadas, como nas marquises dos cinemas de antigamente. Tudo parecia ótimo na prancheta de desenho, até a vida real acontecer. A tinta cor-de-vinho vivia sendo arranhada, riscada, lascada e suja, fazendo a loja adquirir, rapidamente, um aspecto de desmazelo e os pintores estavam gastando um tempo enorme fazendo retoques. É este o destino de qualquer superfície pintada em cor escura; cada pequeno arranhão se torna aparente. Além disso, as paredes e estantes de exposição escuras exigiam mais iluminação do que uma cor clara. Além da conta de luz astronômica, todas aquelas lâmpadas tinham o mau hábito de queimar, tendo de ser imediatamente substituídas, para a loja não ficar parecendo a Times Square de antigamente, em seus tempos de decrepitude. No final, más decisões de design aumentaram bastante as despesas gerais e de manutenção da rede, prejudicando diretamente o resultado financeiro.

Hoje, as relações entre os três aspectos do varejo sofrem grande pressão por uma razão principal. A maioria das empresas americanas está constantemente tentando economizar em mão-de-obra. Do ponto de vista do comerciante, os cortes atingem as operações. Da perspectiva do shopper, afetam o serviço. Os varejistas tentam preservar o serviço enquanto reduzem a mão-de-obra, o que costuma ser impossível. Quando as lojas dispunham de pessoal suficiente e os funcionários eram encorajados a permanecer nos empregos e se aperfeiçoar, as exigências sobre o design e a disposição e promoção de produtos no ponto-de-venda eram poucas e simples. Uma loja podia até estar entulhada e ser desorganizada, porque havia sempre um funcionário disposto a ajudar, e ele sempre sabia onde tudo estava guardado.

Atualmente, quando muitos varejistas pagam mal à equipe de vendas e a subestimam, ocorre o oposto. A carga recai sobre o design e a disposição e promoção de produtos no ponto-de-venda, que às vezes dão conta do recado, mas nem sempre. Por exemplo, os varejistas tentam compensar os cortes de pessoal com displays computadorizados interativos ou quiosques para responder às perguntas. O problema é que, em geral, esses aparelhos sofrem com um design deficiente – são confusos ou tão lentos que você pensa que pararam de funcionar. Assim, o que fazem os shoppers? Vimos um grande número deles desistir e sair resmungando. Alguns chamam um vendedor e pedem que explique como usar o dispositivo, concebido, teoricamente, para poupar mão-de-obra.

Em uma loja de departamentos que estudamos, os vendedores assediados poupavam tempo abarrotando as estantes e comprimindo mais roupas do que cabiam confortavelmente. Alguns shoppers sequer se davam ao trabalho de tentar desembaraçar as roupas, de tão difícil que isso era. Os que conseguiam puxar um cabide invariavelmente puxavam outras roupas junto, deixando-as cair ao chão. A quem cabia apanhá-las, remover o pó e pendurá-las de volta? O tempo poupado com o excesso de roupas expostas era desperdiçado em manutenção. Ainda pior: enquanto as roupas jaziam no chão, nenhum shopper as tocava. Você precisava ver a seção de lingerie.

Você compraria roupas íntimas caídas ao chão?

Mas é possível usar o design e a disposição e promoção de produtos no ponto-de-venda para poupar algum trabalho às operações. Um exemplo é dado pelo serviço postal norte-americano. Há alguns anos, testamos alguns protótipos de suas novas agências. Em uma dessas "lojas", a seção de auto-serviço – você compra selos e envelopes de um mostruário aberto, pesa os próprios volumes e efetua a selagem – foi posicionada além dos balcões tradicionais guarnecidos por funcionários. Em outra configuração, o auto-serviço ficava logo após a entrada, com os balcões de pleno serviço nos fundos. A primeira loja registrou um índice relativamente baixo de auto-serviço; pessoas acostumadas a lidar com funcionários entravam na fila e sequer viam as máquinas no fundo. O segundo protótipo teve um uso bem maior do auto-serviço. Os shoppers entravam com a intenção de ir para as filas dos balcões, depois viam pessoas rapidamente resolvendo as coisas por si próprias. Os bancos seguiram o mesmo padrão. Se os caixas eletrônicos e as máquinas de depósito automático estiverem à vista das pessoas nas filas dos caixas, os clientes do pleno serviço "migrarão" para o lado automatizado.

O segundo exemplo vem de uma enorme rede de drogarias. As farmácias mudaram muito nas últimas duas décadas, mas uma coisa permanece constante: a grande carga sobre o pessoal para dispor todos aqueles pequenos frascos, potes e caixas em linhas perfeitamente retas em corredor após corredor de prateleiras. Cada vez que um shopper apanha um produto para ler o rótulo, aquilo, com certeza, terá de ser ajeitado ou virado para frente. É uma trabalheira. Há pouco tempo, a Wal-Mart fez uma experiência: começou a substituir as prateleiras tradicionais por um sistema de caixas. Em vez de uma prateleira de frascos de aspirina, o shopper veria uma ampliação do rótulo do medicamento. Sob aquela ampliação, ficava a caixa na qual os frascos de aspirina haviam sido despejados.

Isso fez uma grande diferença. Primeiro, resolveu o problema de estocagem. Um funcionário empurrava um carrinho de mercadorias até o corredor, abria a caixa, despejava os produtos e prosseguia. Acabaram-se as linhas retas. Os shoppers preferiram o novo sistema também. Em vez de encarar uma fileira de frascos com rótulos de letras miúdas, viam uma versão grande e legível do rótulo. Era muito melhor para a vista, especialmente dos mais velhos. Ao realizar a mudança, a principal preocupação da Wal-Mart foi se as pessoas, de algum modo, perceberiam as caixas como mais baratas e de pior qualidade do que as prateleiras. Na verdade, ocorreu o inverso. Os shoppers entrevistados revelaram que consideravam as caixas um sistema de exposição modernizado. Uma solução muito elegante. O problema seguinte era quem deveria pagar pelo novo sistema – a loja ou os fornecedores, cujos produtos estavam à venda? Uma grande disputa se iniciou e o sistema não foi implementado. Dois anos depois de termos feito o estudo, vi exatamente o mesmo sistema usado com grande sucesso na Auchan, a rede de hipermercados francesa.

CAPÍTULO 14

Tempo

Nas lojas, assim como na vida, há momentos bons e ruins. Os momentos bons – qualquer momento em que alguém esteja fazendo compras –, você vai querer sempre prolongar. Os momentos ruins, você vai querer abreviar.

Momentos ruins são aqueles em que um shopper tem de esperar. Compreensivelmente, eles não gostam disso, mas, como seres humanos razoáveis, esperarão... até certo ponto. Além desse ponto, começa o problema. Em um estudo após o outro, vimos que o fator individual mais importante para determinar a opinião das pessoas sobre o serviço prestado é o tempo de espera. Se os shoppers acharem que a espera não foi muito longa, sentirão que foram tratados de forma competente e boa. Se a espera for demasiadamente longa, sua percepção será de que o serviço foi ruim e incompetente. De forma bem simples, uma espera curta enriquece toda a experiência de compra, enquanto uma espera longa a envenena.

Mas é possível "curvar" o tempo de espera – alterar o modo como os shoppers o percebem. Você pode até transformar momentos ruins em momentos bons.

Primeiro, uma palavra sobre toda a questão do tempo e percepção. Há o relógio em seu pulso, provavelmente um instrumento de alta precisão, mas há um relógio ainda mais importante dentro de sua cabeça. Esse relógio mental é altamente suscetível a influências externas, porém conta mais do que qualquer Rolex. Entrevistamos um sem-número de shoppers sobre o assunto e descobrimos o seguinte interessante resultado: quando as pessoas esperam até cerca de um minuto e meio, sua noção de tempo decorrido é razoavelmente precisa. Entretanto, qualquer período acima de cerca de 90 segundos distorce a noção de tempo. Se você perguntar aos shoppers quanto tempo esperaram, a resposta sincera geralmente será bastante exagerada. Se tiverem esperado dois minutos, dirão que foram três ou quatro. Na mente das pessoas, o período de espera deixa de ser uma pausa transitória em um processo maior (digamos, a aquisição de produtos) para se tornar uma atividade completa por si própria. É aí que o tempo se torna muito ruim. O tempo é um senhor cruel no mundo das compras. Cuidar de um shopper em 2 minutos é um sucesso, mas em 3 é um fracasso.

A atração óbvia das lojas drive-thru para fazer compras (ou para efetuar operações bancárias ou para comprar comida) são a conveniência e a eficiência. Você poupa o trabalho de procurar um lugar para estacionar, depois manobrar o carro, sair dele, entrar no estabelecimento e, finalmente, fazer tudo de novo ao contrário. Um de nossos vídeos favoritos mostra um banco drive-thru em Whittier, Califórnia, onde os automóveis na fila receberam a adesão de um homem estressado a pé. Mas, mesmo que o drive-thru não acelerasse as coisas, o conforto de esperar no próprio carro, sentado em um banco confortável, ouvindo um CD, com o ar-condicionado ou aquecedor ligado, sem dúvida faria *parecerem* mais rápidas.

Grande parte dessa questão do tempo gira em torno da área do caixa, quando os shoppers estão na fila para pagar, pedir informações ao caixa ou solicitar uma refeição. É ali que podem ser tomadas medidas para "diminuir" o tempo de espera, tais como:

Interação humana ou outra. Nossos estudos mostram que o tempo gasto por um cliente esperando depois de ter sido contatado por um funcionário flui mais rápido do que o tempo de espera antes da interação. Um funcionário que reconheça que o shopper está esperando, e que talvez forneça alguma explicação plausível, alivia automaticamente a ansiedade com o tempo, sobretudo no início da espera. Certa vez, visitei a drogaria de uma grande rede cujo gerente, sem dúvida, adorava o contato com clientes. Quando as filas do caixa ficavam longas demais, ele deixava o escritório e trabalhava na parte dianteira da loja como um misto de expedidor e *show man*. Sua presença parecia fazer as filas do caixa fluírem mais rapidamente, e ele também era divertido. Se, nas horas mais movimentadas, eu tivesse a opção de mobilizar três ou dois caixas e um gerente de fila, preferiria este último. O gerente de fila serve como uma espécie de pré-caixa. Ele pode gentilmente sugerir aos shoppers que tenham à mão tudo que for necessário ou responder a eventuais perguntas dos clientes, abreviando, assim, a espera percebida e real. Isso pode ser uma ótima maneira de treinar até seus shoppers a ser mais eficientes.

Outra maneira semelhante de "diminuir" o tempo é informar aos shoppers que sua espera é finita e controlada, e não indefinida e sujeita aos caprichos do destino e do acaso. Alguns bancos fazem isso instalando um letreiro eletrônico que anuncia quantos minutos deve durar a espera do cliente por um caixa. Esses letreiros nunca são precisos, mas tudo bem. A simples informação de que sua paciência deverá durar apenas dois minutos faz os quatro minutos que você realmente deverá esperar passarem mais rápido. Recentemente, telefonei para a *hotline* de assistência técnica de um fabricante de computadores. Uma voz gravada informou que a espera por ser humano duraria "cerca de um a cinco minutos", o que é uma amplitude extremamente longa. Mas eles estavam, ao mesmo tempo, aplacando minha ansiedade e evitando riscos, o que é um lance inteligente.

Ordem. Os shoppers europeus não parecem se importar em esperar em meio a uma massa caótica de pessoas, mas os norte-americanos e britânicos gostam de suas filas organizadas, claras e justas. Obrigar as pessoas a adivinhar onde devem ficar as deixa frustradas. Permitir que o caos reine causa ansiedade. Se os clientes virem que estão sendo atendidos na ordem exata de chegada se acalmarão e o tempo de espera parecerá mais curto. Eis o segredo da curvatura do tempo: livre-se da incerteza e você reduzirá a espera percebida.

A organização das fileiras dos caixas ainda é um dos constantes dilemas do mundo das compras. Sem dúvida, o sistema mais rápido e justo é o da fila única. Eles garantem que os shoppers sejam atendidos na ordem de chegada, sem que precisem se preocupar se escolheram a fila mais rápida. Só há um senão. Você, às vezes, terá uma fila *muito* longa, o que é uma visão preocupante para um shopper apressado. De algum modo, três filas de cinco clientes parecem um suplício menor do que uma fila única de 15 pessoas. É irracional, mas verdadeiro, tamanha é a diferença entre percepção e realidade.

Tão importante quanto isso é o fato de que, quando o caixa está posicionado perto da porta da frente da loja, uma única fila longa espanta os shoppers que entram. Uma visão comum em nossos estudos é ver alguém que entra na loja (ou que olha para dentro pela vitrine), observa uma fila longa no caixa, interpreta isso como um sinal de que a loja toda está lotada, dá meia-volta e sai. Na verdade, a loja poderá estar vazia na parte de trás, mas quem poderá dizer? (E isso, como dissemos em outra parte do livro, é um bom argumento para que se evite posicionar os caixas no campo de visão do mundo exterior.)

Duas grandes redes de varejo americanas, a Best Buy, de produtos eletrônicos, e os supermercados Whole Food, mudaram seu sistema de filas na esperança de torná-la mais eficiente e menos desencorajadora. A primeira faz o shopper se movimentar por um labirinto com paredes altas o bastante para que não se tenha idéia, quando se entra, de quantas pessoas estarão esperando à sua frente – e essas paredes estão recheadas de pilhas, videogames baratos, acessórios para computador e material de escritório. Funciona maravilhosamente bem. A Whole Foods está implantando seu novo sistema de filas: uma série de minifilas com um aparelho de televisão de tela plana acima delas indicando o número do caixa para o qual o primeiro da fila deve se dirigir. A vantagem desse sistema é que ele elimina aquela longa e tensa fila que serpenteia pelo salão. E fica claro que há um sistema tecnológico supervisionando toda a operação. Com o conhecimento de que alguém está administrando aquilo tudo e, talvez até, prestando atenção, o nível de ansiedade dos clientes cai. É um sistema maravilhoso? Não, mas consiste em um sistema e um avanço óbvio em relação ao caos anterior.

Companhia. A espera parecerá mais curta se você tiver alguém com quem conversar, claro. Uma loja não pode fazer muito a respeito, exceto reconhecer que os shoppers desacompanhados são os mais carentes de contato com os funcionários.

Distração. Qualquer coisa será suficiente. Um banco que analisamos usava um aparelho de televisão sintonizado em novelas para entreter as pessoas da fila. Má idéia, pensamos, pois, para se divertir com uma novela, é preciso que se assista a pelo menos meia hora de um capítulo. Uma solução bem melhor foi adotada por outro banco na Califórnia, onde um televisor de tela grande exibia à tarde, quando a maioria dos clientes era de aposentados, antigas comédias em curta metragem do cinema mudo. Atualmente, todos pensam em sistemas de vídeo, mas algumas diversões de baixa tecnologia também funcionam muito bem. Muitas lojas de alimentos servem amostras grátis, um bom passatempo que promove novos produtos. Posicionar estantes de itens de impulso, de modo que sejam alcançadas da fila do caixa, é um modo inteligente de posicionar produtos no ponto-de-venda, além de reduzir o tempo de espera percebido. Mantenha sempre em mente que a primeira pessoa da fila não requer muita distração, pois ela já está na expectativa de que o sinal de que chegou sua vez apareça na tela da televisão. Materiais promocionais, sinalização, estantes acessíveis e qualquer outra coisa devem ser posicionados para a segunda ou terceira pessoa da fila.

As estantes de tablóides nos caixas de supermercados são um bom exemplo de distração, permitindo ao shopper absorver todas as bobagens de que necessita sem precisar ficar horas a fio assistindo a algum lixo na televisão. Outra forma popular de distração para o shopper, acredite se quiser, são os elementos de comunicação. Segundo nossas pesquisas, os clientes percebem o tempo de espera como mais curtos se houver cartazes para ler. De fato, os varejistas inteligentes vêem o tempo de espera como uma espécie de ativo intangível. É uma das poucas oportunidades em que você terá seus clientes de pé em um local, virados em uma direção, sem muito a fazer. É aí que momentos ruins podem ser transformados em bons. A espera pode ser um mal necessário, mas você pode usá-la para comunicar alguma mensagem e, ao mesmo tempo, encurtar sua percepção pelos shoppers.

Mesmo longe dos caixas, o tempo de espera é um problema nas lojas atuais. Os varejistas costumam reduzir custos reduzindo a mão-de-obra, o que significa que, agora, os shoppers gastam mais tempo do que nunca em busca de um funcionário capaz de responder a uma pergunta. Essa é uma forma de tempo de espera particularmente letal; observamos inúmeros shoppers andarem de um lado para o outro dentro das lojas em busca de ajuda ou instruções. Depois de vagarem em vão por cerca de um minuto, é possível ver fumaça saindo por suas ventas. Os shoppers do sexo masculino são particularmente vulneráveis a isso. Se não conseguirem uma resposta rápida, desistirão e irão para casa (ou para outra loja). Estudamos uma loja de departamentos que acabara de modificar a política de funcionários. Em vez de manter caixas registradoras espalhadas pelos diferentes departamentos, elas foram consolidadas na frente (*menor número* de caixas, é claro). Como resultado, o tempo de espera na fila aumentou instantaneamente. Além disso, de repente, tornou-se dificílimo achar um funcionário no salão de vendas. Ademais, a multidão de shoppers impacientes na fila para pagar logo após a porta da frente dava aos entrantes a impressão de que a loja estava lotada. Em suma, a economia de alguns salários criou várias novas e caras desvantagens a serem superadas.

Atualmente, essa equação surge a todo momento no varejo. Até que ponto economizar dinheiro em mão-de-obra acaba custando dinheiro devido à frustração dos shoppers? Os bancos, em particular, são vulneráveis. Eles tendem a contratar caixas em tempo parcial por salários vis, significando que não estão obtendo trabalhadores com bom conhecimento de matemática ou com habilidades interpessoais. Como resultado, o tempo de espera aumenta. Em certo ponto, a apreensão dos shoppers custará caro. Estudamos duas empresas, um banco europeu e uma loja de produtos eletrônicos norte-americana que, sobretudo, por razões de segurança, usavam uma única gaveta para guardar dinheiro. No banco, os caixas tinham de correr para lá e para cá, de seus guichês para a gaveta, mesmo para a transação mais simples. Na loja, os shoppers contemplavam o espetáculo dos vendedores colidindo uns com os outros a caminho da caixa registradora. Nenhuma das disposições contribuiu muito para a confiança dos consumidores e o efeito sobre o tempo de espera foi exatamente o que seria de se esperar.

Estudamos algumas lojas cujas políticas antifurto consumiam tempo e, com certeza, acabavam custando vendas. Em cada exemplo, a mercadoria era de tamanho pequeno, mas não barata (perfumes chiques em um caso; cartuchos de tinta de impressoras de computador em outro e videogames em um terceiro). Todas as três lojas decidiram exibir os itens em caixas de vidro trancadas à chave, obrigando os shoppers a escolhê-los sem poder tocar neles nem examiná-los de perto. Isso, por si só, garante que as pessoas estão sendo desencorajadas. Os shoppers deveriam, então, procurar um funcionário, rezando para encontrar um autorizado a carregar a chave da caixa de vidro. Em todos os casos, vimos shoppers procurando em vão por ajuda e depois desistindo totalmente da compra. Será que a diminuição dos furtos compensou a perda das vendas? É provável que não.

Não há dúvida de que questões relativas ao desaparecimento de produtos na loja são sérias, mas tendem a ocorrer com maior freqüência em determinadas lojas, e não na rede inteira. Redes como a Staples se enquadram nesse modelo. Algumas lojas têm um alto índice de furtos, outras nem tanto e outras ainda não têm esse problema. O roubo de mercadorias ocorre de três formas: pode ser um produto que sai pela porta dos fundos (furto por empregados); um produto furtado por um profissional cuja intenção quando acordou naquela manhã era exatamente essa; e o furto por amadores, que pensam ter seu próprio sistema de desconto. No Wal-Mart, a taxa de furto é de menos de 1%. Mas isso pode significar muito dinheiro quando se trata de uma rede de lojas desse tamanho.

Dessa forma, as lojas instituíram medidas de segurança por toda parte. Por um lado, há aquela velhinha de pé, junto à porta de entrada, alegremente cumprimentando e dando boas-vindas a todos. A loja parte do princípio de que, se a presença de alguém for reconhecida, a probabilidade de que a pessoa furte um suéter ou outra coisa será bem menor. Outro meio de dissuasão usado é ficar anunciando nos alto-falantes coisas como, "Segurança, favor comparecer ao corredor seis", embora talvez a loja nem tenha um sistema de segurança. As lojas com grandes problemas de furto devem contratar profissionais de segurança.

Certa vez, trabalhamos com uma rede de drogarias na Carolina do Sul que tinha uma política corporativa de devoluções que era a própria definição de generosidade. Eles reembolsavam o preço de qualquer devolução sem fazer perguntas. Quando estive lá, o gerente me levou a uma seção da loja na qual eram vendidos produtos para cabelo e equipamentos para mulheres. "Este é o secador de cabelos mais caro da loja", ele me disse, apontando para um sofisticado modelo multivolt. "Tive quatro deles devolvidos no mês passado." Ele pausou dramaticamente. "O problema é que, no mês passado, não vendi nenhum."

Obviamente, algumas almas malignas estavam roubando o mesmo secador repetidamente e devolvendo-o para receber o dinheiro. Infelizmente, o gerente estava preso pela política da empresa: "Aceitamos todas as devoluções, sem perguntas."

Um desperdício de dinheiro.

De volta à questão do tempo. Impotente, em razão da política da empresa, o pobre gerente é obrigado a aceitar as devoluções, devolver o dinheiro que não devia estar devolvendo, verificar se o item está danificado e reestocá-lo. É doloroso constatar que o tempo que se perde nesse processo é absolutamente artificial. A política de retorno custa valiosos minutos no caixa e, em vez de criar boa vontade, está envenenando os empregados. Um exemplo de que, às vezes, não vale a pena gastar o tempo.

CAPÍTULO 15

Melancolia do caixa/embalagem

A cruel realidade é que, na maioria das vezes, quando se fazem compras, somos encaminhados ao caixa.

É um mal necessário. Talvez um dia até deixe de existir.

Todas as lojas oferecerão opções de auto-serviço, a exemplo do que já fazem os postos de gasolina, cabines de pedágio e bancos. Os shoppers alimentarão suas compras em uma engenhoca computadorizada na qual uma leitora ótica lerá o código do produto, totalizará a despesa, adicionará os impostos e depois engolirá um cartão de crédito ou de débito, obterá a aprovação e emitirá um recibo, uma bolsa do tamanho apropriado e uma breve mensagem: "Obrigado por comprar na Paco's, bip, aceite esse cupom de 10% de desconto na próxima compra de artigos masculinos, bip, tenha um bom-dia, bip, obrigado por..."

Parte dessa tecnologia já está em uso, como os escâneres portáteis usados pelos motoristas da FedEx e da UPS. Muitos supermercados já dependem dos shoppers para o ritual da passagem do cartão de débito pela máquina leitora. Na Europa, alguns restaurantes apresentam ao shopper um scanner portátil para que a transação do cartão de crédito possa ser efetuada na própria mesa. Eis aqui outro raro exemplo de inovação: a ICA, uma rede de supermercados suíça, dispõe de escâneres portáteis que os shoppers apanham na entrada do supermercado e, com eles, vão monitorando seu carrinho de compras. Você escaneia o azeite de oliva e seu sorvete à medida que os vai colocando no carrinho ou dentro de sua sacola. Na saída, seu cartão de crédito é passado na máquina e seu carrinho é pesado para que sejam conferidos o peso e o preço dos itens adquiridos. E você está liberado. Um sistema bem interessante, especialmente se comparado a outros sistemas de check-out automatizados.

E vamos encarar a realidade: com toda a glamourização e glorificação da experiência de compras do século XX, com toda a arte e ciência empregadas pelos gênios do comércio, ninguém ainda descobriu um meio de tornar simpática a área do caixa/embalagem. Os varejistas tentam explorá-la expondo ali mercadorias de alto lucro e alto impulso. Eles criam distrações para os shoppers esquecerem o fato de estarem esperando em fila pelo privilégio de se desfazer de seu dinheiro. É isto, afinal, que é tão frustrante na área de caixa/embalagem: em tese, pelo fato de ser o local em que o shopper é separado de sua grana, deveria ser o momento mais deslumbrante do processo. Em vez disso, é a parte mais fatigante. É também a fonte da maior parte da ansiedade dos shoppers: "Onde devo ficar? Quanto tempo isso vai levar?" O restante da loja parece bem projetado e amigável ao usuário. Aqui, as ilusões se desfazem e a verdadeira função de uma loja é revelada. É uma máquina em que produtos são trocados por dinheiro. Se a máquina for mal projetada, mal construída ou mal compreendida por seu operador, é aqui que o problema aflora.

Como observamos, o maior dilema sobre a área do caixa/embalagem é onde situá-la. A opção lógica é bem na frente, perto da porta. Você entra na loja, circula por ela, escolhe algumas coisas, depois retorna para frente, paga e vai embora. Da perspectiva da alocação de pessoal, isso também faz mais sentido. Uma pequena loja pode ser controlada fora das horas de pico por um único funcionário se a caixa registradora estiver perto da porta. Do contrário, serão necessários dois funcionários ou um atendente e um vigia, no mínimo. Certa vez, estudamos uma loja de calçados em que um arquiteto equivocado sitiou a área de caixa/embalagem nos fundos e a própria caixa registradora de frente para a parede dos fundos. Com isso, durante cada transação, havia um momento em que o atendente estava forçosamente de costas para a loja inteira e para os shoppers, uma posição que praticamente garante a ocorrência de furtos.

Mas é um erro posicionar a área do caixa/embalagem de modo que seja a primeira coisa avistada por quem entra. É como entrar em um restaurante pela cozinha. Simplesmente, não ajuda a motivá-lo para a loja.

Além disso, se as coisas forem lentas por ali e as pessoas se aglomerarem, os que chegam irão imediatamente perder a vontade de entrar. Inúmeras vezes, vimos shoppers espiarem para dentro da loja, avistarem a fila do caixa e, ato contínuo, irem embora. A área do caixa/embalagem é justamente uma promessa de sofrimento. Ela informa que, mesmo que encontre o que deseja, você terá de sofrer uma pequena tortura para obtê-lo.

Ao ponderar sobre a localização da área do caixa/embalagem, você deve também considerar seu efeito sobre o restante da loja. Diante do projeto de uma nova loja, de sua representação tridimensional pelo artista ou de seu modelo em escala trazido pelo arquiteto, você verá um espaço belamente ordenado e sereno. É assim que os projetistas preferem imaginar suas criações – livres de aglomerados humanos. Eis como todas as revistas de arquitetura representam as lojas: vazias. Mas então a loja abre, os clientes aparecem e, de repente, você descobre que as filas no caixa cortam o espaço em dois. As pessoas que esperam para pagar formam uma fila que serpenteia em uma direção que o projetista, em seu ninho de águia, jamais previu (quem faz as compras é sua esposa). Ali está uma muralha de shoppers que torna metade da loja difícil de ver e inconveniente de alcançar. Se aquelas pessoas na fila estiverem empurrando carrinhos, você realmente terá um obstáculo. A maioria dos clientes que entram sequer consegue enxergar além da fila, significando que, se o que desejam estiver do lado de lá, eles talvez nem tomem conhecimento. Medimos os padrões de movimentação de shoppers de várias maneiras, dentre as quais por densidade dos departamentos. A cada hora certa, percorremos o pavimento inteiro e contamos os shoppers em cada área. Nos horários de movimento em lojas nas quais a área do caixa/embalagem foi mal posicionada, o número de shoppers na parte de trás de uma loja é baixo. A fila de pessoas que estão esperando para pagar age como uma barricada humana.

Por ironia, a aglomeração na área do caixa/embalagem não costuma ser um indicador do estado do resto da loja. Isto é, umas poucas transações demoradas podem dar a falsa impressão de que a loja está lotada. Assim, você tem uma multidão na frente, atrás da qual é um total paraíso das compras, se é que alguém está lá para desfrutá-lo.

O que provoca tantos problemas na área do caixa/embalagem? Principalmente o fato de que os varejistas não conseguem reconhecer como a eficiência de um sistema de caixa afeta toda a experiência de compra. Se alguma vez você já ficou espumando de raiva e jurou nunca mais retornar a uma loja porque a área do caixa/embalagem estava uma verdadeira zorra, sabe que essa é uma forma perigosa de pensar para os comerciantes. Os varejistas e arquitetos que eles contratam deixam de tentar agradar os shoppers quando projetam a área do caixa/embalagem. Não dão espaço suficiente, cortam cantos quando possível e, na maior parte do tempo, alocam um número insuficiente de funcionários ao local. Ocorrem-me dois casos em que a gerência exagerou na falta de atenção com o caixa, com resultados desastrosos.

Um foi na Hallmark, que, surpreendentemente, vende muito no Natal. Grande parte dessas vendas são árvores de Natal sofisticadas e caras e outros ornamentos. Muitas delas são dadas de presente, como atestam os embrulhos especiais. Em muitas lojas, o embrulho é feito na área do caixa/embalagem pelos mesmos atendentes que registram as vendas. Você já esteve em uma loja de cartões na época das festas de fim de ano? Consegue imaginar o que acontece quando um caixa interrompe o registro das transações nos dois minutos necessários para embrulhar uma caixa e amarrar uma fita? É um congestionamento, um caos. Os presentes deveriam ser embrulhados em local próprio, mas, a cada ano, menos lojas seguem esse princípio lógico e antiquado. No afã de poupar o salário de um funcionário, a gerência cria engarrafamento na caixa registradora. Uma forma realmente eficiente de lidar com os embrulhos é criar uma área com papel de presente, fitas, papel de seda, tesouras, fitas adesivas, mas sem funcionários, na qual o próprio shopper possa assumir a tarefa.

O segundo caso foi na RadioShack. Ali, a área do caixa/embalagem compartilhava um balcão com o setor de reparos e devoluções. Isso significava, é claro, que haveria um intenso movimento extrínseco retardando os shoppers que desejavam apenas comprar algo e ir embora. Mas significava também que shoppers satisfeitos prestes a adquirir, digamos, um gravador ou monitor de computador tinham de ficar lado a lado com outros, insatisfeitos, que estavam ali para reclamar de gravadores e monitores de computador, às vezes exatamente os mesmos gravadores e monitores que estavam sendo comprados. Essa disposição não contribuía muito para a confiança dos consumidores. Ponham reparos e devoluções em alguma outra parte, aconselhamos... em algum local nos fundos, longe do fluxo principal de shoppers.

Tenho um interesse pessoal em pelo menos um pequeno canto do mundo da área do caixa/embalagem: os balcões de recepção e saída dos hotéis. Como muitas pessoas, hoje em dia gasto quase metade da minha vida em trânsito. A indústria da hospitalidade está florescendo como resultado da natureza peripatética dos negócios modernos. Contudo, a parte mais problemática da experiência de hotel tem permanecido mais ou menos inalterada. O cenário é sempre o mesmo: você chega tarde, cansado, atordoado com a mudança do fuso horário e doido para entrar no quarto onde poderá começar a enviar e-mails, ler, escrever, telefonar ou solicitar o serviço de quarto e um vídeo. Em vez disso, você passa uma eternidade em uma fila quando tudo de que realmente precisa é sua chave, uma vez que o restante da transação já foi resolvido de antemão pelo telefone ou por um agente de viagens.

Um hotel que visitei evoluiu para pequenas ilhas de recepção circulares no saguão, onde hóspede e atendente podem se sentar lado a lado junto ao terminal do computador. É um começo, mas algum hotel fará grande sucesso entre viajantes a negócios se levar a idéia adiante. Então, haverá uma seção de recepção no saguão com algumas poltronas confortáveis. Quando um atendente vir você sentado ali, carregará um palmtop, uma leitora de cartão de crédito, uma chave de quarto e seu pedido de bebida, e toda a papelada será manuseada dessa forma civilizada.

CAPÍTULO 16

Atos de magia

Se existe magia e se existem truques na ciência das compras, em sua maior parte eles estão naquilo a que denominamos disposição de produtos no ponto-de-venda. O restante deste livro aborda temas sensoriais: ergonomia, anatomia, cinética e demografia. Este capítulo trata de como fazer os produtos saltarem aos olhos e atingirem os shoppers.

O mundo da disposição e promoção de produtos em ponto-de-venda divide-se em dois aspectos distintos. Um é o esforço para posicionar produtos fora das prateleiras, afastados de onde são forçados a competir de igual para igual com seus concorrentes. Quem estaria disposto a aceitar isso? Assim, muito esforço e dinheiro são despendidos para que os produtos saiam das gôndolas por conta própria. Prateleiras funcionam bem para bibliotecas, todos concordam, mas em outros lugares devem ser evitadas, na medida do possível. Aliás, o sistema de bibliotecas de Baltimore fez uma experiência ousada, no final dos anos 70, exibindo alguns livros não pela lombada, mas de frente. Os empréstimos aumentaram substancialmente. Hoje, esse é o procedimento padrão da maioria das bibliotecas e livrarias. Há uma lição nisso para as livrarias, que mostram pouca inspiração na exibição de sua mercadoria, pelo menos da maioria dos títulos. A desvantagem seria uma grande diminuição no número de livros disponíveis, o que, sem dúvida, geraria protestos de autores e editoras preteridos.

O outro aspecto da disposição e promoção de produtos no ponto-devenda é a sutileza da arte e ciência das adjacências – como colocar um item junto a outro para criar alguma sinergia e vender mais dos dois. Uma parte do que as adjacências procuram proporcionar são vendas suplementares. Às vezes, isso pode ser justamente a compra por impulso típica na caixa registradora, como de pastilhas de menta ou uma embalagem de pilhas colocados na cesta de compras no último segundo. Mas compras suplementares podem acontecer em qualquer ponto de uma loja. Em minha opinião, os varejistas dão muito pouca atenção a isso e a conseqüência é que suas empresas se prejudicam. Como os itens suplementares costumam ter alta margem de lucro, podem representar a diferença entre uma loja que apenas sobrevive e outra que prospera. Eles podem transformar uma loja à beira de fechar as portas em um sucesso. No bar em Nova York do qual eu era sócio, a receita do jukebox, da máquina de vender cigarros e dos videogames operados por moedinhas cobria o aluguel. Os varejistas precisam aceitar o fato de que não há clientes novos. A população não está crescendo significativamente e já temos mais lojas do que o necessário. O cálculo normal é que 80% das vendas advirão de 20% da clientela. Assim, se as lojas quiserem crescer, terão de descobrir como obter mais dos clientes existentes: mais visitas, mais tempo na loja, mais e maiores compras.

Essa questão não se resume apenas a lojas de artigos de vestuário. Vai levar um mouse novo para seu computador? Experimente este mousepad. Carro novo? Leve também este jogo de tapetes especiais. A Gap vende agora perfumes e velas. A Victoria's Secret vende cosméticos, calculando (sabiamente) que as mulheres comprarão maquiagem onde quer que estejam, em especial se já estiverem em uma loja projetada para realçar-lhes a beleza. Uma agência de correios dos Estados Unidos, em um grande shopping center, vende caminhões postais de brinquedos, jaquetas de couro, ursinhos em uniforme de carteiro e outros itens afins. Assim, embora os lucros com a entrega de correspondência sejam inexistentes, os produtos do varejo têm uma bela margem. Um dia, isso poderá manter todo o sistema à tona.

Outro bom exemplo disso é minha livraria favorita, BookPeople, em Austin, Texas, que fica do outro lado da rua da loja principal dos supermercados Whole Foods. A BookPeople é uma loja alegre, cheia de personalidade e entrega o inesperado, a começar por efeitos visuais bons e baratos. Um velho fogão à lenha ancora a seção de livros de culinária. Os assentos, espalhados pela loja, refletem o que está sendo vendido: as seções de esportes e tecnologia têm velhas cadeiras de barbeiro, e antigas poltronas reclináveis são usadas com parcimônia. Em várias partes da loja, os proprietários acrescentaram categorias de produtos promocionais com temática relativa a cada seção – marionetes e máscaras próximas aos livros infantis; roupas, joalheria e velas apropriadas ao lado dos livros esotéricos. Ao longo das escadas, exibem-se papel de presente e suvenires. A área do caixa tem camisetas temáticas e barras de chocolate especialmente confeccionadas para a BookPeople em formatos fora do comum. Essa livraria não está apenas vendendo livros – está vendendo para pessoas que *gostam* de livros. No fundo, o local permanece uma livraria séria que, entre bibelôs e peças com humor, reinventou categorias e subseções. Por exemplo, a seção "Insurreição e Conspiração" fica ao lado da de jornalismo. E há um par de galos empalhados na entrada da seção de Cuidados com o Lar e Vida Rural, um belo detalhe.

Outro exemplo admirável é a Apple Store, que espalhou produtos adequados à compra por impulso na área do caixa/embalagem – só que geralmente custam mais de $100, como games, hard drives para back-up de design Apple, lindos hubs de USB etc. Colocados em vários locais, esses supérfluos evaporam das prateleiras. É como vender acessórios para um carro novo. A empresa calcula que, já que você está gastando milhares de dólares, que diferença fazem mais algumas centenas de dólares quando sua carteira já está aberta?

Digamos que você tem uma loja de roupas cuja venda típica seja uma camiseta de $30. Se você conseguir convencer aquele cliente típico a comprar também um par de meias de $6, terá aumentado as vendas em 20%. Você não foi nada mal nesse negócio! Se ele levar também um cinto de $20, as vendas terão aumentado 66%. Você é um gênio! Agora, só falta saber como fazer isso. Uma boa maneira seria gentilmente sugerir ao shopper que a compra está incompleta. Será que ele não precisaria de mousepad para acompanhar o mouse novo? Você poderia também colocar o mouse ao lado do mousepad para que a simples justaposição fale por si própria. Boa parte disso tudo é muito simples. Onde ficam os cintos? Perto das calças. E as meias? Perto dos sapatos. (Mas onde ficam os sapatos? Em seus pés.) Molho de tomate? Perto das massas. As lojas de departamentos fazem bem em vender gravatas no andar térreo, sobretudo para compradoras do sexo feminino. Mas as gravatas também devem estar perto dos ternos e blazers e, surpreendentemente, muitas vezes não estão. É um grande erro, porque às vezes você precisa realmente ver e tocar aquela surpreendente gravata em technicolor para se imaginar naquele sombrio terno cinza. Além disso, ninguém traja apenas um terno. Você precisa de camisa, gravata, meias, sapatos, abotoaduras e cinto para poder sair de casa. Assim, por que vender a parte mais cara do pacote em tamanho isolamento? As lojas de informática cometem erros ainda piores nessa área. Normalmente, elas exibem computadores em uma seção, as impressoras em outra, os móveis em um lugar diferente e os acessórios, de cabos a apoios para os pulsos, ainda em outros lugares. Alguém conseguiria conceber um sistema de exibição menos sensato, menos convidativo? Essa disposição é adequada ao depósito, não ao chão da loja, onde se realizam as vendas. Os produtos precisam ser mostrados mimetizando a forma como as pessoas os usam – computador, monitor, impressora e acessórios todos interconectados, plugados na tomada e ligados, sobre a mesa, para o shopper poder se sentar e fazer um teste.

Uma questão semelhante emerge no supermercado, a partir desta pergunta premente: onde colocar a massa de *taco*? Com o resto da comida mexicana? É isso que geralmente acontece. Perto da carne moída? Talvez seja necessária a combinação de taco e carne para evocar "*fiesta*" na mente do shopper que está em dúvida sobre o que preparar para o jantar. Que tal colocar massa de *taco* em ambos os locais? Por falar nisso, o balcão de açougue não seria também um bom local para farinha de rosca, molho para churrasco, amaciador de carne, pimenta-do-reino, sal marinho e ervas frescas? Na Itália, um supermercado está experimentando agrupar os alimentos por refeições: ingredientes do café-da-manhã aqui, do jantar acolá. Um conceito tornado possível por duas inovações – a eficiência energética de pequenos refrigeradores e o design renovado das lojas, que prevê tomadas elétricas em todos os lugares possíveis. Em muitas cidades do mundo, os ricos e os pobres fazem compras no mesmo lugar.

E que tal algo realmente ardiloso? Digamos, fatias de bolo em embalagens individuais. Você poderia decidir expô-las na seção de bolos, mas por que alguém que está atrás de um bolo inteiro compraria apenas um pedaço – e vice-versa? Elas poderiam ficar com outras sobremesas, como pudim, no refrigerador. Mas que tal uma fatia de bolo na seção de saladas, como recompensa pela escolha de uma refeição saudável? Esse posicionamento identificaria o bolo como algo diferente da guloseima para paladares infantis imaturos no refrigerador. No Capítulo 12, discuti como os fabricantes de papel-alumínio têm dificuldade em convencer os shoppers a gastar um pouco mais por um produto de maior qualidade. Uma forma de contornar o problema é melhorar a disposição do produto no ponto-de-venda. No verão, por exemplo, os supermercados poderiam vender carvão, molho para churrasco, aventais divertidos e papel-alumínio na mesma prateleira, em algum ponto próximo do balcão de açougue. Os homens provavelmente apanhariam o kit inteiro de uma tomada única, em vez de ter de reuni-lo corredor por corredor. E, nesse contexto, a superioridade daquela marca de papel-alumínio poderia parecer importante.

Em uma drogaria, onde colocar os livros sobre vitaminas e suplementos alimentares? Com os livros ou com as vitaminas? Seria fácil responder "ambos", mas em determinado momento sua loja ficará sem espaço. E todas essas localizações múltiplas serão inúteis se não aumentarem as vendas. Também na drogaria e a respeito de múltiplas localizações, onde você expõe os frascos de dose única, em tamanho de amostra, de xampu, condicionadores e outros? Normalmente, eles ganham o próprio local de exposição, mas deveriam ser vendidos nas mesmas prateleiras dos produtos de tamanho normal. Isso pode ser todo o necessário para fazê-lo testar um novo produto que você não experimentaria se tivesse de comprar o vidro ou o pote grande. O bom senso nos diz que, se eu chegar à prateleira de xampu primeiro e comprar minha marca habitual, estarei menos inclinado a apanhar algo novo quando chegar à prateleira de amostras.

As adjacências envolvem também uma questão de ordem – obter uma seqüência sensata e lógica de produtos. Certa vez, fomos contratados para estudar a venda de sacos de batatas fritas em cantinas para empregados. Em uma delas, a estante de salgadinhos e biscoitos ficava no início da fila, justamente onde se apanhava a bandeja. Em outra, os salgadinhos ficavam no fim da fila, antes do caixa. Será que isso fez alguma diferença? As vendas eram bem maiores com os salgadinhos perto do fim da fila. Como alguém pode decidir que tipo de salgadinho deseja antes de escolher o sanduíche? O que combina com um sanduíche de queijo suíço com mortadela, salgadinhos de milho ou batatas fritas? Da mesma maneira, em um mês de dezembro, estudamos uma loja de departamentos na qual um suporte de papel de presente de Natal estava posicionado logo após a entrada. As vendas eram baixas porque ninguém compra o papel antes de comprar os presentes. Ele foi transferido para um local onde seria uma das últimas coisas com que os shoppers cruzariam e as vendas subiram. Os planogramas de supermercados são projetados para explorar ao máximo as adjacências. O raciocínio é que, posicionar corretamente um item popular, como Sucrilhos, no centro do alvo, ajudará as vendas de outros produtos da Kellogg's dispostos a seu redor. Como a maioria dos shoppers é destra, o melhor local deve ser imediatamente à direita do centro do alvo, para facilitar ao máximo o rápido acesso.

Às vezes, porém, é a irracionalidade das combinações que chama a nossa atenção. Comparemos a venda de arcas caras em uma loja de móveis e em uma loja moderna de ferragens e artigos para o lar. Na primeira, dezenas de arcas estavam ordeiramente alinhadas, nada além de arcas, uma após a outra, arcas, arcas e arcas, com todo o encanto de uma liquidação de depósito. Já em uma loja Restoration Hardware, as arcas eram tratadas como mobília, colocadas junto a uma cadeira ou em um canto, com uma toalhinha de renda, uma foto emoldurada ou um espelho em cima. Sobre uma delas, repousava um grande e antiquado jarro de vidro que continha martelos de marceneiro cromados em estilo antigo, quem diria! Assim, não surpreende que o jarro ou os reluzentes martelos tenham chamado sua atenção. Você apanhou um e, de repente, notou a arca, realmente notou-a, e percebeu que não estava ali apenas para sustentar o jarro de martelos, mas era uma mercadoria real, com uma discreta etiqueta de preço pendurada no puxador da gaveta. Você não se sentiu subjugado por 40 peças de mobília semelhantes para examinar. Você conseguia ver realmente como a arca ficaria em sua casa, ao contrário do que ocorria no showroom. E o fato de começar olhando para martelos e acabar examinando uma mobília satisfez seu amor pela descoberta – manteve você alerta. Qualquer um consegue vender mobília a pessoas que procuram exatamente isso; mas é preciso um pouco de inventividade para vendê-la a quem não está em busca de móveis. Posso apostar que mais de um shopper que procurava uma toalha de renda foi para casa com uma nova cômoda de imbuia.

Você pode descobrir adjacências inteligentes postando-se perto de um produto e fazendo associações, imaginando o que mais lhe vem à mente. Na seção de tintas, deveria haver alguma possibilidade de venda cruzada de ferramentas mecânicas, ainda que seja apenas um cartaz ou alguma literatura sobre uma serra de cadeia jogada sobre uma mesa. Quem resistirá a apanhá-la? Como discutimos anteriormente, na livraria, aconselhamos nossos clientes a agrupar as seções pelo sexo de seus prováveis leitores. Assim, livros sobre computadores, esportes e negócios devem fluir de um assunto para outro, o mesmo acontecendo com os livros de auto-ajuda, dieta e nutrição, saúde e lar. Prestávamos consultoria sobre como vender impressoras de computadores e aconselhamos o varejista a agrupá-las talvez por fabricante: Hewlett-Packard aqui, Epson ali. Depois, vimos que os shoppers não compram assim. Eles estão mais interessados em comprar todas as impressoras de $300 do que em ver tudo que um fabricante está oferecendo. Assim, rapidamente mudamos nossa recomendação. A Golden Books, editora de livros infantis, organizava suas seções por faixa de preço até vermos que, para esses produtos baratos, o preço não é importante e que os livros deveriam ser agrupados por personagens, como cavalinhos aqui, ursinhos ali e assim por diante.

Que tal essa brilhante idéia de disposição e promoção de produtos no ponto-de-venda: vender meias-calças em ovos de plástico! Assaz estranho, concordo, só que essa embalagem característica transformou L'eggs* na marca número um em sua categoria nos Estados Unidos. Há alguns anos, em uma série famosa de testes cegos, as mulheres preferiram a marca No Nonsense, que costuma ser vendida bem ao lado de L'eggs. No entanto, a L'eggs domina o mercado, em uma verdadeira vitória da disposição e promoção de produtos no ponto-de-venda, já que, em tese, qualquer idiota deveria ser capaz de vender a marca superior.

* *Nota do Tradutor*: A marca L'eggs é um trocadilho fonético e visual com legs (pernas) e eggs (ovos). São meias-calças originalmente vendidas em embalagens brancas ovais (mais tarde abandonadas). O L', que, em francês, seria uma contração de "Les" ("Os"), dá ao produto uma conotação européia.

Se você não estiver envolvido com o varejo, talvez não se dê conta do tamanho e da amplitude da indústria que supre todos os materiais e mobiliário de disposição e promoção de produtos do ponto-de-venda, como cartazes, vitrines, displays para produtos de compra por impulso e todo o resto. Dos supermercados e drogarias às lojas de artigos para o lar e showrooms de automóveis, o que se tornou conhecido como o negócio de ponto-de-venda evoluiu bastante em pouco tempo. Os materiais de ponto-de-venda já existiam há muito tempo, é claro, retrocedendo àquela estátua do pele-vermelha na entrada da loja de charutos ou ao poste de barbearia com listras vermelhas e brancas. Mas, desde o início da década de 1980, o ponto-de-venda tornou—se realmente um protagonista e agora tem um lugar proeminente nas estratégias de vendas, bem ao lado do marketing.

Entretanto, até então, disposição e promoção de produtos em ponto-de-venda era uma atividade desprezada pelo marketing. Os gênios do marketing tomavam todas as decisões e determinavam como um produto seria apresentado ao mundo. Restava ao pessoal encarregado da disposição e promoção de produtos em ponto-de-venda solucionar os pequenos detalhes operacionais no nível do varejo – a comunicação visual e os displays nas lojas. Então, os dois lados começam a trocar de lugar. De repente, o varejo percebeu que, cada vez mais, os shoppers tomavam suas decisões de compra no chão da loja. Como já observamos, as pesquisas mostravam que mais de metade das compras de supermercado não era planejada. E tudo isso acontecia enquanto a influência do marketing caía das alturas. As monolíticas redes de televisão deram lugar a várias opções de meios de comunicação, e a devoção do consumidor à marca deu lugar a um shopper mais cético e de mentalidade mais independente. Tudo isso aumentou a dependência em relação à disposição e promoção de produtos em ponto-de-venda, fazendo a atividade crescer, quase da noite para o dia, de um carrinho de $5 bilhões/ano a uma montanha-russa de $25 bilhões/ano. Tradicionalmente, esse tem sido um negócio de pequenas empresas familiares (e, agora, algumas nem tão pequenas), carentes de sofisticação, mas ricas em intuição, verve e energia. É um negócio de caubói, no melhor sentido. Devido à sua juventude, os profissionais ainda estão aprendendo muitas lições, e aprendem na prática. Na verdade, grande parte de nosso trabalho nos últimos 10 anos tem sido testar e medir os efeitos de sistemas de comunicação visual, displays e mostruários nas lojas, tentando descobrir o que funciona e por quê.

Eis um bom exemplo da terrível magia que o uso inteligente da disposição e promoção de produtos em pontos-de-venda é capaz. Certa vez, ouvi a palestra da vice-presidente dessa atividade de uma rede nacional norte-americana de lojas de roupas para mulheres jovens, em que ela desconstruiu um display específico de camisetas. "Nós as compramos do Sri Lanka por $3 cada", relatou. "Depois, nós as trazemos para cá e costuramos as instruções de lavagem, em francês e inglês – francês na frente e inglês no verso. Observe que não afirmamos que as camisetas são fabricadas na França. Mas é possível inferir isso. Depois, fazemos um baita oba-oba de disposição e promoção em pontos-de-venda com elas. As camisetas são dobradas direitinho em um display de mesa de bom gosto e, na parede detrás, penduramos uma enorme e deslumbrante foto de uma mulher em um local exótico vestindo a camiseta. Parece uma modelo top de $1 milhão. Depois, chamamos a camiseta de *Expedition T-Shirt* e a vendemos por $37. E vendemos montes e montes delas, se você quer saber." Foi a lição mais depressivamente valiosa que já tive.

As revendas de automóveis não são um bom exemplo de como a disposição e promoção de produtos em pontos-de-venda deve funcionar, o que as torna boas lições sobre o que não se deve fazer. Estudamos uma revenda de automóveis estrangeiros que era praticamente um curso de pós-graduação sobre o tema. Os vendedores entulhavam os shoppers de folhetos, mas não forneciam pastas, de modo que eles acabavam andando pelo showroom abarrotados de incômodos papéis. Havia muitas estantes de folhetos, mas sem folhetos, o que é um problema, não porque os shoppers adorem folhetos, mas porque estantes de literatura vazias dão aos shoppers a impressão (correta) de que aquele estabelecimento comercial não dá muito valor aos detalhes. Cartazes com a parte de trás em branco eram colados em janelas externas e internas, de modo que, muitas vezes, os shoppers se viam fitando retângulos brancos vazios. Em uma revenda, como já observei antes, vimos um cartaz anunciando automóveis novos, só que do ano anterior. Os cartazes em posição de destaque eram sobre os "prêmios" concedidos à revenda pelo fabricante dos automóveis – exatamente o tipo de informação que deixa os shoppers bocejando. O display das cores disponíveis era uma bagunça completa: um portfolio encadernado com espiral caindo aos pedaços e colado com fita crepe. Em vez de uma foto do automóvel em cada cor disponível, mostrava-se aos fregueses um pequeno livro de amostras de tecidos mais apropriado para escolher cortinas. Os cartazes que deveriam estar pendurados sobre os automóveis estavam sobre as mesas. Avaliações favoráveis dos automóveis, recortadas de jornais, estavam coladas com fita adesiva nas paredes, em vez de expostas apropriadamente. Alguns artigos começavam a ficar amarelados e a se enrolar. E tudo isso para encorajar a venda de mercadorias que custam a partir de $20 mil!

Os varejistas não são os únicos a estragarem o projeto e emprego de material de disposição e promoção de produtos em pontos-de-venda. Muitas vezes, as empresas que projetam e produzem esse material (e os vendem para varejistas desafortunados) estragam-no antes mesmo que cheguem ao chão da loja – coisa simples, como usar displays de papelão sem revestimento. Vimos um desses displays, para protetores solares, chegar a uma drogaria numa sexta-feira à noite. Imediatamente, foi instalado na área de vendas e o produto vendeu bem. Depois, o pessoal da limpeza chegou e, como costuma fazer, lavou o chão sem remover os displays. A base do display de óleo de bronzear molhou-se um pouco. Na tarde de sábado, estava se inclinando. Depois que o chão foi lavado naquela noite, começou a tombar perigosamente. No domingo, estava no lixo.

É comum que ninguém pense no aspecto de um display quando metade das mercadorias já tiver sido vendida. O que restar parecerá convidativo ou a aparência será de abandono? Parte disso está relacionada ao que os shoppers vêem depois que um vidro de ketchup, ou seja lá o que for, tiver sido removido: papel-pardo estará visível ou haverá algum tipo de mensagem ou uma foto do vidro? Isso faz diferença.

E outras questões: você consegue discerni-lo a seis metros de distância? Se um display funcionar apenas quando você estiver quase em cima dele, só realizará metade de sua função. A parte de trás está vazia? As laterais também? O projetista daquele display não tem a menor idéia de como ele será posicionado em uma loja e, portanto, não pode ter certeza de que lado os shoppers o verão em primeiro lugar, se é que chegarão a vê-lo.

Displays de ponta de gôndola e displays independentes são comuns no varejo. Alguns são bem-sucedidos, enquanto outros fracassam, dependendo de como funcionam quando instalados em uma loja. À semelhança do que ocorre com os cartazes, você não saberá se são bons ou não até que estejam expostos. A última tendência em displays é o display ativado, que recorre ao movimento, especialmente de luzes, para chamar a atenção dos shoppers. Nossos testes de tipos de displays revelaram alguns resultados impressionantes: nos refrigeradores de bebidas, a versão ativada era observada por 46% dos shoppers, comparados com 6% para a versão comum. Um display de ponta de gôndola ativado obteve 37% de atenção, comparados com 16% para a versão tradicional. Mas, em certo ponto, os displays começam a se cancelar uns aos outros. Há tantos elementos clamando pela atenção dos shoppers que os displays se tornam o equivalente visual a um rugido surdo, com nada discernível em meio ao burburinho. O rei do comércio, John Wanamaker, certa vez observou, e eu o parafraseio, que metade do que gastava com propaganda era desperdício. O problema era que ele não sabia qual metade. O mesmo vale atualmente para materiais e estratégias de disposição e promoção de produtos em pontos-de-venda.

Fomos contratados para estudar uma ótima idéia para resolver toda a confusão em torno de remédios de venda livre para indigestão, azia, náusea, gases e outros males gastrointestinais desgraçadamente humanos. A natureza vergonhosa desses males é o que engendra tamanha ignorância sobre seu tratamento: pesquisas do fabricante dos remédios revelaram que os shoppers relutavam em abordar o caixa ou mesmo o farmacêutico com esse tipo de problema. (Pessoalmente, foi um trabalho bastante revelador, pois eu também nunca sabia, ao certo, que produto era para qual tipo de problema gastrointestinal e não tinha muita vontade de perguntar. Talvez, como você, eu estivesse tomando remédios para arrotos quando tinha gases intestinais e confundindo o alívio da diarréia com o de vômitos.) A solução para tudo isso foi um sistema de comunicação. Um cilindro horizontal com um disco em uma extremidade no qual você discava um sintoma, digamos azia, e, na pequena janela, o nome do remédio apropriado aparecia. Perfeito, todos nós pensamos. Então, alguns protótipos foram instalados e estudamos como os shoppers interagiram com eles.

Na verdade, vimos como eles não interagiram, pois o dispositivo de mostruários não foi utilizado. Talvez os shoppers estivessem menos confusos do que revelou a pesquisa. Os dispositivos de mostruário talvez fossem de bom gosto excessivo, fazendo os tubos cinzas não se destacarem suficientemente na gôndola. Não estava muito claro que o disco ao lado era para ser rodado. Uma grande seta vermelha teria ajudado bastante. De qualquer modo, a incerteza gástrica persistirá, pois a idéia foi um fracasso.

Vejamos outro exemplo. A questão não era se um dos principais comerciantes norte-americanos de temperos obteria um novo, sofisticado e caro sistema de displays de supermercado para expor seus produtos. Essa parte já fora decidida, ao custo considerável de mais de $1 milhão proposto por uma grande empresa de pontos-de-venda. O protótipo era uma beleza: organizava os produtos da empresa em condimentos, extratos, essências ou aromatizantes, algo que nunca fora feito com sucesso antes. Tudo é uma batalha nos supermercados e os temperos estavam se tornando uma corrida entre dois cavalos. Aquela idéia parecia uma forma infalível de uma empresa se diferenciar no lugar certo, no chão da loja.

O protótipo do display foi trazido à sede da empresa para todos verem. Ali, ao vivo, obteve elogios entusiasmados de todos os envolvidos. E lá se foi para as lojas, onde não teve qualquer efeito positivo sobre as vendas.

Tampouco teve efeito negativo, o que foi bom. Mas, apesar do alto custo, não foi melhor do que os antigos expositores que pretendia substituir. O que dera errado? Antes de qualquer coisa, as distinções feitas pelo display – condimentos, extratos, essências e aromatizantes – eram mais ou menos irrelevantes para o shopper. Quem se importa com isso? O efeito sobre a comida, o sabor e o cheiro, isso é tudo que importa. O que exatamente faço com cúrcuma? Como se usa alecrim no frango? Muita coisa poderia ser informada sobre os temperos e algumas informações poderiam encorajar as pessoas a comprar mais. Qual é o cheiro do açafrão? Um display que conseguisse responder a essa pergunta seria um genuíno avanço, mas aquele não respondia. Embora os displays fossem uma festa para os olhos quando vistos na sede cinza (ou era bege?) monocromática da empresa, a vertiginosa, ondulante e estonteante cacofonia de um supermercado era completamente diferente. É muito difícil ser observado em um ambiente no qual até Tony, o Tigre, precisa rugir para ser visto.

Assim, a empresa teve de desistir daqueles bonitos displays. Talvez algum novo sistema de displays para temperos e condimentos se justificasse, mas o processo que levou à escolha daquele foi falho desde o início. As grandes decisões sobre a apresentação dos produtos de uma empresa no chão de uma loja são tomadas pela própria empresa e, depois, por três entidades externas: a agência de propaganda, o projetista da embalagem e, finalmente, a agência de ponto-de-venda, que geralmente não tem qualquer influência sobre o que as duas primeiras determinam. Cada uma tem a própria agenda e prioridades, sem levar em conta o que acontece aos mostruários, desde que atinjam a área de vendas. Enquanto as várias agendas não forem consolidadas em uma única, sensata e prática, continuarão proliferando sistemas de mostruários falhos.

Um último caso: um grande fabricante de refrigerantes acabara de gastar uma nota em novos displays de supermercado e nos contratou para testar o protótipo. Quando cheguei ao supermercado com a representante do cliente, olhamos para dentro pela vitrine e vimos uma imensa pilha de caixas de refrigerantes no chão, uma imensa, brilhante, monocromática montanha de refrigerantes.

"Por que será que eles os deixaram assim?", perguntou ela. "Está uma bagunça."

Antes que ela pudesse solicitar que as bebidas fossem expostas apropriadamente, perguntei se poderia filmá-las em vídeo daquele jeito por um dia. Por nossa medição, a montanha era notada por 60% das pessoas que passavam por ela, um índice superior ao da maioria dos materiais de promoção em ponto-de-venda que a empresa já utilizara. Claramente, aquela grande massa de cor era tudo de que se precisava para deter os shoppers. Desconfio que haja uma lição a se tirar disso tudo.

V

Descansos de tela, jet lag e daroeses em transe: a cultura das compras

CAPÍTULO 17

A internet

Em 1997, quando escrevi um capítulo para este livro que minimizava a importância do e-commerce e, por extensão, da internet como a maior invenção humana desde o advento do chá com torradas, muita gente reagiu como se eu tivesse acabado de insultar um recém-nascido, já coroado como uma espécie de combinação de Mozart, Einstein, Newton, Tolstói, Galileu e Jaqueline Onassis. Basicamente, apenas afirmei que o e-commerce jamais substituiria as lojas de tijolo e cimento, que não era a palavra final sobre qualquer assunto, que era incômodo e irritante e – quase ia esquecendo – que havia sido concebido por um bando de geeks do Vale do Silício para ser usado por outros geeks do mesmo Vale do Silício.

Nossa! Nunca recebi tantos e-mails desaforados – é possível ler alguns nas primeiras críticas sobre a edição anterior deste livro na Amazon. Muitos deles me acusavam de não ser capaz de aceitar o Bravo Novo Mundo Digital, de não entender nada, de estar com minha cabeça enterrada na areia, como um avestruz, e coisas desse tipo. Em seminários sobre a internet, cheguei a ser vaiado para me retirar do palco. Ninguém naquela multidão de nerds, designers de software e de verdadeiros crentes queria ouvir sobre as desvantagens e limitações dessa nova e agressiva revolução. Eles queriam apenas que eu repetisse a frase mais popular nas festas de então – que a internet e o e-commerce eram as descobertas mais notáveis, bem, de toda a história da humanidade. A nova tecnologia permitiria que conduzíssemos nossos negócios, negociássemos ações na bolsa, comprássemos toda espécie de traquitana genial, encontrássemos nossa cara-metade e ficássemos horas e horas on-line trocando opiniões sobre antigüidades, cristianismo medieval ou a técnica excepcional empregada por Duane Allman em sua *slide guitar* – tudo isso num contexto de comunidade global unificada.

Que a internet e particularmente o e-commerce talvez não fossem os Mágicos de Oz e que, em vez disso, talvez fossem um sujeito perplexo, escondido atrás de uma cortina, ou que era ainda muito cedo para dizer alguma coisa. Que, em suma, era, de fato, humana, jovem e imperfeita – bem, ninguém estava muito interessado em ouvir esse tipo de mensagem.

Assim, quando a bolha das pontocom estourou no começo do ano de 2001, não fiquei muito feliz, mas, para ser honesto, senti-me um tantinho vingado. Ao mesmo tempo, não fiquei nem um pouco surpreso quando a fênix que é a World Wide Web 2.0 renasceu das cinzas. Mas há uma questão seminal que não sofreu qualquer modificação desde que a internet apareceu no começo dos anos 90: as compras on-line cresceram não porque a tecnologia seja tão boa assim, mas porque as coisas que estão sendo substituídas (ou que estão passando por uma tentativa de melhoria) têm se tornado muito piores, impraticáveis e mais caras e/ou ineficientes. O mundo on-line pode contabilizar o sucesso que porventura tenha conseguido hoje graças, em grande parte, ao fracasso das avenidas, canais, processos e sistemas de entrega off-line. Dez anos depois de ter escrito o capítulo original sobre a internet e o mundo do e-commerce, ainda acredito que haja muito a ser feito.

Se examinarmos aqueles momentos iniciais da internet, fica difícil não chegar à conclusão de que a origem do estouro da bolha estava ali. Essencialmente, aquilo era então, e ainda continua sendo, um repositório de dados – um local em que você e eu podemos verificar quantidades assombrosas de pessoas, bens e informação bruta às quais hoje temos um acesso sem precedentes. Precisa do ISBN (número do Sistema Internacional de Catalogação de Livros) de um livro de suspense recomendado por um amigo? Precisa de instruções sobre como ir de sua casa ao Hipódromo de Pasadena? E os horários dos trens suburbanos desta quinta-feira? Gostaria de fazer uma visita virtual ao Berkeley College, saber quem foi o vencedor do campeonato de futebol americano de 1976, o vencedor do Oscar de Melhor Ator de 1981 ou o horário de funcionamento de sua loja favorita aos domingos? Ao fornecer aos consumidores acesso a informações básicas e úteis (em vez de, digamos, conhecimento) sobre produtos, lugares, horários e pessoas em um grau que nunca havíamos tido, a internet democratizou a informação. Melhor ainda, podemos localizar todas as informações de que precisamos de um campus nos arredores da cidade ou, cada vez mais, de nossos Blackberries e iPhones.

A glória infinita de toda essa exposição indiscriminada – isto é, ausência de filtros, a não ser aqueles terminantemente proibidos pelos pais que não desejam que seus filhos em idade escolar acabem entrando em sites não-recomendados – é, por sinal, também uma das maiores desvantagens da grande rede. A natureza livre de censura da internet criou um mundo em que qualquer um poderá disseminar alegremente os Protocolos dos Sábios do Sião ou compartilhar instruções detalhadas de como construir um explosivo caseiro, sem que um adulto interfira e diga: "Ei, espere aí..." Digite, por exemplo, "Eric Clapton" e, em menos de um segundo, uma derrama brilhante, pulsante e quase maluca de claptomania – cerca de 17,5 milhões de websites – o deixará atordoado. Se você tiver tempo, em uns dois dias poderá ser capaz de levantar todas as informações sobre o ídolo da guitarra, desde páginas de sites oficiais de fã-clubes e todas as entrevistas que Clapton já deu na vida até as letras e as cifras das músicas, partituras, para contrabaixo, vídeos do YouTube, sites de venda de ingressos para seus shows do próximo verão, medalhas comemorativas, a cronologia de seus trabalhos paralelos, seus trabalhos com o Cream, John Mayall, Yardbirds, Derek and the Dominos, sua vida amorosa, seu histórico com drogas, seu período de sobriedade, seu mapa astral, os prós e os contras de sua biografia recentemente publicada e souvenires autografados à venda no eBay. E quer saber? Isso é apenas uma fração ínfima de tudo que se pode obter a respeito desse monstro do rock. É realmente impressionante a quantidade de dados brutos que Eric Clapton produziu desde que empunhou uma guitarra pela primeira vez, aos 13 anos (e sei disso porque vi essa informação algumas dezenas de vezes em alguns dos 17,5 milhões de sites que acessei).

O problema começa quando se colocam as seguintes questões: a) o que exatamente você está procurando?; e b) o que é verdade e o que é mentira? Afinal, a internet é um repositório de rumores, meias verdades, boatos, erros, especulações, hipóteses e mentiras deslavadas. Isso tudo convive com, ora, os *fatos* (coisas que têm origem em fontes aparentemente válidas). E como diferenciar as duas coisas, especialmente quando elas ocasionalmente dividem espaço em um mesmo site? Por exemplo, veja a Wikipedia, a enciclopédia on-line colaborativa e em tempo real. Os estudantes que usam o site como fonte para seus trabalhos escolares nunca podem ter certeza se, de uma hora para outra, o texto que estão consultando terá um enorme trecho removido, alterado, atualizado, renomeado ou mesmo eliminado até a hora em que o trabalho for apresentado no dia seguinte.

Assim, a ausência de filtros é tanto um excesso quanto um embaraço. A rede deu aos consumidores acesso a uma quantidade espetacular de dados (e coisas), mas nenhum modo confiável de discernimento quanto ao que vale a pena ou não, o que é confiável e o que é suspeito.

Dentro dessa miscelânea de informações e dados, muitos consumidores foram levados a acreditar que, se não conseguirem encontrar determinada coisa na internet, isso significa que ela não existe. Em geral, eles se surpreendem quando descobrem que, se um website lhes diz que não há vagas em seu hotel favorito, nenhum vôo saindo com destino a Cingapura à tarde, ou nenhuma rota alternativa para o Yankee Stadium, além daquela proposta pelo MyQuest, um simples telefonema para o hotel, para a companhia aérea ou para o Automóvel Clube geralmente desmentirá a internet. A probabilidade é de que, em 95% das vezes que você telefonar, encontrará o que procurava on-line. Os outros 5% do tempo, contudo, o hotel anunciado on-line como lotado geralmente terá um quarto disponível e haverá um vôo saindo para onde você deseja ir no horário que você quer não estará listado no Travelocity.

A falta de qualquer processo de filtragem na internet, além da margem de erro, sugere a necessidade de algum tipo de expertise – alguém que afunile as possibilidades para cerca de uma dúzia. Parte do problema nos dias de hoje, como a maioria dos consumidores sabe, é que há excesso de escolhas no mundo. Um excesso de produtos, de cartuchos de tinta, de aparelhos de barbear. Realmente muito, muito mais *coisas* do que precisamos. E por onde começar? Em geral, os consumidores procuram por alguma orientação das mais rudimentares – alguém que se apresentará para reduzir o cardápio de escolhas. As Oprah Winfreys e as Martha Stuarts do mundo intuíram isso e se posicionaram, entre outras coisas, como agentes, ou porteiras. Assim como o terceiro fantasma da obra de Charles Dickens, *A Christmas Carol* (*Um cântico de Natal*) – aquele que enxergava o futuro e era capaz de evitar que Scrooge cometesse erros –, elas indicam determinado livro ou DVD, ou um colchão confortável, ou uma TV de tela plana que, em sua opinião, têm boas qualidades para o consumidor. Os consumidores, confusos e sobrecarregados, dão retorno.

Na verdade, muitos ficam extremamente aliviados ao abrir mão do ônus de tomar decisões, o que, em minha opinião, contribui para a popularidade das listas on-line de "os melhores...", seja de livros best-sellers da Amazon, ou de páginas iniciais de uma categoria específica que aparece na tela quando você visita a loja iTunes, da Apple. Como resultado de décadas de trabalho, particularmente com lojas de música e livrarias, sabemos que essas listas estão entre as mais eficazes e populares ferramentas de promoção de vendas: a lista de best-sellers do *The New York Times*, da revista *Billboard*, ou das 10 mais da VH1.

1. É
2. Um
3. Fato:
4. As pessoas (especialmente os americanos)
5. Adoram
6. Listas.

Elas adoram listas, muito embora determinada lista talvez não seja a que os experts da empresa cuidadosamente montaram, mas um resumo dos produtos mais populares que outros consumidores adquiriram. "O Mais Popular", como qualquer artista ou consumidor poderá esclarecer, nem sempre significa o mesmo que "O Melhor". Contudo, a maioria dos consumidores fica plenamente satisfeita em comer o que todo mundo come, assim como não eles têm qualquer problema em dar aos filhos os nomes de Emily ou Jacob (os nomes mais populares do ano para recém-nascidos meninas e meninos nos Estados Unidos). Entre os itens mais comprados na categoria de música clássica do iTunes, você sempre encontrará cinco ou seis títulos listados bem ali, na página de entrada correspondente, inclusive as gravações de diversos bons violonistas jovens e de graciosos pianistas.

Mais uma vez, os consumidores adoram a idéia de que um monte de outras pessoas já avaliou previamente aquilo que estão prestes a adquirir. Não importa, isso vende produtos.

Bem mais valiosas, em minha opinião, são aquelas listas elaboradas por leitores empreendedores da Amazon. Variando do bizarro ao direto ao alvo, essas listas parecem sinceramente destinadas a ajudar shoppers de livros iniciantes ou sobrecarregados interessados em determinado autor, gênero ou assunto.

Também gosto do aspecto de fórum popular da Amazon, em que os leitores podem se engajar em um genuíno diálogo sobre os méritos da obra de Eckhart Tolle ou do último lançamento de Janet Evanovich. Algumas recomendações, postadas por leitores, classificando determinada obra com cinco estrelas, são, sem dúvida, falsas e enviadas por algum amigo do autor, mas nem todas são assim, certo?

Contudo, a Amazon certamente tem suas deficiências. Por exemplo, tente entrar em contato com eles se você tiver um problema com seu pedido (existem sites inteiros devotados a esse dilema comum). Se você tiver um problema, será difícil ignorar aquela voz dentro de sua cabeça dizendo que a poderosa Amazon não está nem aí para suas reclamações. Tente entrar em contato via e-mail e você receberá uma resposta automática objetiva, mas amigável. Você pode perder vários dias na tentativa vã de localizar um protocolo de serviço. O preço que pagamos pela conveniência de fazer compras com um único clique do mouse e por uma experiência de compra ritualizada é que ninguém remotamente humano está do outro lado de nossa transação com a Amazon. Você receberá apenas uma série ininterrupta de mensagens calibradas por um banco de dados.

Essa questão se tornou um tanto pessoal quando a Envirosell começou a trabalhar para a Microsoft, uma de nossas maiores e mais entusiasmadas clientes. Para ela, desconstruímos as seções de software e de videogames de lojas em várias partes do mundo (para alguém que não consegue passar nem da primeira fase do Halo – um game clássico da Xbox –, tenho um conhecimento muito maior de como se compra o Xbox 360 globalmente do que qualquer um deveria ter o direito de saber). Em determinado ponto, logo no começo de nosso relacionamento, um dos executivos da empresa me convocou. Ele estava em pânico. Seria verdade, como a Amazon afirmava, que eu era co-autor de um novo manual do Unix/Linux, o sistema operacional concorrente? É claro que não. No entanto, lá estava meu nome no site da Amazon (pelo amor de Deus! Quantos Paco Underhills poderiam existir no mundo?). Nosso executivo ficou aliviado, mas deixou claro que teria havido algumas histórias na sede corporativa da empresa, em Redmond, sobre um fornecedor da empresa que seria um espião.

O que fazer? E-mails para a Amazon só resultavam em cada vez mais respostas automáticas. Finalmente, exasperado, consegui entrar em contato com o consultor-geral da Amazon, que me informou que não havia muito que ele pudesse fazer para resolver o problema e que a questão estava nas mãos de um de seus muitos distribuidores. Quando deixei claro que eles *tinham* de tomar alguma providência, que seu erro estava colocando minha empresa em risco, o máximo que puderam me oferecer foi a exclusão imediata de meu nome como co-autor do livro. Contudo, a Amazon não poderia garantir que em algum *upload* futuro meu nome não aparecesse novamente. Até hoje, verifico o site com freqüência.

Como mencionei, nos dias de hoje, a tsunami de websites, produtos, escolhas, coisas, informação e de desinformação descarada é um dilema que sugere a necessidade de um futuro serviço de "Pergunte ao Expert" – alguém que preste um auxílio vital a você, shopper, e que seja capaz de resumir dois mil sites em apenas uma dúzia de opções. Alguns websites, como o Head Butler, já estão oferecendo um serviço desse tipo. Seu proprietário seleciona coisas de que gosta – desde fones de ouvido à prova de som externo Shure E3c até o novo álbum de Levon Helm. Ele escreve pequenos e divertidos artigos explicando por que essas coisas são tão notáveis e, em seguida, direciona consumidores interessados para a Amazon. O futuro da internet seria fabuloso se pudéssemos alugar um expert para nos ajudar a nos encontrar na grande rede e, dessa forma, torná-la menor. Nossos colegas em LivePerson.com lançaram um novo serviço on-line, no qual, além de se obterem conselhos sobre compras, os consumidores podem, digamos, alugar um microbiólogo ou um distinto engenheiro de software, pagando a eles por minuto para responder às suas perguntas. À medida que a mais recente geração de usuários da internet for desenvolvendo sua capacidade de comunicação, é possível que cheguemos à conclusão de que o monopólio da informação desfrutado pelos Googles, Microsofts e Yahoos da vida será redistribuído em processos bem mais discriminantes do que os que temos hoje.

Mas não estou de dedos cruzados.

De meu ponto de observação, como estudioso dos hábitos de compra dos consumidores, tanto on-line quanto off-line, por muito tempo considerei a internet análoga à água. Ela escorre, e flui e jorra e se acumula em valas e bueiros e riachos e canais e poças nos quais alguém já esteve fazendo pesquisas, planos e preparando terreno. E a rede, com um ótimo sexto sentido para esse inventário pré-pesquisado de oportunidades, chega até lá intuitivamente. Ela preenche essas lacunas. De vez em quando, até de forma satisfatória.

Entretanto, ela ainda não resolveu a mesma questão que se impõe aos varejistas de hoje, ou seja, o que é global e o que é local? Será que um processo global pode ter alguma relevância para você, como indivíduo local?

No meu caso, em vez daquilo que o Excite, o Google ou o Yahoo podem me oferecer, escolho, em qualquer hipótese, ouvir minha rádio local, seja pelo ar ou on-line. É claro que, se quiser, posso customizar minha página inicial – esportes, negócios, noticiário nacional e internacional, previsão do tempo etc. No entanto, exceto pelo fato de que agora já é possível saber em primeira mão se vai chover na terça-feira, a customização não significa grande coisa. A mim, não seduz particularmente. Preciso saber o que acontece na minha cidade, no meu bairro; se meu time ganhou o jogo ontem à noite e que filme está passando no cinema perto de minha casa. Portanto, o que frustra um monte de gente, inclusive a mim, é exatamente o mesmo software de solução universal que os fanáticos pela internet insistem em afirmar ser a característica mais poderosa da grande rede. O germe da idéia já está no lugar – mas e se conseguíssemos chegar a um ponto em que fosse possível desenvolver ferramentas de busca, que, ao contrário do que temos hoje, fossem eminentemente locais – isto é, direcionadas localmente?

Aqui, aponto o dedo para os capitalistas de risco. Em vez do colocar seu dinheiro em negócios de $10 milhões, muitos estão de olho em empreendimentos que valem 10 vezes esse valor e que tenham potencial de crescimento de 10.000% nos próximos três anos. Todo mundo quer ser o principal investidor da próxima gigante on-line. Isso não quer dizer que essas empresas não mereçam seu sucesso estrondoso ou seus bilhões, mas o resultado é que, mesmo no caso do Facebook, o conceito de um network socialmente integrado ainda não foi customizado em função do indivíduo, do lugar e do ambiente. Afinal, enquanto a internet pode ser de domínio público, o Google, MSN, YouTube e os outros gigantes da internet são todos grandes negócios que devem, antes de qualquer coisa, satisfações a seus acionistas.

Meu processo on-line local ideal? Aquele em que fosse possível escolher livremente sua ferramenta de busca com base nos próprios interesses e crenças, de modo que ela se torne muito mais sensível a você, o usuário. Periodicamente, apanho a cópia de um dos jornais gratuitos de meu bairro, *The Villager*, uma vez que seus anúncios e informações de serviço têm relevância direta para minha vida de habitante do sul de Manhattan. Lojas de artigos de vestuário na internet talvez devessem considerar fazer o mesmo. Afinal, as mulheres de Nova York se vestem de forma diferente de suas colegas de San Antonio, Texas, ou das de Los Angeles. Os modelos de roupa "favoritos" ou "recomendados" nos sites da Macy's ou da Eileen Fisher correm o risco de parecer ótimos em uma matrona texana e ridículos em uma executiva de Hollywood, na flor de seus 40 anos. Esses sites poderiam considerar fazer o que o Netflix faz: fornecer uma lista de seus títulos mais populares em determinada área de código postal. Novamente, "mais popular" dificilmente coincide com "o melhor", mas esse tipo de sistema chegaria mais próximo a um casamento entre solução local e processo global.

Um website chamado DailyCandy, voltado para mulheres modernas na faixa dos vinte aos trinta e poucos anos, é outro exemplo encorajador. As assinantes do site podem escolher entre cerca de uma dúzia de cidades – de San Francisco a Chicago e Londres. Se você morar em Miami ou nas cercanias, o DailyCandy não apenas lhe dirá qual é o endereço mais interessante em que pode comprar lingerie, mas também onde estão os espetáculos culturais mais quentes para o fim de semana, além do que fazer com as crianças, e onde comer bem. Para mim, esse é, pelo menos, um começo.

Outra questão que continuo a desafiar na internet é: como ela se sustenta? Qual é sua sustentação financeira básica? Será que é a propaganda que a mantém funcionando? Será o governo? Instituições locais? O veredicto ainda está em aberto. Se for a propaganda de empresas privadas, podemos apontar exemplos como o da Samsung, que dedica grandes somas de seu orçamento de marketing a anúncios na grande rede inseridos em sites de pescaria e outros locais em que se encontra seu público-alvo. E esse investimento parece dar um ótimo retorno. No entanto, a empresa chegou a essa decisão da maneira mais difícil, uma vez que as audiências geralmente ignoram os comerciais de 30 segundos, ou conversam ou saem da frente da televisão, ou ainda usam aparelhos do tipo TiVo que gravam a programação suprimindo os anúncios. Além disso, comerciais de televisão custam uma fortuna. Jornais e revistas não são muito melhores, uma vez que o mercado já não é mais dominado por cinco ou seis jornalões que 60% dos americanos costumavam folhear dia após dia.

O resultado é que o fracasso das tradicionais máquinas de venda e entrega de produtos gerou a oportunidade de uma máquina denominada e-commerce vir a existir.

O que, quando se pensa no assunto, não chega a ser motivo de elogios.

* * *

A grande questão permanece. Por que será que essa segunda geração da internet teve mais sucesso do que a primeira? Como já disse, não é que a internet tenha ficado mais interessante, objetiva, rápida, excitante, melhor ou mais eficiente. Uma das grandes razões para isso ter acontecido é que as mulheres começaram a dedicar uma intensa – eu disse intensa – atenção à internet. A Geração E-Commerce II vai muito bem, obrigado.

A Pesquisa Global On-line da Nielsen de 2008 relata que mais de 85% das pessoas do mundo que navegam na internet já compraram alguma coisa on-line – um aumento de 40% em relação a 2006. Na Coréia do Sul, estão os mais ardentes shoppers on-line – quase 100% dos internautas do país (seguidos pelos da Alemanha, Reino Unido e Japão) já adquiriram alguma coisa dessa forma. Os Estados Unidos estão em oitavo lugar. Os produtos campeões de vendas on-line são os livros, seguidos de artigos do vestuário e acessórios, calçados, vídeos, DVDs, jogos, bilhetes aéreos e equipamentos eletrônicos. Os shoppers on-line são fiéis: 60% alegam que compram a maioria dos produtos dos mesmos sites.

Entre as coisas que as mulheres fazem on-line, além de fechar negócios, está o que denomino "uma espécie" de atividade de compras. Eis como a dividimos:

A Pré-Compra – O equivalente no varejo a um namoro às cegas. Nada de muito profundo acontece aqui, apenas muito namoro e acumulação de dados. Quando ela entra em outro site, sua mulher, irmã ou namorada sai à rua e poderá examinar um vestido na Target.com, cadernos para os meninos levarem para a escola ou um novo modelo de sapato na L. L. Bean. O fenômeno da pré-compra é particularmente prevalente entre mulheres quando estão à procura de um automóvel – elas fazem isso com muito mais profundidade que os homens. Como Dante teria de inventar um décimo círculo do inferno para reproduzir a experiência da maioria das mulheres quando entram em uma revenda de automóveis, elas preferem pesquisar on-line. Comparam preços do Prius, Siena ou do Civic, com ou sem transmissão automática, rádio com *blue tooth*, sistema de navegação por satélite, protetores de pára-lamas, teto solar e outras mordomias. Em seguida, elas entram na revenda confiantes, preparadas, com todas as informações de que precisam.

Assim, quase por acaso, a internet serve como recurso de suporte às lojas de cimento e tijolo. Se a consumidora estiver se sentindo cansada, ou estiver com preguiça, sem tempo ou indisposta a falar com alguém, poderá procurar livros, filmes, programas de televisão ou seu acessório de cozinha preferido antecipadamente. Talvez ela possa consultar alguns artigos com críticas sobre os produtos para, em seguida, ir direto à loja física para comprá-lo. Isso economiza tempo. Não é preciso ficar meia hora na loja à procura do produto ou ter de perguntar ao vendedor, que talvez não saiba do que se trata, atendê-la mal ou ignorá-la. Alternativamente, se a consumidora não estiver disposta a ir à livraria ou à locadora de DVDs, poderá economizar gasolina fazendo a compra on-line na Netflix ou na Amazon, ou ainda colocando um pedido na caixa de correio da esquina.

Terapia de Compras Secundária – Imagine o seguinte: Nada de tumulto. Nada de shopping centers. Nada de longas filas. Nada de carrinhos de bebê obstruindo a passagem no corredor das lojas. É o equivalente wireless de se folhear a revista *Vogue* – o máximo em promover fantasias e matar o tempo. Dá às mulheres acesso instantâneo a butiques e a bugigangas *high tech* que, de outra forma, elas talvez não se sentissem confortáveis em procurar para comprar. Nesse caso, não haverá aquele vendedor da Vuitton para dar aquela olhadela de cima a baixo quando alguém entra na loja. Não haverá vendedoras insistentes. On-line, elas podem passear pela Harry Winston, mergulhar na Louis Vuitton e fazer o check-out na Crayon Ranch, em Tucson, na Ritz, em Paris, ou na Mandarin Oriental, em Cingapura. É como ser invisível e ter asas. Elas podem até fazer isso tudo nuas, exaustas, precisando de um banho ou enquanto, ao mesmo tempo, assistem a um de seus filmes favoritos na televisão.

Nos dias de hoje, o senso de, pela primeira vez, as consumidoras poderem ter acesso a bens sem ter necessariamente de comprá-los reproduz o que aconteceu com o advento das primeiras lojas de departamento nos anos 1850. Entre outras coisas, a loja de departamentos serviu como ímpeto para a mobilidade para cima da classe média. Até então, pressupunha-se que, se você entrasse em uma loja, era para comprar – ou, no mínimo, que você tinha dinheiro para fazê-lo. Portanto, muita gente passou a levar uma vida que nunca havia experimentado antes e, em muitos casos, alimentando seu apetite para ser bem-sucedido. Então e agora, a loja de departamentos é uma instituição extremamente democrática. Ela convida todos a entrar e olhar e/ou ficar pasmo, conforme sua vontade.

Economia de Tempo – Um excelente exemplo: o Natal. As consumidoras podem extrair todas as boas coisas da época mais encantadora do ano e, ao mesmo tempo, evitar os aspectos de circo dos horrores – multidões, estacionamentos lotados, pais enlouquecidos se empurrando na fila das lojas mais populares. On-line, elas podem selecionar, clicar, colocar no carrinho de compras, fazer o check-out e pronto! O bonsai já está a caminho de um sobrinho querido, um suéter vermelho para a prima, duas caixas de ostras colhidas na noite anterior para o tio na Flórida que não sente saudades da Nova Inglaterra, exceto ocasionalmente, pelos frutos do mar.

Ainda assim, fazer compras na internet nem sempre recai em uma dessas categorias. A grande rede tem notáveis histórias de sucesso. Como explicar a popularidade de lojas on-line como a Bluefly, que vende roupas de grife para homens e mulheres com desconto? É uma versão ainda mais animada de um desses canais de TV a cabo especializados em vendas, como o Home Shopping Network. O Bluefly superou a necessidade humana de cheirar, tocar e provar um suéter de cashmere ou um par de jeans Mark Jacobs. Com base em um ótimo texto, boas fotos e uma permanente exibição de novas peças de bom gosto, o Bluefly consegue ter vendas consistentes em seu portal. É o máximo em olhar vitrines e fazer compras on-line, e os preços são justos.

E então, você, é uma mulher que se descobre possuidora de 43 bolsas de marcas famosas, sem saber onde usá-las.

O que nos traz a uma das grandes vantagens da internet – sua capacidade de criar mercados secundários, um sistema confortável e confiável para a reciclagem de bens que, de outra forma, ficariam acumulando mofo no armário, enferrujando na garagem ou no porão. Seja um Mercedes-Benz usado ou uma guitarra Gibson Les Paul, cor de caramelo ligeiramente arranhada, que você coloque no eBay, não importa. A internet institucionalizou um mercado de pulgas virtual de infinita variedade. Tenho vários colegas que suplementam sua renda especializando-se em determinadas categorias de produtos, de uma forma que seria impensável há uma década. Velhos livros sobre ferrovias, antiguidades como taças de vinho e cartões-postais, ladrilhos marroquinos, não importa, alguma pessoa, em algum lugar, os deseja. Mais poder para elas.

Até mesmo a Amazon entrou no jogo porque, às vezes, a margem de lucro da venda de usados é maior que a de novos. A empresa dá ao shopper a opção de comprar muitos livros usados ou novos. Para livros esgotados, a Amazon se conecta a um network de vendedores de livros usados que, em geral, ganham mais dinheiro na remessa e nas taxas de manuseio do que na venda do livro propriamente dito.

Fora do ambiente do mercado de pulgas virtual, como fazem os empresários para levar as pessoas a comprar on-line? Bem, há a maneira fácil que é mais ou menos assim: você está apaixonado por certa marca de tênis de corrida ou de calça cargo que você já usa há anos e sabe o tamanho etc. Clique no check-out e uma peça novinha estará a caminho para substituir o antigo.

Outro modo como a internet tem funcionado bem é com comunidades on-line para crianças, como o Club Penguin, o Webkinz e outros semelhantes em que as crianças são solicitadas a comprar, tomar conta e descarregar todo o seu amor em mascotes on-line. Se você comprar um pingüim, bem, ora essa, um pingüim precisa de iglu, certo? Ele também precisa se alimentar. Apesar da taxa – $5 aqui, $5 ali –, esses sites ajudam as crianças a desenvolver suas habilidades com computador (embora seja uma experiência de extremo sedentarismo). Luca, o filho mais jovem de Gustavo, que gerencia nosso departamento de dados, era capaz de, sozinho, ligar o computador, entrar na internet e chegar ao site de seu game favorito. Tudo isso aos 3 anos.

Francamente, o que me deixa intrigado é o sucesso que vários artistas alcançaram vendendo pinturas on-line – às vezes por milhares de dólares.

Até hoje, artistas vendiam seus quadros em feiras de rua, ou galerias, sozinhos ou em grupo, com o preço mínimo na faixa dos, digamos, $2 mil. Ao oferecerem seu trabalho diretamente e on-line, eles criaram uma nova categoria – equivalente a uma feira de produtos agrícolas promovida por fazendeiros – que combina exposição de rua com o mundo das artes. O sucesso desse novo modelo talvez possa ser atribuído ao desejo de alguns artistas de eliminar o protocolo das galerias de arte e o desconforto dos shoppers com o fator do nariz empinado do mundo das artes, ou com a distância do cliente dos grandes centros geradores de arte, mas também tem a ver com uma espécie de confiança ingênua. Ainda assim, não ficarei surpreso se não funcionar, pois a idéia de que alguém compre uma obra de arte sem vê-la pessoalmente me deixa um tanto perplexo. Entretanto, fico satisfeito em saber que tantos artistas tenham sido bem-sucedidos.

Alguém que tenha capacidade de focar em seu negócio será não apenas capaz de vender coisas on-line, mas também se sair magnificamente bem.

Um amigo meu cuida de um veículo on-line para uma pequena loja de artigos para o lar, em Nova York. Com o auxílio de apenas um laptop em um quarto nos fundos, ele consegue ter vendas de mais de $500 mil por ano. Ele descobre coisas bonitas, em pequenas quantidades

– livros, brinquedos, enfeites de mesa etc. –, e consegue colocar notinhas em revistas. As pessoas se apaixonam e compram. Ele vende até acabar o estoque e, depois, começa tudo de novo. Adoro entrar em seu site porque é uma das melhores soluções em presentes que conheço. Por que ele é bem-sucedido? Em parte, porque é conhecido no mundo editorial e os editores de revistas de design passaram a admirar sua capacidade de garimpar pequenos objetos de decoração, sua busca permanente busca por novidades e seu bom gosto.

Já chega de fazer compras? Vamos nos socializar.

Investigue-me. Escreva alguma coisa em meu quadro de avisos. Dê uma olhada em minha lista de amigos e nas mais de 300 fotos e vídeos de que fiz *upload*. Envie-me um vaso de flores ou um bolo de laranja virtuais. Descubra meu status de relacionamento e, se eu não estiver amarrado, o que estarei procurando? Amizade ou outra coisa?

Se você achava que o networking social estava limitado a festas e coquetéis noturnos, clubes privados ou seminários de negócio, dê uma olhada no Facebook, hoje a encarnação virtual da tribo eletrônica – aquela criada por dois vilões visionários, Frank Lloyd Wright e Henry Ford.

Sim, um arquiteto e um igualmente conhecido fabricante de automóveis. Em minha opinião, o Facebook é uma extensão direta da popularização dos subúrbios* e do automóvel. Ambos criaram enormes distâncias físicas entre as pessoas. À medida que as pessoas cada vez mais se afastam dos grandes centros urbanos e se espalham pelo país e pelo mundo, muitas das quais trabalhando em locais isolados, ainda assim não conseguimos nos desvencilhar de nossa necessidade humana básica de tentar nos comunicar com outras pessoas (o problema de habitação é, em geral, a chave para entendermos grande parte desses novos fenômenos, inclusive os sites sociais ou de relacionamento). No vácuo sombrio e abissal da alienação e do risco e

* *Nota do Tradutor*: Nos Estados Unidos, o subúrbio não tem a mesma conotação que no Brasil. Naquele país, o subúrbio é geralmente constituído de áreas principalmente residenciais e de baixa densidade populacional, habitado pela classe média e classe média alta, e dependente da cidade para empregos e serviços de suporte.

da incerteza, aparece o Facebook, um passaporte virtual para a intimidade. Uma *espécie* de intimidade, diga-se.

Mais uma vez, a internet cumpre o papel de identificar e consertar uma lacuna em nosso mundo físico. Com sua capilaridade usual, ela permitiu que nos encontrássemos, conversássemos e compartilhássemos sentimentos como se fôssemos parte de algo maior que os *campi* de nossas escolas secundárias e universidades, que nossos quartos de dormir e que nossos cubículos no escritório. O Facebook é não apenas um site de relacionamento social; é o sonho do voyeur. É como ler uma página solta, cheia de fotos, do diário que alguém deixou aberto em cima da mesa. É uma maneira de ver o que seus amigos estão fazendo, em tempo real, mesmo que você não queira, não tenha motivos ou inclinação para lhes dar um telefonema, enviar um e-mail ou, em alguns casos, até mesmo vê-los novamente. É um mapa do Google de todo o seu *networking* social. Para alguns usuários, ele dá a oportunidade de que alguém possa se gabar de todos os amigos, conexões e mensagens postadas que têm, consolidando, assim, em público, seu status social. Para outros, é apenas conveniente, como um livro de endereços ilustrado que se atualiza constantemente. É viciante.

O Facebook criou todo um mini-universo auto-suficiente em que, por exemplo, meu sobrinho de 16 anos é capaz de ter uma conversa on-line com uma menina com quem, em circunstâncias normais, cara a cara, ele não seria capaz de se comunicar, por ser tímido. A intimidade que foi criada a partir do fato de que não se precisa estar diante da pessoa fisicamente também tem seus paralelos no varejo. Por exemplo, migramos de um relacionamento face a face com a vendedora da Bloomingdale's no balcão de maquiagens para o modelo aberto praticado na Sephora, em que você e a pessoa que está lhe atendendo ficam do mesmo lado do balcão e, supostamente, no mesmo time. Parte do que estamos vendo são os primeiros estágios de uma transformação na comunicação e na intimidade. De meu ponto de vista cínico, os usuários do Facebook estão triangulando através de um networking social porque lhes faltam coragem, oportunidade e proximidade geográfica para ficar face a face com um ser humano que respira, ou seja, que está vivo.

Mas por quanto tempo será que os Facebooks do mundo ainda viverão? Será que o Facebook se transformará em uma aldeia virtual semipermanente? (Nas ciências sociais, a história que corre é de que quase todo mundo vive em uma "aldeia" constituída de cerca de 200 pessoas.) Em que ponto exatamente será que um usuário do Facebook decide que, como não fala, nem se corresponde, tampouco troca e-mails há mais de três anos com um de seus amigos da rede, essa pessoa pode ser deletada de sua lista? Será que um usuário se "gradua" no Facebook? A maioria das pessoas que conheço que usa o Facebook afirma que não consegue prever um momento, uma data, um lugar ou uma idade em que, de alguma forma, já não terão tanto interesse em continuar tendo uma participação ativa no site. E, à medida que saímos dos subúrbios e nos defrontamos com a mobilidade de nossa cultura, o networking social – um meio de encontrar algum tipo de ciberpermanência dentro do contexto de nossa vida, assim como uma identidade comum – poderá ter sempre seu lugar. A ausência de uma âncora em um mundo em transição pode fazer sua vida desaparecer – puf! –, simples assim. A única questão que restaria, então, é: você daria vivas se isso ocorresse?

Apesar disso, o Facebook e outros sites de relacionamento têm problemas conhecidos para justificar sua estrutura de custos e se manter em funcionamento – isto é, vendendo anúncios. Será que é possível escrever mensagens nos quadros de avisos de nossos amigos e, ao mesmo tempo, prestar atenção nas qualidades de um refrigerante?

A cada ano, recebo muitos convites de um site atrás do outro para que me associe. Nunca caí nessa. Entretanto, com cinqüenta e poucos anos, tenho caixas e caixas de cartões de visitas que recolhi em várias partes do mundo. São tantos que, se os colocasse em linha, poderia construir uma escadaria até o céu. Talvez seja essa minha versão do Facebook.

A dispersão das pessoas também funciona no extremo oposto. Existem culturas em que a prosperidade econômica pode ter colocado aparelhinhos geniais e conectividade à disposição de todos, mas as pessoas ainda vivem em espaços pequenos e apertados. Essa é a razão pela qual, de certo modo, os japoneses e coreanos usam tecnologia que lhes permite o isolamento, criando, assim, um senso virtual de privacidade. Em uma casa ou apartamento superlotado no Japão, a capacidade de desaparecer dentro da internet ou em seu telefone celular é como tentar se abaixar dentro da casinha do cachorro.

Outra coisa que a internet conseguiu no Japão e na Coréia é proporcionar um modo interessante de contornar as restrições sociais e de costumes. Nesses dois países, onde olhar seu interlocutor diretamente nos olhos é falta de educação, o Facebook e as mensagens instantâneas são um modo de olhar e, ao mesmo tempo, não olhar. Além disso, se você pensar nas crianças japonesas e em seus telefones celulares, elas usam um mínimo de toques para criar uma sentença complexa e declarativa. Quando começam a digitar uma palavra foneticamente, o caractere aparece na tela, tornando a comunicação muito mais rápida. Compare isso aos adolescentes americanos, que tiveram de inventar as próprias abreviaturas caseiras para reduzir o número de digitações, enquanto seus pais continuam levando horas para digitar mensagens em seus BlackBerries. Tudo isso torna bem mais rápida a comunicação em países asiáticos e é por isso que os telefones celulares que acessam sites de relacionamento encontraram ali um ambiente propício.

Outra diferença existente no Japão, na Coréia e em muitos mercados emergentes é que o transporte público não é uma exceção, mas a norma. O cidadão comum gasta diariamente, no mínimo, duas horas de ida e mais duas de volta do trabalho, e é falta de educação falar ao telefone no trem ou no ônibus. Com um telefone que acessa a internet, o passageiro pode enviar as mensagens de texto que quiser e navegar à vontade. Isso não apenas economiza tempo; é outra célula de isolamento cibernético. Na Europa e nos Estados Unidos, é possível dirigir e falar no telefone celular na privacidade de nossos automóveis, mas não podemos olhar para ele, ou encontraríamos um poste pela frente. Por que deveríamos estar surpresos com a descoberta de que as aplicações cibernéticas terão um grau variável de sucesso, dependendo do mercado a que atendem?

Fico imaginando o que ocorrerá agora que nossos polegares (e não nossos indicadores) estão encarregados de fazer todo o trabalho. Quem quer que tenha sido o responsável pelo design do ser humano, fez nossas mãos de modo que o polegar fosse o responsável pela força e os outros dedos, pelas delicadezas. O que acontecerá no caso de uma artrite? Nossos dias de mensagens instantâneas chegarão ao fim?

O Facebook não é a única tribo lá fora e, teoricamente, tem mais a ver com amizade, senso de pertencimento e a formação de uma confraria gigante do que com os encontros propriamente ditos ou com uma vida resolvida. Em essência, a internet se tornou uma espécie de agência matrimonial judia dos tempos modernos, criando sites como o Match.com, em que um sujeito ruivo que mora em Des Moines e que tem 1,60m de altura pode anunciar ao mundo que é louro, simpático, bronzeado pelo sol do Havaí e tem 2,10m de altura. Isto é, até que ele se encontre pessoalmente com uma mulher em carne e osso que não vai acreditar que tenha caído nessa novamente.

O problema com o Match.com e com todos os outros sites de encontro é que eles se baseiam na compatibilidade mútua. Lembra-se do questionário que provavelmente você preencheu um dia em que lhe era perguntado que tipo de companheiro de quarto seria o ideal no campus de sua universidade? Não-fumante, vegetariano, apreciador do Metallica etc. Esses mesmos padrões casam perfeitamente com os critérios dos serviços de encontros on-line. Você joga tênis? Eu também. Ambos somos budistas não-praticantes. Ambos gostamos da Itália, do Monty Python, de gatos... e, você já entendeu. No final, a coisa toda se torna uma orgia em potencial e uma união de espelhos. Quando nos apaixonamos, será que estamos em busca de uma pessoa que seja exatamente igual a nós? Se eu tivesse de namorar comigo mesmo, tenho certeza de que, depois de 24 horas, diria: "Isso não está funcionando!"

Essa é uma das principais limitações da internet. Ela pensa, percebe e processa dados exatamente como um computador – porque é um computador. Ela não tem a capacidade de ser imaginativa ou intuitiva de uma forma original. Até mesmo a Amazon.com tem culpa no cartório. Seu modo preditivo se baseia na premissa de que seu comportamento pregresso (você gosta de John Grisham) define seu comportamento futuro (você continuará a gostar de John Grisham). Ora, isso é provavelmente verdadeiro para muitos leitores, mas, ao mesmo tempo, a maioria de nós procura por novidades. Pelo simples fato de eu gostar dos livros de James Lee Burke, isso não significa que eu não vá adorar um livro sobre voar de asa-delta nas Ilhas Galápagos, ou de uma nova biografia sobre Sir Richard Burton (não o ator, mas o magnificamente estranho explorador e aventureiro do século XIX).

Pensando bem, algumas das uniões mais fortes que conheço são compostas por duas pessoas completamente diferentes. Conheço um casal – Richard e Stacy. Richard é meu mentor de pesquisa de mercado. Ele gosta de beisebol, basquete, de beber cerveja e de pedir comida chinesa pelo telefone. Conhece mais sobre o cinema finlandês do que qualquer um de que eu me lembre. Stacy, o amor de sua vida, gosta de restaurantes cinco estrelas e, nas horas vagas, entra na cozinha e prepara pratos sofisticados. Nunca saiu de um avião sem ter certeza de que um hotel de luxo com secador de cabelos de múltiplas voltagens no banheiro tinha sua reserva confirmada. Richard e Stacy se amam. Cada um deles está em seu segundo ou terceiro casamento, mas esse irá durar. E o que os mantém juntos, em minha opinião, é que, todos os dias, cada um deve abrir mão de alguma coisa em favor das manias do outro.

Eles nunca teriam se encontrado – não chegariam nem perto disso – se tudo tivesse ficado por conta do Match.com.

Existem muitas pessoas por aí que passaram por situação semelhante à dos personagens do filme "Um Amor Inevitável" ("When Harry Met Sally"). Conheceram-se na universidade, separaram-se, reuniram-se novamente, separaram-se pela segunda vez e, finalmente, reconciliaram-se – dessa vez, para todo o sempre. Esses homens e mulheres foram feitos um para o outro – conhecem-se na universidade e, com 27 anos, casam-se. Ponto final. Fico satisfeito de saber que eles sabiam o que queriam e quando. Para o restante de nós que fracassamos nessa prática padrão, estamos de volta ao mercado. Reconhecemos, com uma ponta de ironia, que, se não estamos com a vida resolvida aos 30 anos, provavelmente deve existir uma boa razão para isso. Talvez haja alguma coisa errada conosco. Apesar das imperfeições, a internet facilita a vida dos que têm mais de 40 e querem arrumar uma namorada.

O triunfo da esperança sobre a experiência – a apenas dois cliques de distância.

De um modo geral, grande parte das coisas em que gastamos dinheiro é tão previsível que, se pensássemos muito no assunto, provavelmente questionaríamos o fato de estarmos conscientes ou não. Para a maioria de nós com mais de 40 anos, 80% daquilo que está dentro de nossa geladeira são compras de rotina. Sim, podemos ocasionalmente mudar a marca do queijo e comprar vegetais e frutas de acordo com a estação, mas o básico permanece inalterado. A essa altura dos acontecimentos, já sei do que gosto: suco de laranja Tropicana, com polpa; leite Parmalat Skim Plus; iogurte Dannon de baixo teor de gordura; cream cheese com cebolinha; mostarda francesa; molho de pimenta malaio. Algumas cervejas. Além disso, formei o hábito de comprar um rótulo e safra de vinho branco específico que agrada a mim e à minha parceira.

Mas será que existe alguma razão pela qual não possamos dotar a internet, ou nossas cozinhas, com o poder de realizar nossas compras de rotina mais arraigadas? Os japoneses estão desenvolvendo um refrigerador em que você escaneia os códigos de barra e as etiquetas de radiofreqüência dos itens que são colocados lá dentro. Assim, ele sabe quando falta algum produto ou quando o peso diminui e emite relatórios diários ou semanais pedindo sua permissão para enviar um pedido de compra a um supermercado on-line. O mesmo esquema funciona para a lavanderia, onde um sistema de armazenamento ligado à internet mantém um estrito monitoramento de seu material de limpeza. Infelizmente, o ciclo de vida da maioria dos eletrodomésticos é de 10 anos ou mais, enquanto o do software típico é de menos de dois anos. O problema é tornar hardware e software verdadeiramente compatíveis.

O futuro da internet, em minha opinião, é a *convergência tecnológica*. Pode parecer um tanto ficção científica, mas só estou falando da conectividade entre o mundo físico, a tecnologia móvel e a internet – um aperfeiçoamento da união entre lojas, o mundo on-line e o telefone celular. Recentemente, tive um insight a respeito de um modo interessante de quantificar o valor potencial de qualquer shopper para um varejista. Se eu sou o dono de uma loja e meus clientes compram meus produtos apenas dentro da loja, eles "valem" 1 unidade. Se fazem compras, mas também dão uma olhada em meu catálogo, valem 1,5 unidade. Se compram, olham o catálogo e visitam o website, valem 2 unidades. Ou seja, meu relacionamento com clientes em termos da quantidade de dinheiro que gastam é diretamente proporcional ao número de maneiras pelas quais eles interagem comigo.

Como exemplo de convergência, poderíamos citar um consumidor que levasse seu telefone celular a uma drogaria e o apontasse para uma caixa de aspirina. O balcão, então, lhe levaria diretamente a um website que mostraria as indicações do remédio, sua dosagem, seus efeitos colaterais e assim por diante. Toda essa informação seria transferida para seus telefones. Simples, certo?

A convergência também faz avançar um fenômeno que já começa a se popularizar nas compras on-line: a internet como uma ferramenta verde, para os que se preocupam com o meio ambiente. Recentemente, um amigo meu não resistiu e comprou um iPhone. Em vez de manual de instruções, a embalagem do produto o remetia ao website da Apple, no qual se pode assistir a um vídeo que explica minuciosamente como usar o aparelho. O mesmo aconteceu quando comprei um novo relógio Casio, recheado de tecnologia, em uma loja de departamentos no Japão. Ele vinha com um endereço de internet a partir do qual eu poderia baixar as instruções em meu laptop. Isso eliminou a frustração de ter de folhear um manual de instruções com 23 idiomas diferentes, do francês ao servo-croata.

Portanto, seja um folheto de instruções, caixas ou sacolas, a convergência é, entre outras coisas, uma ótima maneira de eliminar o excesso de informações, papéis e embalagens, da mesma forma que aquele refrigerador, já mencionado, torna mais ágil o processo de compra de alimentos, inclusive o processo de distribuição do comerciante. E, em algum lugar do planeta, os aterros sanitários terão algum alívio.

A segunda função desse sistema é sua capacidade de substituir nossa carteira de dinheiro e de *se tornar*, ao mesmo tempo, a própria carteira (e o banco). Nas lojas da DoCoMo no Japão e nas Filipinas, o aparelho de telefone celular pode ser previamente carregado com dinheiro ou então programado para aceitar transferências. Particularmente em países do Terceiro Mundo, como as Filipinas, isso possibilita eliminar a instituição bancária da transação, uma enorme vantagem, para dizer o mínimo, para aqueles que não possuem conta bancária. Pense nos minutos de telefones celulares como moeda corrente. Esse sistema funciona também como uma rede de segurança para pais preocupados com a violência das cidades. Carregando determinada quantia nos telefones celulares de seus filhos, ao final do mês é possível verificar como o dinheiro foi gasto – se foi em hambúrgueres e cinema, como as crianças disseram, ou se foi em um saquinho de maconha de alta potência. Uma vantagem adicional? Segurança. Quanto maiores forem as trocas de dinheiro por meio eletrônico, menor será a ocorrência de crimes.

A terceira e última vantagem de um telefone celular com acesso à internet é que ele funcionaria também como uma espécie de documento de identidade pessoal, conectando-se a você fisicamente, de modo que funcionasse apenas quando você estivesse por perto. Isso significa que, se o aparelho for esquecido em algum lugar ou se alguém furtá-lo, será inútil.

Outra coisa que o telefone celular com acesso à internet faz é criar network que substitui a mídia tradicional da internet e da comunicação face a face. As eleições de 2004, na Espanha, foram em parte influenciadas por todas as mensagens instantâneas provocadas na véspera pelo mortífero ataque terrorista à bomba a um trem de passageiros em Madri. Ninguém estava debatendo questões político-ideológicas, mas uma comunidade on-line foi capaz de reunir seus aliados. Portanto, agora já temos as ferramentas para disseminar informações de uma forma que transcende telefones, revistas e jornais – e que nos conecta a todos localmente.

Aplicar a convergência tecnológica ao varejo poderia significar que o modelo de tijolo e cimento, com seus sistemas de distribuição e gerenciamento de logística, estaria maduro para uma revisão. A era das megalojas, pelo menos no Primeiro Mundo, já atingiu seu apogeu. As lojas podem estar ficando maiores, mas isso não significa necessariamente que o consumidor esteja planejando gastar mais tempo e dinheiro, de forma proporcional a esse aumento. Diminuir o tamanho das lojas faz sentido, tanto do ponto de vista econômico quanto ecológico. Se começarmos a comprar nossos mantimentos on-line – e mesmo que seja apenas para apanhá-los na loja –, será que *realmente* precisamos daquele corredor de produtos de limpeza?

Se pensarmos no assunto, quando atingirmos o ponto de convergência, o propósito de uma existência física, como um todo, talvez tenha de ser dramaticamente reconsiderado. Nos Estados Unidos, investem-se enormes somas de dinheiro na reconstrução de outros países (Iraque, por exemplo). Enquanto isso, os portos e pontes americanos estão caindo aos pedaços, as ferrovias de passageiros estão desaparecendo e *estamos todos perdendo a capacidade de pensar grande e de ser ousados*. Estamos andando de costas para o futuro. Em uma época em que precisamos superar nossa dependência dos combustíveis fósseis e cuidar com mais carinho de nosso planeta, estamos parados. Há 150 anos, foi necessária a visão de construir ferrovias que cruzassem o país; há um século, foi preciso muita coragem para a construção do Canal do Panamá. Hoje, os Estados Unidos são um seguidor, não um líder – assim, a convergência tecnológica acontecerá antes em algum outro lugar.

Inicialmente, ela poderá florescer em lugares como a África ou a Índia, onde as pessoas não possuam – ou não tenham acesso – a linhas de telefone fixo. Parte do que acho interessante sobre visitar a Índia é que, por razões de espaço, densidade populacional, varejo primitivo e ausência de coisas que, nos Estados Unidos ou na Europa Ocidental, seria corriqueiras, esse é um país que está conseguindo superar a inexistência das tradicionais linhas de telefone fixo. Em recente visita a Nova Déli, fiquei espantado com o número de pessoas que têm permanentemente em suas mãos um aparelho de telefone celular – bem mais que em Nova York. Os celulares não servem apenas para realizar ligações; eles funcionam também como a principal identidade de seus proprietários. Para um cidadão indiano, o número do telefone celular é tão ou mais importante que seu nome.

Isso faz sentido quando se faz uma comparação entre o caminho trilhado pela Índia e a evolução tecnológica acompanhada pela maioria dos americanos. Primeiro, tínhamos nossas linhas de telefone fixo. Depois, nossos computadores, seguidos pela internet e pelos primeiros telefones celulares. (Lembre-se de que as primeiras lojas que vendiam telefones celulares só surgiram nos Estados Unidos a partir do final dos anos 80 e começo dos 90. Os aparelhos eram usados principalmente por homens de negócio. Lembro-me de, certa vez, ter ido à ópera com uma amiga que nunca havia usado um celular na vida. Ela olhou meu aparelho como se fosse uma fruta exótica. Quando ela ligou para a filha, as primeiras palavras que pronunciou foram: "Adivinhe! Estou ligando de um telefone celular!") Depois disso, alguns de nós fizeram pós-graduação em PDAs, que nos apresentaram aos estágios iniciais do mundo conectado da internet móvel. Ah, sim. Quando, por acaso, vi minha amiga da ópera novamente, ela era a orgulhosa proprietária de um celular e de um BlackBerry.

A maioria das pessoas, se questionada, dirá que telefones celulares sempre existiram, e não que surgiram no começo dos anos 90.

Compare essa jornada tecnológica à de alguém em um país de economia emergente, em que alguém que não tinha nada – nem telefone fixo, muito menos um computador – repentinamente, da noite para o dia, passa a ter a internet ao alcance dos dedos. Em Nova Déli, foi quase cômico ouvir a conversa das pessoas em seus celulares. “Onde você está? Vou chegar três minutos atrasado!” Fico pensando como essas pessoas viviam antes do aparecimento do celular.

Mas é por isso que estou certo de que a convergência acontecerá antes em um país emergente. E quando isso ocorrer, alguém nos Estados Unidos exclamará: “Ei, por que não temos isso aqui?”

Uma das coisas mais notáveis sobre a internet é que até seus mais experientes veteranos carecem de uma visão inteiramente clara de seu funcionamento. A maioria de nós já a aceitou, acolheu e sacramentou, e ela está em nossa casa, nos cafés e no ar. Usamos a internet para nos atualizar sobre as fofocas de Hollywood, para negociar ações em bolsa ou como uma combinação de correio eletrônico com uma versão gigantesca e animada da *Enciclopédia Britânica*.

O que aconteceria se houvesse uma guerra cibernética e a grande rede entrasse em colapso? E se alguma organização ou país estrangeiro decidisse que a melhor maneira de atacar os Estados Unidos seria sabotando a internet? Se pensarmos em terrorismo e nas conseqüências do 11 de Setembro, o que aconteceria se alguém passasse do sonho de inocular algum vírus idiota na rede à ação de fazer a internet desaparecer? O que aconteceria então?

Em vez de ficarmos pensando qual poderá ser o grande sucesso da rede depois do Facebook em nossa cultura enlouquecidamente focada em dinheiro, talvez valesse a pena dedicar algum tempo a essas questões.

Bem, acho que já chega de criar cenários do que pode acontecer de pior, envolvendo enredos mirabolantes. Prefiro deixá-los murmurando algumas notas musicais.

Tenho um amigo que encontro com pouca freqüência, mas, quando isso acontece, é sempre uma festa. Ele tem três manias interconectadas: gosta de correr maratonas, fuma três maços de cigarros Marlboro por dia e é tarado por música. Toda vez que nos encontramos em alguma conferência, ele me manda uma nota exprimindo grande excitação ao dizer: “Ouça esses caras.” Em seguida, anexa uma lista de músicos que, segundo ele acredita, ninguém que tenha um iPod poderia ignorar. A última banda de rock que ele recomendou foi a Balkan Beat Box – uma fusão entre música eletrônica do Oriente Médio com rock pesado. Um fantástico som dançante que parece ainda melhor quando se caminha pela rua com fones de ouvido.

Assim, entrei na loja virtual do iTunes, digitei "Balkan Beat Box" e ali estava a banda. Dois álbuns, cerca de 25 músicas e um texto de 10 linhas descrevendo o contexto das canções, além de algumas críticas de usuários. Isso era tudo. Mal dava para começar – extremamente frustrante! Acabei comprando três ou quatro músicas a $0,90 cada e mais algumas outras canções de outros artistas que meu amigo havia recomendado. Fiz um mix e tenho gostado bastante de ouvir esse material complexo e maravilhoso.

Entretanto, se meu amigo não tivesse me chamado a atenção para esses caras, é bem provável que o Balkan Beat Box e eu jamais nos encontrássemos. Por quê? Porque, apesar de toda essa história de que o iTunes é um novo e revolucionário canal para comercialização de música digital, sejamos francos: é um site muito limitado. E olhe que sou um fã de longa data da Apple.

Por exemplo, por que o iTunes não me permite ouvir amostras de músicas por mais de 30 segundos? Algumas vezes, ainda nem deu tempo de começar a parte vocal ou de terminar a introdução. Por que o site não me pede mais informações pessoais, inclusive onde moro e que tipo de música me interessa, para que possa me dar dicas sobre concertos em minha região com base em minhas preferências ou no tipo de música que já comprei no passado? Por que não me permite comprar, digamos, uma versão inteira da música que toque apenas três vezes por $0,25, para que eu possa decidir se desejo acrescentá-la à minha lista permanente ou não? O iTunes parece não conseguir descobrir por que um cara que compra Balkan Beat Box pode gostar também de músicas antigas da Eartha Kitt. Além disso, onde foram parar todas aquelas informações técnicas sobre as músicas que adoro ler? Ocorre que só tenho acesso a elas se eu comprar o álbum completo por $9,99 ou $11,99 ou $18,99, ou por quanto o site estiver cobrando.

Onde está a explosão de informações?

Há outra questão. Cheguei a um ponto de minha vida em que tenho quatro iPods, cada um com seu próprio sistema de som. Mantenho um na sala, outro na cozinha, o terceiro em meu escritório e o quarto, bem, esse vai comigo para todos os lugares. Mas por que a Apple não reconhece a revolução que criou e a facilita? Ela deveria estar vendendo soluções muito mais amplas do que vende hoje, diferentes de ser apenas o sistema de distribuição mais moderno e bacana. Como o site está preocupado em me vender músicas a $0,90 cada – além de audiobooks, episódios de programas de televisão, vídeos musicais e DVDs recém-lançados –, não coloca à minha disposição as ferramentas para gerenciar minha coleção de iPods. Quero que a Apple não apenas me venda conteúdo, mas que simplifique o papel de seus produtos em minha vida.

Recentemente, estive em uma reunião com um grupo de executivos seniores da Sony BMG, o conglomerado de música global. Como a maioria das pessoas sabe, a venda de CDs está em agudo declínio e, em 2007, as vendas caíram mais 30%. Fato estranho: os únicos locais em que os CDs estão se saindo bem são os mercados de nicho. Por exemplo, a polca está fazendo o maior sucesso. O mesmo ocorre com a música latino-americana. Pequenas lojas especializadas com uma clientela focada e dedicada estão sobrevivendo. Mas o restante da indústria está sofrendo.

Há um bocado de coisas erradas com esse panorama. Hoje, estamos vivendo um período da história em que o interesse por música nunca foi tão intenso. Em 2008, um adolescente típico de 15 anos tem um vocabulário de trabalho com inúmeras variedades diferentes de música. Ele sabe alguma coisa sobre trance, rock, blues, reggae, heavy metal, country, rockabilly, stoner music, rock britânico, música contemporânea, hip-hop, world music e até a trilha sonora do filme de Natal da turma do Charlie Brown. Contudo, apesar desse apetite e desse conhecimento, a internet ainda não produziu ferramentas para que esse prazer seja inteiramente desfrutado. Ela não consegue chegar aos extremos; não consegue nos seduzir para ouvir coisas novas e de boa qualidade.

Eu sei, eu sei, as vendas de música on-line estão explodindo, mas o fato é que essa explosão não chega nem perto de compensar o declínio dos CDs. Isso não acontece porque baixar músicas digitais da internet não seja fantástico, ou porque a qualidade não seja excelente, ou porque o gerenciamento de seus MP3s seja mais difícil do que manusear seus velhos discos de vinil.

Jogar a culpa no compartilhamento de arquivos ou na pirataria também não é o caso. Em 1959, o domicílio americano típico tinha, em média, 1,7 aparelhos de reprodução de som – os pais tinham seu estéreo e talvez as crianças tivessem um toca-discos portátil em seu quarto. Pegávamos o braço do toca-discos, colocávamos a agulha cuidadosamente no vinil, apurávamos nossos ouvidos e ouvíamos. Não podíamos nos mexer muito (ou dançar), porque a agulha poderia arranhar o disco. Hoje, fazemos quase tudo ouvindo música – cozinhamos, lemos, nos exercitamos, fazemos amor. A música se tornou a trilha sonora de nossa vida atarefada. Sim, tenho quatro iPods de vários modelos e tamanhos, mas, no total, minha casa tem 23 aparelhos de reprodução de som. Comprei determinado disco do The Doors quatro vezes – em vinil, em cassete, em CD e em MP3. Sim, os adolescentes estão compartilhando músicas – ora essa! E por que não fariam isso se, por quase 20 anos, nós os fizemos comprar caros CDs, em vez das bolachas de vinil, que estavam mais adequadas a seu orçamento? O problema é que, historicamente, a indústria da música sempre esteve mais próxima dos músicos do que dos usuários.

A música só floresceu on-line devido à incapacidade da indústria de reconhecer que o consumidor não quer comprar o bolo inteiro, apenas algumas fatias. Não queremos gastar $13,99 no álbum *The Best of the Troggs*, nem $24,99 no álbum *Arthur Rubenstein: Chopin Nocturnes*. Talvez quiséssemos apenas "Wild Thing" e "Nocturne op. 15 n. 3 em G-Menor". Será que indústria fonográfica intuiu isso sobre nós? Não, ela ainda está produzindo música da mesma forma como fazia na época de Chuck Berry – e agora estão pagando o preço.

Dito isso, se o iTunes for o único portal de música lá fora, creio que temos um problema. Se minha companheira Sheryl, que é musicista profissional, estiver à procura de uma obscura peça de música de câmara, não a encontrará no iTunes. Houve uma época, há não muito tempo, em que ela podia dirigir-se à Tower Records, perto do Lincoln Center, e algum tímido atendente, profundo conhecedor de música, saberia exatamente do que ela estava falando. Diria quantas versões foram gravadas e por que a versão de estúdio, gravada em 1962, em Viena, era superior à outra, gravada ao vivo no Carnegie Hall, em 1978. Mas a Tower Records não existe mais e, na Barnes and Noble, dificilmente ela terá essa consultoria, Wal-Mart nem pensar e Sheryl não tem para onde ir.

Uma das questões que levantei para os executivos da Sony foi: será que vocês podem descobrir uma maneira de colocar seu catálogo em um local em que as pessoas possam acessá-lo? Isso quase sugere a necessidade de um portal para toda a sua lista de títulos. Como disse, nos dias de hoje, o apetite para música é voraz – a questão é apenas ajudar o consumidor a encontrar as músicas. Se eu quiser uma compilação clássica com um título como *Chill With Beethoven* ou *The Most Relaxing Classical Album in the World*, posso baixá-los do iTunes, sem problemas. Mas será que muitos de nós não pagaríamos um preço *premium* para ter acesso a um chat-room liderado pela Sony, no qual poderíamos selecionar músicas a partir de um catálogo completo e o anfitrião – que poderia ser um senhor de barbicha, catedrático em música, formado em Berkeley ou Julliard – poderia nos perguntar que tipo de gravação desejamos? Ele perguntaria se preferimos uma gravação em estúdio ou ao vivo, qual é nossa idade, que automóvel possuímos e tudo o mais antes de selecionar para nós uma peça perfeita de música. Se sairemos dali com algo digital ou um CD real – ou mesmo com um bracelete com fones de ouvido –, essa é uma oportunidade à espera de alguém para inventar um processo. Algum fanático por tecnologia se apresenta?

Uma loja de música ou uma livraria do futuro – poderia ser a mesma coisa – poderá se parecer com um clube de histórias em quadrinhos, como os que existem no Japão, em que se pode entrar, alugar uma cadeira e ler todas as suas aventuras favoritas. Para isso, pagaria apenas uma pequena taxa na entrada. Em troca, alguém cujas preferências você admirasse e gostasse poderia servir como guia. Seus colegas de clube seriam pessoas com os mesmos gostos que você. Talvez o clube pudesse servir bebidas e salgadinhos. As pessoas que administrariam o lugar saberiam seus gostos e já fariam uma pré-seleção de revistas, inclusive com exemplares raros, que você poderia ter a opção de comprar.

Imagine, você poderia ter uma experiência cibernética de um concerto, qualquer coisa de Balkan Beat Box a Maurizio Pollini. Poderia alugar, comprar, mixar ou então ir a um clube para assistir a um concerto ao vivo. Um expert o guiaria a cada passo. E sua conexão com o lugar seria realimentada por uma comunidade on-line.

Isso, sim, seria música para meus ouvidos.

CAPÍTULO 18

Venha voar comigo

Eis um cartão de embarque. Acelere o passo. O portão está fechando. Tome um calmante, aperte o cinto, tire a manta azul de dentro do saco plástico.

Ah! O assento do corredor é meu, uma necessidade anatômica para quem tem pernas longas.

Hora para uma viagem ao redor do mundo, passando pela Itália e pela Índia e com poucas paradas intermediárias. Negócios *e* um pouco de prazer.

No final dos anos 80, a Envirosell se achava em uma encruzilhada fortuita – qualquer que fosse a direção que escolhêssemos seguir, ela nos levaria a *algum lugar* novo e promissor. Ou iríamos investir tempo, energia e recursos na expansão do negócio aqui, nos Estados Unidos, ou passaríamos a aperfeiçoar nossa visão através de binóculos do gigantesco mundo lá fora. Era, sem dúvida, um caso em que uma coisa compensaria a outra, mas, para mim, a decisão foi fácil: globalização.

Se tivéssemos ficado quietos em nosso canto, provavelmente seríamos uma empresa muito maior nos Estados Unidos do que somos hoje. Mas, de um ponto de vista estratégico, transformar a Envirosell em um negócio capaz de entender as necessidades do varejo internacional e da atividade de fazer compras era uma enorme vantagem em termos daquilo que poderíamos trazer à mesa de negociação nos Estados Unidos.

Quando viajo, sinto-me em casa. Sinto-me tão confortável entrando em um avião e navegando pelos quatro cantos do mundo quanto qualquer outra pessoa que eu conheça. Levar uma vida furiosamente independente com minha parceira e não ter filhos me levou a ter liberdade para gastar longos períodos com o pé na estrada. Uma vez tendo passado pela migração, minha capacidade de adaptação também se acelera. Não estou falando em colocar uma mochila nas costas e escalar o Himalaia ou encontrar a melhor pousada em Chiang Mai. Estou falando sobre ser capaz de dar a volta ao mundo de forma competente em 10 dias, passando por vários fusos horários, mantendo uma razoável sanidade, com boa saúde e um ótimo estado de espírito. Além disso, é muito excitante poder guardar seus óculos brasileiros e experimentar seus novos *occhiali*, seus *gafas*, seus *magane* ou seus *glasses*. Passamos a ver tudo sob outra perspectiva. Por exemplo, o que será que faz essa loja funcionar bem, aqui em Cidade do Cabo ou Xangai, e não dê certo em Colorado Springs ou Austin, Texas? Ou, por que diabos será que um varejista americano não pensou nessa solução? Verdadeiramente, sob as melhores – ou piores – circunstâncias, essas podem ser valiosas revelações.

Meu único desejo? Que eu conseguisse dormir melhor em aviões. Dormir em público é difícil e eu não faço isso muito bem. Minha teoria é que as pessoas que conseguem provavelmente passaram a infância dormindo junto com seus irmãos ou irmãs e ficaram acostumadas. Eu sempre dormi sozinho.

Cinto de segurança afivelado? Lá vamos nós. Antes, porém, vamos fazer um pequeno retrocesso.

No começo dos anos 90 – lembre-se de que o e-mail ainda não existia –, minha máquina de fax cuspiu uma mensagem. O fax havia sido enviado por Alberto Pasquini, que, à época, era sócio-gerente da Criativity Italia, uma agência especializada em ponto-de-venda. Ele havia lido sobre a Envirosell em uma revista especializada e me convidou para uma reunião em Milão. Eu já tomara a decisão de abrir um escritório na Europa e estava cruzando o Atlântico com freqüência, tentando fechar negócios. Eu já tinha uma passagem marcada para a semana seguinte e mudei o itinerário, de modo que pudesse voar para Genebra, mas, na volta, sairia de Milão direto para os Estados Unidos. Dez dias mais tarde, peguei o trem de Lausanne, na Suíça, para Milão, onde me encontraria com o sujeito que havia me enviado o fax.

Alberto nasceu para ter um ponto de exclamação ao final de seu nome – talvez 10 deles. Expansivo, grisalho e com 40 e poucos anos quando o encontrei pela primeira vez, há 15 anos ele era uma espécie de P. T. Barnum* mediterrâneo. Naquela minha primeira visita a Milão, Alberto se investiu da responsabilidade de me apresentar a uma mulher que ele conhecia, chamada Giusi Scandroglio, que tinha uma pequena empresa de pesquisa de mercado chamada QT. "Esta será sua futura sócia", disse ele com um charmoso sotaque. Lembro de ter pensado: "Você está maluco, Albert?" Mas Giusti e eu apertamos as mãos e tivemos uma conversa extremamente proveitosa. E as coisas não avançaram mais. Ao longo de um ou dois anos após esse encontro, voltei à Itália várias vezes. E, cada vez que eu ia, fui percebendo que Alberto sempre arranjava, de algum jeito, para que minha agenda envolvesse um encontro com Giusi.

O conceito da Itália como país tem apenas cerca de 150 anos. Então e agora, o país é um aglomerado de cidades-estado, cada uma com um caráter distinto. Giusi é genovesa de nascimento, mas milanesa por adoção. Historicamente, os genoveses vagavam pelo Mediterrâneo, em especial como mercadores, mas, vez ou outra, como piratas – digamos que esses sejam o lado solar e o lado negro da identidade genovesa. Já Milão é uma cidade industrial, persistente, trabalhadora, focada e controlada. Praticamente tudo o que tem importância em Milão acontece por trás de um muro alto ou de uma porta fechada. Não é uma cidade tão agradável de visitar como turista – em um único dia, é possível ver toda a cidade –, mas, com um guia ou com um mentor a seu lado, Milão pode ser um lugar mágico. Graças a Alberto, as reuniões de negócios foram acontecendo uma atrás da outra e, de repente, percebi que precisava abrir um escritório na cidade com urgência. E quem mais poderia dirigi-lo se não Giusi Scandroglio? A mulher que, ao assumir as rédeas da Envirosell Milão, revelou-se exatamente a pessoa da qual precisávamos, com todos os valores milaneses – focada, independente, possuidora de conhecimento, incansável e tenaz. Uma combinação de atributos não muito fácil de encontrar, particularmente em uma mulher vivendo e trabalhando em um país machista como a Itália.

**Nota do Tradutor*: Homem de negócios do ramo do entretenimento, famoso por sua voracidade em ganhar dinheiro e por certa falta de escrúpulos, fundador do circo que se tornou mais tarde o mundialmente famoso Ringling Bros. and Barnum & Bailey Circus, "O Maior Espetáculo da Terra". A ele é atribuída a frase "Nasce um otário no mundo a cada minuto".

Regra básica: a internacionalização é acompanhada por preocupações, noites maldormidas e pelo reajuste de sua visão para que seja possível entender a maneira local de fazer as coisas. Na Itália, o sistema de pagamentos é muito complicado. Os projetos que você assume devem, primeiramente, ser financiados por terceiros, em geral um banco. Isso significa que, quando alguém assina um contrato com você, é mais do que provável que seu pagamento só saia em, no mínimo, 180 dias. Eu estava disposto a me arriscar pessoalmente, mas não desejava colocar a Envirosell em perigo. Dessa forma, assumi nossa primeira empresa fora dos Estados Unidos como proprietário. Como ocorre em muitas jornadas, o primeiro passo é sempre o mais amedrontador.

Uma vez estabelecidos no mercado italiano, uma coisa levou à outra. Um de nossos primeiros clientes no país foi a Levi's Italia. Embora a Levi's já fosse nossa cliente nos Estados Unidos, foi a filial italiana que nos abriu o mercado europeu de jeans. Em poucos anos, estávamos desenvolvendo trabalhos para a Levi's e a Dockers em Amsterdam, Estocolmo, Lisboa e em outros lugares. Não muito tempo depois, graças a uma aliança que a Envirosell havia formado com a John Ryan Company, uma agência de marketing bancário de varejo com sede em Minneapolis, fomos apresentados ao mundo dos bancos brasileiros. Nosso primeiro esforço surgiu em decorrência de um trabalho que desenvolvemos para o Banco Itaú.

O Itaú é um banco integrado verticalmente. Eles fabricam o mobiliário de suas agências, montam os próprios computadores e caixas automáticos, são proprietários das empresas de engenharia que constroem suas agências e operam os complexos de escritórios que abrigam seus funcionários. É uma empresa privada com lucros anuais de mais de $1 bilhão. Quem conhece o mundo das finanças diz que o Itaú não tem nada a ver com o Chase, o Citi ou o Bank of America. Uma agência típica do Itaú chegava a ter até 100 caixas. As primeiras agências que visitamos tinham torres no meio da agência com atentos guardas armados com metralhadoras que não tiravam os olhos do salão.

No Banco Itaú, estávamos trabalhando com questões relativas a sinalização das agências, pontos de serviço, design dos caixas e assim por diante. Só que nossa pesquisa não era feita em uma agência de 1.000m^2 do Citibank no centro de Manhattan, mas em um banco no Brasil, com uma agência de 7.000m^2. Além disso, o conceito que o brasileiro tem de tempo de espera é muito diferente. Como afirmei anteriormente neste livro, nos Estados Unidos nossos relógios internos começam a tocar o alarme impacientemente depois de cerca de três minutos. Mas os relógios internos dos brasileiros esticam o tempo até cerca de cinco minutos, uma vez que estão muito mais acostumados (ou resignados) a esperar. Outra coisa que me surpreendeu foi a total ausência de privacidade ou, mais provavelmente, a resignada indiferença ao fato de que a maior parte de seus assuntos particulares se tornará pública. Nos Estados Unidos, se você vai pedir um empréstimo ou uma hipoteca, geralmente lhe é oferecida uma cadeira em frente à mesa na qual um atencioso vice-presidente perguntará qual é seu salário anual, sua média mensal de gastos com cartão de crédito e se recebe alguma outra receita etc. No Brasil, o gerente fará as mesmas três perguntas. A diferença é que haverá meia dúzia de outros clientes se acotovelando ao redor e esperando a vez a 30cm de distância. E ninguém nem pisca. Não é a cultura ideal para quem tem algo a esconder.

No Brasil, assim como em muitos países em desenvolvimento, grande parte da economia funciona com dinheiro à vista. Há empregadores que pagam com cheque que é levado ao banco e descontado pelo empregado. Muitas empresas têm dia e hora certos para efetuar o pagamento. Então, os empregados se dirigem em massa ao banco para apanhar seu dinheiro. Posso me lembrar de uma tarde em que 500 motoristas de ônibus apareceram na agência onde estávamos realizando um teste. Além disso, muitos brasileiros pagam suas contas – aluguel, telefone e luz – em dinheiro, diretamente no caixa. A agência é dividida de acordo com as diferentes classes de comércio. Os clientes de classe mais baixa, que usam dinheiro vivo, denominados "Amigos", se dirigem a um setor do banco, enquanto os clientes "Estrela", de classe média, se dirigem a outro. É um ambiente barulhento, agitado e difícil, mas adoramos o trabalho. E o Itaú nos adorou. Em um ano, a John Ryan terminou seu contrato e foi embora, mas a Envirosell foi convidada a permanecer. Logo depois, conquistamos a megacervejaria Brahma para nosso mix de clientes e assim nos descobrimos enviando profissionais de nossos escritórios em Nova York para São Paulo, ida e volta, com bastante freqüência.

Naqueles dias, mal nos sobrava tempo para respirar, mas, quando, por fim, nos firmamos e tivemos tempo para inspirar profundamente, descobrimos que quase 20% dos negócios da Envirosell tinham origem no Brasil, de onde extraíamos quase 30% de nosso lucro total.

Então, que tal abrir um escritório no Brasil? Mas, dessa vez, todos nós concordamos, isso teria de ser feito mediante um modelo de licenciamento.

Para licenciar uma empresa em outro país, é preciso obviamente encontrar um sócio confiável. Assim, começamos imediatamente a prospectar o mercado em busca da pessoa certa. Nossa busca foi se afunilando em torno de mulheres que já haviam tido alguma experiência como proprietárias e administradoras de empresas de pesquisa de mercado. E por que esse sexismo reverso? Simplesmente porque nossa experiência em Milão havia nos ensinado algumas coisas. Giusi fora bem-sucedida em uma cultura machista e estávamos ansiosos para encontrar uma equivalente brasileira – uma mulher que não tivesse receio de enfrentar os mesmos desafios e vencê-los. Além disso, o produto que vendíamos não era exatamente uma *commodity* do cotidiano.

E assim, Maria Cristina Mastopietro, que todos chamam de Kita, entrou a passos largos na vida da Envirosell. Grande cabeça, enorme coração, ombros largos e uma gargalhada memorável. Formada pela Stanford University, ela atendeu integralmente às nossas expectativas. Ela era então, e continua sendo, exatamente quem estávamos procurando e muito mais. Seu sócio é um jovem e brilhante engenheiro industrial, José Augusto Domingues. Eles formam uma grande equipe.

Nunca vou me esquecer do dia em que Giuse e Kita se conheceram em nossos escritórios de Nova York. Elas vestiam roupas idênticas. Suas bolsas eram exatamente do mesmo estilo e elas a carregavam do mesmo modo. Tinham automóveis do mesmo tipo – e da mesma cor, devo acrescentar. As similaridades se estenderam de tal maneira que cada uma passou a descrever seus maridos. Elas poderiam estar falando da mesma pessoa, embora, para sorte nossa, isso não fosse verdade. E se tornaram velhas amigas instantaneamente.

Em geral, quando licenciamos uma empresa em outro país, trazemos nossos parceiros de seu país para Nova York, onde passam cerca de um mês conosco aprendendo as manhas de nosso negócio. Em seguida, o processo é invertido. Enviamos alguns de nossos profissionais para o país em questão para ajudar nossos licenciados a montar o escritório e iniciar seus primeiros projetos. Fornecemos treinamento, sistemas e de marketing e controlamos sua presença na internet. Em troca, nossos parceiros internacionais concordam em repartir conosco determinado percentual de suas receitas. Temos também o direito de examinar seu desempenho. Se as coisas não estiverem funcionando a contento, tomamos as providências necessárias para lidar com o que não funciona e descobrir como consertar o que está errado.

Esse é mais ou menos o resumo – e a história completa.

Para muitos profissionais de nossos escritórios em Nova York, trabalhar no Brasil foi sua primeira exposição a um país em desenvolvimento. Abriu seus olhos, para dizer o mínimo. Foi definitivamente uma experiência memorável, particularmente para alguns de nossos empregados nascidos no meio-oeste dos Estados Unidos que nunca haviam viajado para o exterior. Nada de ruim aconteceu, mas houve alguns incidentes envolvendo uma jovem empregada loura sendo seguida na rua por rapazes que exageraram na paquera.

Dez anos após termos aberto nossos escritórios em São Paulo, o Brasil está na vanguarda e é o centro de nossos trabalhos sobre gerenciamento de categoria, ou "cat-man" (acrônimo de *category management*), como costumamos dizer, que examina como os shoppers fazem compras em determinada categoria de produtos no ponto-de-venda. Podem ser produtos para bebês, sopa enlatada ou telefones celulares. Assim, em vez de trabalhar para um varejista, estamos canalizando nossa energia para dar suporte a fabricantes de bens de consumo.

Os trabalhos sobre gerenciamento de categoria têm tido um crescimento extraordinário na América do Sul, onde empresas como Johnson & Johnson, Unilever, Nokia e Motorola ampliam seus portfolios. Hoje, a Envirosell Brasil está encarregada de fechar negócios em outros países do continente e, atualmente, está em andamento sua transformação de licenciada em *joint-venture*. Um tributo a seu trabalho espetacular.

Inevitavelmente, porém, nosso escritório em São Paulo está sempre envolvido em questões de moeda, política e futebol. Não há como evitar esse monstro de três cabeças. Isso significa que, se houver um ano politicamente maluco, ou se a moeda brasileira, o real, sofrer uma forte desvalorização frente ao dólar, ou vice-versa, bem, apertem os cintos, porque poderemos ter turbulência pelos próximos meses. Além disso, falei da Copa do Mundo? O país inteiro pára por três meses. No Brasil, funciona como a tabuleta de "Fui Pescar" nos Estados Unidos. E não há nada que se possa fazer sobre o assunto, a não ser agitar as bandeiras verde-amarelas e torcer pela Seleção.

A primeira experiência que a Envirosell teve com a divulgação gratuita de suas atividades em altíssimo nível foi graças a um jovem escritor especializado em ciência que escreveu um artigo para a revista *The New Yorker*. Seu nome era Malcolm Gladwell (sim, ele mesmo, o mesmo sujeito que mais tarde escreveria dois megabest-sellers, *The Tipping Point* e *Blink*. O artigo, intitulado "A Ciência das Compras", que descrevia a atividade desenvolvida por nossa empresa, tornou-se um dos que tiveram maior número de reimpressões na história da revista. Além disso, tornou este livro possível.

Depois da publicação do artigo de Gladwell, no final de 1996, as indagações de licenciados potenciais de todas as partes do mundo se multiplicaram. E, a partir de então, toda semana recebíamos um novo telefonema de alguém que desejava formar uma parceria conosco. Era tudo muito lisonjeiro. Àquela época, uma das coisas mais maravilhosas sobre a vida de nossa empresa foi o número de novos clientes que bateu à nossa porta, prontos para nos contratar imediatamente. Eles já chegavam com a idéia comprada, primeiro por causa do artigo e segundo por causa deste livro. Para um sujeito, como eu, que já havia economizado dinheiro de diária de hotel dormindo no carro, escovando os dentes no dia seguinte no banheiro de um posto de gasolina, depois de tantos anos sem saber se a empresa sobreviveria ou se iria à falência, foi incrivelmente gratificante.

Em conseqüência do artigo da revista *New Yorker*, uma das cartas que recebi pelo correio me chamou a atenção. O remetente – a quem, hoje, considero meu anjo salvador – era um agente de licenciamento japonês chamado Kaz Toyota, que representava várias grandes empresas nos Estados Unidos e era responsável pelo licenciamento de suas sucursais no Japão. Ele havia lido o artigo e pesquisou outras coisas sobre nossa empresa na internet. E ele não apenas se ofereceu para nos ajudar a selecionar o licenciado mais adequado no Japão, como também colocou à nossa disposição para voluntariamente ajudar e servir de guia no país de sua futura nora, Momo.

Durante os primeiros quatro anos de minha vida no mundo dos negócios do Japão, Momo Toyota se tornou minha mentora, orientando-me sobre todos os detalhes da cultura do país. Ela havia passado parte de sua infância nos Estados Unidos e na Austrália e entendia perfeitamente as lacunas culturais com as quais eu me defrontava. Visitávamos diferentes distritos de compras e shopping centers e até mesmo um ou outro templo. Ela reagia a todas as minhas perguntas – fossem elas idiotas ou pessoais – com uma risadinha, seguida por uma resposta honesta, completa e refletida. Quando Momo se casou, mandei passagens aéreas para que ela e seu marido viessem me visitar em Nova York. Eles aceitaram a oferta e se hospedaram em meu apartamento. Ela teve um casal de filhos, a menina mais velha de nome Emma, com quem mantenho permanente contato pelo seu website de acesso restrito. Vamos lá, Emma!

Se o que eu procurava era a chave para a cultura japonesa, então Momo me entregou um enorme molho delas e, por essa razão, serei eternamente grato. Ela me ensinou tudo: a estrutura familiar japonesa, a preocupação do país com a limpeza, o protocolo tácito ao se presentear alguém, as nuances ao se curvar em reverência, saber quando ou não se deve virar de costas para alguém, o tempo e a extensão da curvatura do corpo quando alguém está indo embora, quando virar-se e quem deve fazê-lo em primeiro lugar, quando você pode ficar à vontade para fazer apenas uma pequena reverência com o corpo. Em suma, como reverenciar da melhor forma possível seus anfitriões. Na verdade, passei minha infância na Ásia. Meu pai era diplomata e meu esporte favorito na adolescência era o judô. Eu tinha alguma vantagem em termos de conhecimento da cultura japonesa em comparação à maioria dos forasteiros, mas Momo me deu um curso expresso em técnica e refinamento. A cada dia, eu ia acumulando mais e mais informação, o que, sem dúvida, me fez parecer uma pessoa muito mais sofisticada do que eu me sentia por dentro.

Havia apenas um problema: meu nome.

Quando viajei ao Japão a trabalho pela primeira vez, logo ficou claro que os japoneses tinham uma enorme dificuldade com a palavra "Underhill". Havia alguma coisa que os impedia de dizê-la com facilidade. Certo dia, sugeri: "Por favor, me chame de Paco-san."

Bem, o que você deve entender é que, para o homem de negócios japonês, essa é uma sugestão radical. Para os americanos, seria o equivalente a saudar sua venerável avó assim: "Cumequié, vó." Ninguém no Japão jamais se dirige a alguém chamando-o pelo primeiro nome. Entretanto, uma vez superado esse pequeno contratempo, pudemos todos relaxar.

Olhando para trás, tenho certeza de que boa parte de meu "estar à vontade" com a cultura japonesa, e vice-versa, teve a ver com o fato de eu ser fisicamente grande e amigável, mas também com o fato de eu ter aprendido algumas nuances culturais, graças a Momo. Pequenas coisas, como acrescentar "chan" ao nome de uma mulher – um sufixo que denota afeição e um relacionamento íntimo mas respeitoso com uma mulher mais jovem. Para um jovem do sexo masculino, o equivalente é "kun". Disse a alguns de meus clientes japoneses: "Se quiserem me chamar de Paco-kun, não tem problema." Geralmente, eles já ficam chocados com o fato de eu conhecer esses termos, que dirá pedir-lhes para me chamarem assim. Ao mesmo tempo, creio que eles gostem da novidade da situação, pois, dessa forma, apesar da brincadeira, demonstro meu genuíno interesse pelo Japão. Esse é um país em que as pessoas sempre ficam maravilhadas quando alguém não apenas fala algumas palavras de seu idioma, mas também compreende como a cultura funciona no cotidiano. Essas pequenas coisas contam muito.

Essa nova informalidade que conquistei no Japão incluí até em meu guarda-roupa. Em minhas primeiras visitas ao país, usava um casacão ou terno e gravata aonde quer que eu fosse. Então, um belo dia, alguém muito gentilmente observou que eu era Paco-san e que, se me agradasse, poderia usar um calção de banho ou um cacho de bananas na cabeça, pois ninguém daria bola.

Para ficar na zona de conforto, devo dizer que nada supera uma camisa social branca e uma calça esporte cáqui quando se passeia pelas ruas de Tóquio.

Em uma sociedade totalmente machista como a do Japão, nossa diretora-gerente, Uchida-san, se destaca como uma flor-de-lótus no pântano. Há quem colecione bonecas, latas de Coca-Cola ou pedaços de madeira, mas, além de sua capacidade de funcionar em não mais que duas ou três horas de sono por noite, Uchida-san é dona de provavelmente o que pode ser considerado a mais completa coleção de rãs do mundo. E isso chega até a se refletir em sua pessoa. Estou falando de brincos, broches, colares – tudo no formato de rãs. Mesmo nas tradicionais reuniões da empresa, ela sempre contrata recepcionistas que se vestem com uniformes com rãs estampadas e que lhe dão as boas-vindas e o encaminham a seu lugar à mesa. Obrigado, rã.

Tom Waits, o roqueiro americano, tem uma música com a qual me identifico. O refrão é "Sou famoso no Japão/Sou famoso no Japão". Quando este livro foi publicado pela primeira vez, as vendas foram muito boas aqui nos Estados Unidos, mas excepcionais no Japão, Canadá e Países Baixos. Credito esse sucesso ao fato de que esses são países onde ter boas maneiras é muito importante. E essa é uma das grandes preocupações deste livro: como decifrar bons modos e comportamento.

Uma pergunta que sempre nos fazem é: O que faz a atividade de fazer compras ser diferente em outros países? Minha primeira resposta é destacar o que não muda, que, creio, seja o tema básico deste livro. Nossos olhos envelhecem da mesma maneira, estejamos em Tóquio, Chicago ou São Paulo. Nossas medidas e proporções humanas recaem nos mesmos parâmetros: o comprimento dos braços, o modo como as mãos funcionam, o fato de que a maioria de nós é destra. Amamos nossos filhos e cônjuges na maior parte do tempo. Tendemos a nos mover em grupos semelhantes, constituídos por amigos, casais e famílias nucleares ou estendidas.

Dito isso, existem algumas coisas fundamentais que fazem o ato de fazer compras e do ambiente físico em que vivemos se baseiem em coisas diferentes, dependendo da parte do mundo em que estejamos. A primeira delas é a densidade relativa da população. Tóquio e, pior ainda, Mumbai são lugares com excesso de gente. Dallas e Los Angeles são mais espalhadas, extremamente horizontalizadas. O mero luxo do espaço altera o mix. Afinal, uma das mensurações-chave de sucesso de uma loja são as vendas por metro quadrado. Se estivermos analisando uma loja japonesa em Ginza, as vendas por metro quadrado podem ser até 10 vezes mais altas que as da mesma loja instalada em um shopping nos subúrbios de Chicago. Quanto mais denso for o ambiente físico, menor será o esforço da gerência para convencer as pessoas a entrar na loja. Em Tóquio, algumas lojas de departamento têm 10 andares, com uma escada rolante atrás da outra. Na mesma cidade, você encontrará prédios altos com um restaurante diferente em cada andar. Nos Estados Unidos, a idéia de abrir um restaurante da cadeia Applebee's no quarto andar de um arranha-céu seria absurda.

O segundo fator é o nível de prosperidade econômica do local em que você vive: a América do Norte e a Europa Ocidental têm um alto padrão de vida e, embora pessoas de menor poder aquisitivo possam ser encontradas em qualquer lugar, o nível de pobreza aqui, no Ocidente, não chega nem perto do que se encontra em partes da Ásia ou na África. O contraste entre ricos e pobres geralmente propicia o surgimento de questões de segurança que produzem um efeito profundo no ambiente físico. Por exemplo, um shopping center no Brasil oferece um grau de segurança impossível de se igualar a uma loja de rua.

O terceiro fator é o clima. A diferença entre Dubai e Helsinki é que, em um lugar, é preciso administrar o calor; no outro, o frio. Além disso, é claro, há diferenças culturais e de costumes.

Coloque suas bandejas na posição vertical. Pousaremos, em instantes, em Bangalore, onde se localizam os escritórios da Envirosell Índia.

A Índia é um lugar intrigante. O país está passando por um dos melhores momentos de sua história. O senso de orgulho nacional e o patriotismo – a crença de que chegou a vez da Índia – são disseminados. Não há o que discutir a esse respeito. Dê só uma olhada nas fábricas com tecnologia de última geração instaladas em Mumbai e Bangalore, na indústria de plásticos ou de processamento de petróleo. Ao mesmo tempo, a infra-estrutura básica do país está fazendo água por todos os lados e a Índia, ainda hoje, tem o varejo mais primitivo entre os países emergentes. De roupas a mantimentos e automóveis, a esmagadora maioria do varejo ainda é praticada em pequenas lojas de administração familiar. Dessa forma, as pessoas ficam sujeitas a vicissitudes, preços e padrões variáveis conforme a vontade de quem esteja operando a loja (não existe controle de qualidade e, até 2008, não existiam grandes redes de varejo). O país ainda tem dificuldade de se livrar totalmente da sombra de 300 anos de dominação e colonialismo britânicos. Na verdade, uma das coisas mais charmosas que me chamam a atenção, sempre que estou de visita ao país, é ouvir as mesmas expressões idiomáticas de que tenho lembrança de meus tempos de garoto, quando estudei durante dois anos na Escola do Exército Britânico em Kuala Lumpur. É como se aquelas locuções estivessem presas no tempo.

A Índia pode estar mostrando seu brilho como potência industrial, mas certo grau de orgulho cívico ainda está à espera para mostrar sua face. Na maioria das cidades indianas, é comum a ocorrência de falta total ou parcial de energia. Há geradores de força em todos os principais hotéis do país, enquanto o resto das cidades fica piscando, assim como um lampião. O Brasil, da mesma forma, tem um alto grau de prosperidade, mas, por outro lado, as imagens vistas nas ruas podem ser chocantes: pessoas doentes, cachorros abandonados e pessoas atravessando ruas sem se importar com o fluxo de veículos.

Com todos os seus problemas – a falta de limpeza, sua obsessão por status, castas e hierarquia social (dê uma olhada, se tiver chance, nos incríveis anúncios pessoais, detalhados e esnobes, publicados nos jornais) –, a Índia é um lugar fascinante. Algumas vezes desanimadora, mas sempre fascinante. Mesmo que não tivéssemos estabelecido um relacionamento com a maior consultoria de varejo do país para licenciar um escritório em Bangalore, onde os clientes atendidos são fabricantes de produtos de consumo e empresas de tecnologia, fico me perguntando com certa freqüência: Será que eu voltaria lá?

Sim, num piscar de olhos.

Bem, estamos voltando para os Estados Unidos, mas antes uma breve parada em Moscou. Coberta de neve, sim. Acinzentada, sim, mas um dos mais excitantes mercados para o varejo no mundo hoje. Alexey Pryanishnikov é o chefe do escritório da Envirosell, estalando de novo, em Moscou. Um ávido mergulhador e ciclista, Alexey tem também um dos mais completos domínios do inglês coloquial que já vi na vida. Ele diz que aprendeu tudo assistindo a filmes americanos. Acabamos de fechar com nossos novos sócios na Rússia e, como diz Alexey, creio que possa ser o início de uma linda amizade.

Próxima parada: a enevoada e maravilhosa Cidade do México, onde 70% das pesquisas de mercado no país são realizadas. Portanto, se você deseja abrir um escritório no México, esse é o lugar. Nem é preciso dizer que você pode beber cerveja à vontade, mas jamais entre em contato com a água, a não ser para fazer mergulhos e observar corais.

Em 2002, Manolo Barberena, filho de um ex-governador do estado de Aguascalientes, educado nos Estados Unidos e muito bem relacionado, nos procurou em nome da Pearson, uma empresa de pesquisa de mercado *full-service*, que ele havia fundado. A Pearson tinha suas raízes em pesquisas políticas e Manolo já havia pertencido aos conselhos da ESOMAR, a associação comercial européia de pesquisas de mercado, e da CASRO, sua equivalente americana. Ele tinha um impressionante domínio do negócio de pesquisa e, entre outras coisas, o que mais gostei nele foi seu saber enciclopédico sobre rock'n'roll. A Pearson já tinha como clientes a Johnson & Johnson e a Procter & Gamble. A Envirosell se harmonizou perfeitamente ao portfolio de serviços que a Pearson já oferecia a seus clientes.

Hoje, nossa filial na Cidade do México é uma das mais autônomas, classicamente focada em pesquisa de mercado. Como nossos colegas do Brasil, são extremamente orgulhosos e capazes. Uma das coisas que gostaríamos de incentivar no futuro seria uma maior colaboração entre os licenciados desses dois países. Há uma barreira de idiomas aqui, tanto real quanto imaginária. Ou talvez o problema se resuma a conseguir que duas cabeças internacionais extremamente capazes – uma, um macho alfa, e a outra, uma fêmea alfa – consigam trabalhar em colaboração mais estreita.

Bangalore, Tóquio, São Paulo, Moscou, Milão e Cidade do México. Apesar das câibras nas pernas, da dor nas costas e do filme ridículo a que tivemos de assistir sobre um patinador no gelo adolescente, não foi tão mal assim, certo?

Penso no assunto da seguinte maneira: ser capaz de ficar diante de uma platéia nos Estados Unidos e falar sobre o varejo no mundo é, creio eu, uma das coisas que tornam a Envirosell tão peculiar. Ser capaz de conversar com o dono de um shopping do centro-oeste do país e dizer "Estive em um novo shopping center em Tóquio há duas semanas e foi assim que eles resolveram esse problema..." ou "Já estive em Dubai cinco vezes e o modo como lidam com essa dificuldade é o seguinte...". Não quero que isso seja confundido com contar vantagem e estou certo de que não é assim que a idéia é passada. Trata-se apenas de um fato da vida para um guerreiro da estrada que sempre se fascinou com o modo como o restante do mundo pulsa.

Fizemos também um esforço especial para contratar empregados que falem mais de uma língua. Hoje, em nosso escritório de Nova York, temos empregados que são fluentes em italiano, francês, alemão, espanhol, japonês, híndi e um monte de outros idiomas e dialetos asiáticos. Acredito que ter capacidade de se expressar em várias línguas é uma capacitação crucial em uma carreira de negócios. Se o único idioma que você fala for o inglês, francamente, você está em desvantagem.

Não há nada que eu possa fazer, mas gostaria que mais pessoas pensassem assim. A mim, às vezes incomoda o completo *desinteresse* de tantos americanos em expandir sua base de conhecimentos sobre outros povos visitando outros países. Ou que tantos deles tenham medo de viajar. Em parte, isso decorre dos tempos turbulentos que os Estados Unidos vivem, mas outra parte se resume à simples falta de interesse. Uma vergonha. Especialmente porque um de meus maiores prazeres na vida é acompanhar um amigo ou um colega da Envirosell em sua primeira visita ao exterior. Observar alguém de quem gosto descobrir a terceira dimensão me dá verdadeiro prazer.

Um sujeito, em particular, se destaca. Seu nome é Tony Trout. Nosso destino era Paris e estávamos trabalhando com o banco francês Crédit Du Nord. Cerca de uma hora e meia foi o tempo necessário para que Tony chegasse à conclusão – "Ei! Isso é bem divertido!" Saímos do Aeroporto Charles de Gaulle de trem, dali passamos para o *métro*, compramos nossos *carnets* e, no primeiro dia de trabalho, Tony se sentiu inteiramente à vontade para pedir um café na cafeteria da esquina.

Quando você chegar a um lugar novo, deve guardar seus óculos antigos e colocar seus *occhiali*, *gafas*, *magane* ou *glasses*. Posso lhe assegurar: as portas se abrirão. Janelas aparecem do nada. Já vi isso acontecer várias e várias vezes. Viajar para um lugar novo melhora sua capacidade de processamento. Ajuda a aguçar os sentidos. Faz com que nos lembremos de que, não importa quem você seja, provavelmente acabaremos nos saindo bem.

Nosso próximo vôo sai amanhã às quatro da tarde. Estarei lá, esperando no portão de embarque.

CAPÍTULO 19

Janelas para o mundo

Como já disse antes, se você estiver procurando pelo que há de mais avançado no mundo hoje em matéria de varejo, deve ir a lugares onde o dinheiro seja jovem.

Jovem, saído do forno, recém-impresso, apenas e simplesmente... *jovem*.

Em cidades como Dublin, Moscou e São Paulo, entre outras, o mundo do varejo pertence a pessoas com menos de 40 anos que acabam de ganhar dinheiro e estão gastando a torto e a direito. Em 2010, a maior parte do crescimento do varejo estará ocorrendo em mercados emergentes, em que comerciantes bem treinados estão servindo a clientes emergentes.

Dubai é um exemplo claro e brilhante. Talvez você já tenha visto aquelas imagens de arranha-céus e de praias de areias brancas que parecem miragens. Mas você sabia que o Dubai também se transformou em uma encruzilhada do consumo do século XXI? Novos shopping centers crescem por lá como cogumelos, alguns deles não se parecem com nada do que você já viu. O novo Mall of the Emirates tem até pista de esqui, com neve e tudo! Pagando $10 na entrada, você tem direito a um casaco e à chance de beber chocolate quente no que deve ser o maior freezer do mundo. Por $70, é possível alugar um par de esquis ou um *snowboard* – uma experiência verdadeiramente alucinatória no meio do verão do deserto, com as temperaturas do lado de fora em torno de 46ºC. Meu novo shopping favorito em Dubai tem o nome de Ibn Battuta, um legendário viajante islâmico. Cada setor do shopping celebra um tipo de arquitetura diferente do mundo islâmico do século XIV, desde a Rota da Seda até Andaluzia. Impressionante, além de passar de forma muito suave uma lição de história.

Na cidade costeira de Durban, África do Sul, foi erguido o Gateway Mall, que, entre outras ofertas de varejo, tem uma escola de surfe, com ondas artificiais, além do Parque de Skate Tony Hawk (afinal, é uma cidade praiana). Assim, enquanto você mastiga um sanduíche, pode assistir à tentativa das pessoas de recriar o clima do filme *Endless Summer*, ou às manobras radicais de skatistas. Minha cliente Old Mutual, uma empresa de seguros, está investindo na compra de propriedades adequadas à construção de centros comerciais em toda a África e no Oriente Médio. Com um CEO dinâmico, sua jovem equipe de arquitetos, profissionais de marketing e gerentes tem à sua disposição milhões de metros quadrados de shopping centers, grandes e pequenos, ou em construção ou em fase de projeto. Um de seus shoppings na África do Sul oferece uma inovação empolgante em sua simplicidade: um estádio para a prática de esportes por alunos do ensino médio adjacente à praça de alimentação. É seguro, bem protegido e extremamente bem conservado. E, em uma cultura louca por esportes, o tráfego é intenso. Além disso, o shopping se tornou um destino interessante para adolescentes. Para os pais, também é ótimo. Eles podem deixar seus filhos em um ambiente protegido, fazer compras, pegar os filhos de volta e voltar para casa. Por favor, acrescente a África do Sul à sua viagem global de negócios de varejo e aproveite para planejar ir a uma seção de degustação de vinhos.

Depois de passado o tempo de crueldades do *apartheid*, a nova África do Sul é um exemplo dos poderes curativos do crescimento econômico. Embora o crime, a corrupção e a Aids façam parte de qualquer biografia objetiva do país no século XXI, ninguém pode ignorar a crescente prosperidade da África do Sul. Gostaria de ver esse mesmo exemplo se replicar em Darfur, Cabul, Gaza e Bagdá.

A Grafton Street, em Dublin, é o epicentro da quentíssima indústria do varejo irlandesa. Graças ao sucesso espetacular da economia da Irlanda, a velha e triste Danny Boy deu lugar à exultante e movimentada Riverdance.* Praticamente todas as pessoas que você encontra em Dublin parecem afetadas pelo sucesso. Por muito tempo, a âncora de Grafton Street tem sido uma venerável loja de departamentos, a Brown Thomas, a Meca das viúvas ricas e dos nobres que fazem uma peregrinação sazonal à loja para fazer compras, almoçar e se atualizar com as tendências mundiais da moda, uma alternativa aos tradicionais uniformes feitos em casa de tweed e às botas de trabalho. E, assim como Dublin se tornou uma das cidades da moda, a própria Brown Thomas passou por uma transformação. Há alguns anos, ela se mudou para o outro lado da rua, para um prédio maior, mais claro, mais bem localizado e hoje é uma loja de departamentos moderna, inovadora e estalando de nova (e não apenas uma loja antiga que passou por uma renovação). Um emblema perfeito da nova prosperidade da Irlanda, a nova Brown Thomas é um lugar alegre, de bom gosto, *fashion* e aberto a novas oportunidades. Seus clientes principais estão na faixa dos 30 anos (e não na dos 45, como antes) e essa freqüência mais jovem empresta a algumas seções da loja um clima e a vibração de uma boate da moda que você jamais encontraria na Bloomingdale's. Você poderia fazer o que quisesse com a Saks – derrubar paredes, mudar a iluminação, colocar a Amy Winehouse lá dentro –, mas sua base de clientes permaneceria a mesma, teimosa e conservadora. Já a Brown Thomas se tornou uma loja verdadeiramente *moderna*.

Mas, se eu tiver de escolher uma loja que realmente me deixe em estado de total estupefação – e olhe que, como um estudioso do varejo que já percorreu o mundo, isso nunca havia acontecido antes –, seria a Daslu, em São Paulo. Embora seus donos estejam atualmente com problemas na Receita Federal, a Daslu, nas últimas duas décadas, tem sido a mais proeminente fornecedora de produtos de luxo do mundo. A gigantesca nova loja é um colosso de 14 mil metros quadrados que funciona como uma série de mansões interligadas. Louis Vuitton, chegue para lá. Sinto muito, Neiman Marcus. Rasgue-se de inveja, Harvey Nicks. Vocês não estão nem mesmo competindo na mesma arena, muito menos no mesmo jogo.

* *Nota do Tradutor*: A canção "Danny Boy" é considerada o hino não-oficial da Irlanda. A música tem sido compreendida como a mensagem de um pai para seu filho que vai para a guerra ou que parte em conseqüência da diáspora irlandesa. A Riverdance é um show teatral, que consiste no tradicional sapateado irlandês, caracterizado pelo rápido movimento de pernas enquanto o restante do corpo permanece praticamente imóvel.

O cartão Daslu e uma política de acesso exclusivamente por carro, que deve ser obrigatoriamente deixado com o manobrista (sem exceções), controlam quem entra na loja. Para quem tem cartão, o estacionamento é gratuito; para quem não tem, é uma exorbitância. O tempo médio de espera por seu carro é de três minutos. A maioria dos shoppers é saudada pelo nome e um *concierge*, posicionado ao lado da porta, convoca um *personal shopper* para ajudar a guiar o visitante pela loja. A entrada principal leva à seção de grifes internacionais, mas também é possível optar por uma segunda porta de acesso, que desemboca na loja masculina e em um restaurante. Se você gosta de voar alto, pode chegar em seu próprio helicóptero. Entrada para pedestres? Não há. Um guarda uniformizado faz a checagem dos carros ao final de um corredor de entrada, depois do portão. Mas os curiosos e os que não têm cartão podem tomar coragem e fazer uma visita. No ano passado, do outro lado do Rio Pinheiros, ao alcance da vista de quem está na loja principal, foi inaugurada uma versão compacta da Daslu em um shopping de luxo. Não há seções exclusivas para mulheres e a parte masculina é bem menor, mas ainda continua sendo uma loja suntuosa.

Com seus *coffee bars*, *champagne bars*, dois restaurantes e as principais grifes internacionais, a Daslu se assemelha mais a um clube privativo, em que todos se conhecem. Partes da loja são exclusivas para homens ou mulheres. Enormes cães dinamarqueses de cerâmica guardam a entrada da seção feminina com enormes placas, nas quais se lê "PROIBIDA A ENTRADA DE CAVALHEIROS", penduradas em seu pescoço. Apaixonou-se por uma blusa na seção exclusiva para mulheres? Você pode experimentá-la bem ali, bem à vontade, em frente ao mostruário.

Se preferir, a shopper também pode reservar seu próprio provador. Escolha um par de Manolos e um conjunto Chanel e eles serão imediatamente enviados a seu provador exclusivo, no tamanho certo – afinal, os vendedores da loja a *conhecem* pessoalmente. A área de provadores está equipada com displays de jóias de todas as grifes representadas na loja; assim, escolher um acessório é uma iniciativa natural. Quer mais, mais e mais? Fazem parte do portfolio de serviços da Daslu um cirurgião plástico, um salão de beleza, uma drogaria de luxo, um planejador de viagens e um departamento imobiliário, onde é possível comprar propriedades em qualquer parte do mundo.

Para os homens, artigos de vestuário e brinquedinhos para gente grande se misturam e combinam. Modelos em escala de automóveis e trens, helicópteros controlados por rádio e laptops com design Ferrari. Mas isso são apenas as miudezas. Entre na seção de artigos esportivos e os brinquedos são maiores, de uma SUV Volvo a helicópteros de verdade. Ei!, e enquanto estamos falando no assunto, que tal um barco? Você pode comprar ou alugar um ou comprar passagem para um cruzeiro de férias a qualquer parte do mundo.

Com essa magnificência toda, a Daslu é também uma metáfora perfeita das dicotomias do Brasil, onde uma população rica, aproximadamente do tamanho da Bélgica, está cercada pela pobreza, em proporções indianas.

Na última década, a inovação no varejo teve chances bem maiores de ocorrer fora dos Estados Unidos. Da gigante suíça de supermercados, a Migros, ao novo mega-shopping center construído pela IKEA nos arredores de Moscou, os comerciantes internacionais estão aplicando as lições aprendidas na América do Norte e, nesse processo, já estão superando seus mestres.

Do ponto de vista do design do varejo, duas diferenças cruciais separam as empresas americanas e estrangeiras.

A primeira é como o comerciante se encaixa nessa cultura. Dependendo da parte do mundo em que você mora, o papel do comerciante pode variar conforme o status. Nos Estados Unidos, o varejo é, em grande parte, uma profissão de classe média baixa, e o preço de entrada é um pouco de dinheiro para começar e uma vida inteira de trabalho árduo. O Sr. Bloomingdale era um vendedor de tapetes que teve mais sucesso que o que jamais sonhou, e não um membro do *establishment* WASP. Sam Walton era um cidadão comum do Arkansas. Calvin Klein e Ralph Lauren? Garotos do Bronx,* onde nasceram e foram criados. Mesmo nos dias de hoje, um comerciante pode operar um negócio bem-sucedido sem que isso signifique que ele seja um dos pilares do country club local. Não é fácil encontrar pessoas com MBAs ou graduadas pela Ivy League** que tenham

* *Nota do Tradutor*: Bairro de classe média e classe média baixa da cidade de Nova York.

** *Nota do Tradutor*: Grupo de oito universidades do nordeste dos Estados Unidos (Harvard, Yale, Princeton, Columbia, Brown, Cornell, Pennsylvania e Dartmouth) que tem alto prestígio acadêmico e social.

planos concretos de fundar um negócio de varejo. A história dos negócios nos Estados Unidos sempre foi de imigrantes que gravitaram para o varejo porque essa era uma das poucas carreiras acessíveis a eles. E, se olharmos em retrospectiva, esse foi o elemento-chave que fez do varejo americano o negócio impetuoso, inovador e vibrante que já foi um dia. Contudo, à medida que os imigrantes encontraram outras atividades, o varejo foi perdendo essas qualidades para adquirir o ranço atual.

Do outro lado do Atlântico e do Pacífico, a história é diferente. O comerciante do varejo desfruta de certa respeitabilidade social. Os britânicos e os holandeses, por exemplo, têm uma longa tradição em bancos mercantis e em casas de câmbio – e, assim, ligando o varejo a um estabelecimento confiável e próspero. Na França, existe uma classe de comerciantes que, há cinco séculos, vende para a aristocracia. Essa rica história se evidencia de várias formas diferentes. A LVMH, uma empresa de artigos de luxo, proprietária da Louis Vuitton, Sephora e de mais de 50 outras marcas e lojas, opera uma escola de negócios especializada na gestão de bens de luxo que é responsável por um dos mais prestigiosos MBAs do mundo do varejo. Em Paris, os esforços de marketing da Galleries Lafayette estão anos-luz à frente de qualquer outra loja no mundo. A loja começa a vender no exato momento em que você entra no avião com destino à França. Aterrissando em Paris, o marketing imediatamente tem seqüência e se encorpa. Ao chegar ao hotel, o visitante ganhará um mapa da cidade com as Galleries Lafayette proeminentemente colocadas entre as principais atrações da Cidade-Luz – e com um lembrete de que é um ótimo local para compras *duty-free*. Três horas mais tarde, você entra na loja. Que idioma você fala? Alemão, japonês, holandês? A Galleries Lafayette lhe colocará em contato com um *personal shopper* que fale sua língua. Se for preciso, é possível até fazer câmbio de moeda ali mesmo. Em suma, a loja já se antecipou a cada uma de suas necessidades de varejo e, além disso, faz um tremendo esforço para que você seja compelido a fazer compras ali.

A outra diferença crucial entre os varejistas americanos e os de outros países é topográfica. Onde está localizada a loja? Centros urbanos histórica e densamente povoados criam as próprias formas de arte do varejo, de pontos-de-venda minúsculos a gigantescas megalojas. Os modelos de despesas operacionais, margens, recursos humanos e mesmo custos com mobiliário da loja estão bem escondidos por trás de um escudo de história e de feroz independência. A Itália, por exemplo, tem mais pontos-de-venda por habitante do que qualquer outro país. Existem algumas ruas em Milão em que as pessoas vão especificamente e com a única intenção de olhar vitrines. Sempre que faço o mesmo, lembro da expressão em francês para "olhar vitrines", que, ao pé da letra, seria algo como "lamber janelas". A experiência comparável mais próxima talvez seja o distrito dos bordéis em Amsterdam. Não tenho certeza absoluta do que aprendi com essa experiência, mas é um privilégio ter visitado o local. Tudo ali é vendido pelo preço integral e o serviço pode ser profissional e intimidador ou amigável e familiar – dependendo da loja. Mas, de modo geral, a união entre vitrine e loja é única, em parte porque as mulheres expostas estão interagindo (ou pelo menos tentando interagir) com os passantes na rua. Elas são manequins vivos – sinalizando, fazendo caras e bocas, gesticulando, dando adeusinho. E, como os becos são estreitos e as pessoas passam rentes ao vidro, olhar vitrines se torna uma experiência íntima, quase voyeurística.

Na América do Norte, não há concentrações populacionais em que, historicamente, haja mistura e miscigenação de classes sociais. Nova York, Boston, Toronto, Filadélfia e Washington D.C. são o que se tem de mais aproximado, e mesmo essas cinco cidades sempre estiveram em transição, com a troca de valores de terras, populações e imóveis. Mas o varejo urbano está em ebulição e a tendência é que fique ainda mais quente à medida que os centros urbanos norte-americanos se renovam. Nossa classe de varejistas urbanos também está se transformando à nossa volta. Se demos à Europa gigantes como McDonald's e Starbucks, eles também têm algo a nos mostrar.

* * *

No mundo inteiro, empreendedores estão estudando o que faz um grande ambiente de compras funcionar. Além do entretenimento, o shopping center é um dos produtos de exportação criados e desenvolvidos nos Estados Unidos com maior sucesso. Hoje, é possível encontrar shopping centers em qualquer parte do mundo, de Kuala Lumpur a Dubai, de Tóquio a Lisboa. Na superfície, eles podem parecer idênticos aos americanos, mas não se engane nem por um instante. Cada país tem seus próprios costumes, códigos culturais e limites pessoais. Na África do Sul, Brasil e México, os shoppings têm de lidar com questões de segurança inexistentes para quem vive nos Estados Unidos. Nesses países, é mais do que um lugar para fazer compras e paqueras. Como no caso da Daslu, dirigido ao mercado de luxo, o shopping é também um feudo protegido, um clube privativo superisolado.

O Iguatemi São Paulo é um belo exemplo de shopping center híbrido – ele faz a ponte entre os shoppings com os quais os americanos estão familiarizados nos Estados Unidos e soluções e raízes locais. A cidade de São Paulo é um lugar perigoso. Portanto, não surpreende que uma das primeiras coisas que você vê quando entra no Iguatemi são guardas de segurança. Esses guardas não são sujeitos imberbes ou militares aposentados, barrigudos, que estariam ali apenas para coibir pequenos furtos. São homens bem treinados, com aparência marcial, e estão preparados para tudo. A segunda coisa que se nota é como você fica inexplicavelmente feliz em poder ficar observando o circo humano que desfila diante de seus olhos. É um cenário social que jamais poderá ser replicado por um shopping americano ou europeu. Fico satisfeito de ter ido a São Paulo com minha idade, porque, caso freqüentasse o Iguatemi aos vinte e poucos anos, sei que me apaixonaria de 10 em 10 minutos. Não é que as lojas tenham algo de especial ou de interessante, é o ambiente físico. No contexto da cultura brasileira, a maioria dos filhos adultos mora com os pais até se casar. Se um desses rapazes quiser se divertir, as escolhas são limitadas: um restaurante, uma boate ou, é claro, um shopping. Portanto, uma ida ao Iguatemi reserva aos rapazes brasileiros de vinte e poucos anos um local seguro, aberto dia e noite, no qual eles podem se encontrar com seus amigos da mesma classe social, ver pessoas ou ficar paquerando.

Os shoppings nos Estados Unidos podem proporcionar oportunidades sociais para a garotada adolescente, mas raramente você encontrará uma turma de rapazes de vinte e poucos anos fazendo ponto em frente a uma loja de departamentos na esperança de arranjar uma namorada. Contudo, no Brasil, se você tiver 25 anos e não puder namorar em casa (papai e mamãe estão por perto, ouvidos aguçados), o shopping é uma escolha lógica. O Iguatemi é barulhento – gloriosamente barulhento. Em parte, isso decorre do fato de os corredores serem estreitos e também porque, com o clima quente, o chão de pedra e cerâmica ajuda a manter a temperatura amena. Mas a algazarra em si vem do eco, do burburinho e do clique-clique dos saltos altos das mulheres. Eu poderia ficar observando o caminhar das brasileiras de Nova York ao Alasca sem ficar entediado. Elas parecem ter seu próprio som interno e está sempre tocando algum ritmo dançante, como o samba.

Entre as sandálias de salto alto, saltos-agulha, sapatilhas, minissaias e shorts curtíssimos, o Iguatemi funciona como a solução para todas as suas necessidades utilitaristas – algo que um dono de shopping americano deveria ter em mente. Arrebentou a correia do relógio? Precisa fazer uma chave duplicata? Precisa marcar um vôo para os Estados Unidos? Levar suas roupas para a lavanderia? Você está no lugar certo.

No México, a videolocadora Blockbuster oferece o mesmo grau de segurança misturado com espetáculo social, estilo familiar. Quando você entra com o carro, defronta-se com uma linha tripla de defesa: o estacionamento, a porta e a caixa registradora. Assim como um shopping center, a Blockbuster só é viável no México porque tem um esquema de segurança. As famílias latino-americanas tendem a ser um grupo familiar unido – seus membros gostam de sair juntos. Assim, a Blockbuster México tende a estar sempre lotada com famílias estendidas. Na verdade, as lojas ficam lotadas às sextas-feiras desde a manhã, bem cedinho, até a noite. Certa vez, vimos um representante da Philips fazendo demonstração do novo *home theater* da empresa dentro de uma Blockbuster porque é ali que as pessoas estão. Boa idéia. Será que, algum dia, alguém nos Estados Unidos pensou em algo semelhante?

Quando a Blockbuster México me convidou para fazer consultoria, aceitei na hora, mas eu tinha um pedido a fazer – que a diretoria visitasse algumas lojas comigo durante o fim de semana. Mas, Paco, nunca estivemos em uma loja no fim de semana! Nós viajamos para nossas casas de praia!

Novamente, essa é uma questão com a qual me defronto repetidamente: executivos de topo, sempre ocupados analisando números, mas jamais se preocupando em visitar, ao menos uma vez, o chão da loja. Lembro-me de, certa vez, ter levado alguns dos principais executivos da indústria automobilística americana ao toalete feminino de uma das revendas na Europa, onde, naturalmente, eles jamais haviam colocado os pés. O local era escuro, imundo e tinha um estado geral lastimável. "Vocês *gostariam* que suas mulheres viessem urinar em um lugar desses?", perguntei. Eles abanaram a cabeça – não, claro que não. A questão aqui é que eles não tinham a menor idéia de que era assim. Mesmo na Brown Thomas, em Dublin, liderada por seu dinâmico CEO, Paul Kelly, esbarrei em uma desconexão entre a diretoria e a efetiva experiência no chão da loja. A Brown Thomas, como já disse, é uma loja fantástica e, como a maioria dos bons varejistas, fez um esforço especial para se concentrar nas qualidades únicas de seus empregados – o grupo que torna especial qualquer loja de departamento.

Depois de me contar a história oficial, sustentada por todos na empresa, Paul Kelly me deu as chaves da loja e me pediu para xeretar e verificar o que poderia ser melhorado. No dia seguinte, levei-o para visitar o vestiário feminino das funcionárias. Parecia um barracão do exército. Escaninhos estreitos, iluminação deficiente, bancos desconfortáveis e três pequenos espelhos. Simplesmente um horror.

Vinte minutos antes de a loja abrir, aquele sombrio vestiário está literalmente lotado por centenas de mulheres. É ali que as pessoas da Thomas Brown – e o serviço de atendimento ao cliente – começam o dia. Paul chegou a murmurar que o vestiário que usava em seus tempos de universidade, no Trinity College, 30 anos atrás, tinha mais conforto. Se o conheço, sei que ele já deve ter solucionado o problema. Uma das melhores maneiras de aferir o moral de uma loja é dar uma espiada no conforto e no espaço destinado aos empregados. Certamente não é preciso contratar uma baby-sitter nem um massagista para os empregados, mas apenas dedicar um mínimo de atenção e cuidado aos bastidores.

No começo de nosso relacionamento com o escritório mexicano, fiquei frente a frente com um dos mais intrigantes modelos de negócio que já vira, uma rede de eletrônicos de consumo chamada Elektra, que, hoje, opera cerca de 900 lojas, tem vendas anuais de $1 bilhão e abriu filiais na Guatemala, Honduras e Peru. Em um sistema econômico de classificação geralmente utilizado, em que a Neiman Marcus é considerada A e o Wal-Mart fica entre as regiões C, D e E, a Elektra serve aos mercados C e D (essas letras se referem ao poder aquisitivo dos shoppers). Ela tem como público-alvo – e ajuda a desenvolver – os trabalhadores da classe pobre e à classe média emergente.

Aposto que você nunca ouviu falar da empresa. Muita gente ao norte da fronteira não tem idéia do que seja a Elektra e isso, certamente, deve-se ao fato de que a empresa não atua no topo da pirâmide econômica. Mas a Elektra concebeu um inovador sistema de empréstimo e compra que ainda me faz ficar pasmo. Por quê? Porque é muito bom. E combina perfeitamente com a crescente prosperidade do país.

No mercado latino-americano, se alguém entrar na loja e puder provar que tem uma casa, um emprego e um endereço de correio, a Elektra emprestará a essa pessoa o dinheiro que for necessário para que ela compre o que precisa para equipar sua casa. Em troca, o cliente deve concordar em fazer pequenos pagamentos semanais em dinheiro. Dito isso, a família inteira assume a responsabilidade pelo empréstimo. Em essência, trata-se de um banco disfarçado de loja de produtos eletrônicos e de departamentos.

A fachada da loja é aberta como uma garagem, com mercadorias saindo por todos os lados e por sobre a calçada. O corredor de entrada e de saída da loja é cercado por mercadorias empilhadas até o teto, embora o *bunker* do caixa, localizado no fundo da loja, não dê chance ao azar, com paredes e vidros blindados. É um sistema intuitivo e, como veículo para o progresso social, é inteiramente inovador.

A primeira coisa que um cliente compra? Um refrigerador. A segunda? Um fogão. Em terceiro lugar, vem um aparelho de televisão e, em quarto, uma máquina de lavar roupa. Acrescente um aparelho de som, uma boa cama com colchão e um mobiliário vistoso, e a Elektra equipou sua casa inteira – permitindo à sua família subir um degrau na escala social e econômica. A empresa também abre uma conta-corrente e uma poupança para o cliente, permitindo que ele escolha um plano de seguro que lhe convenha a partir de uma linha completa de produtos. Se o cliente tiver um membro da família trabalhando nos Estados Unidos, aquela pessoa poderá fazer contribuições on-line para abater a conta da Elektra. Isso significa que é possível liquidar a linha de crédito antes do previsto e abrir uma nova, seja para comprar alto-falantes ou mesinhas-de-cabeceira. À medida que você vai conseguindo ascender socialmente, a Elektra estará sempre a seu lado, de mãos dadas e apontando o caminho.

A empresa cobra juros altos? Sim, mas a Elektra também está possibilitando mobilidade social. Eles emprestam dinheiro não para uma única pessoa, mas para a família inteira, incluindo a família estendida. A taxa de inadimplência? Extremamente baixa. Muito menor do que a de um banco comum. Portanto, é uma situação de ganha-ganha para a Elektra, para as famílias latino-americanas e para o padrão de vida dos países nos quais atua.

Genial.

Isso não quer dizer que todo o divertimento só esteja acontecendo fora dos Estados Unidos ou que a inovação no varejo seja um fenômeno exclusivamente internacional.

Alguns poucos e promissores negócios nos Estados Unidos estão recuperando o tempo perdido. Um shopping decadente nos arredores de Fort Worth, Texas, acaba de ser transformado no La Gran Plaza, um shopping latino-americano com a própria banda de *mariachis* e, no lugar de uma loja de departamentos, agora funciona um amplo e sempre renovado mercado. Tem também um complexo de cinemas com filmes latino-americanos, uma escola que ensina às pessoas como fazer para obter hipotecas e um consultório dentário acoplado a uma joalheria, de modo que se possam fazer implantes de jóias nos dentes (no jargão do hip-hop, esse procedimento é conhecido como "grille"). O La Gran Plaza conhece seu mercado, não tenta ser tudo pra todos e, de um modo geral, é um sucesso.

O supermercado Fairway da 12ª Avenida, no Harlem, ocupa o espaço de um antigo galpão e é freqüentado por um amplo espectro de nova-iorquinos. Todo mundo, desde bombeiros a donas de casa que compram queijos importados, até mães e homens de negócio que dão uma passadinha ali para comprar o jantar semipronto, antes de irem para casa nos subúrbios de Westchester. Cartões American Express Platina são usados em certo momento e, em seguida, alguém faz as compras com tíquetes-refeição. O Fairway é um grande show, uma aventura que o deixa sem fôlego. Se você visita a seção de cafés, o funcionário lhe diz a mistura que ele acabou de moer. Quer um bife ou um frango assado para o jantar? Vista-se com um casaco prateado para fazer compras na seção de comidas refrigeradas, onde, em vez de pegar pacotes congelados na geladeira, a seção toda é um freezer.

Isso tudo me encaminha para uma questão que é sempre importante de ser lembrada: experiências bem-sucedidas no varejo são sempre conduzidas por quem faz o ponto, e não pelo proprietário do imóvel. Seja um pavão, uma banda de música ou uma sereia, não importa, eles devem encontrar um modo de tornar suas lojas *estimulantes*. Não é coincidência que a maioria dos proprietários e de desenvolvedores progressistas por todo o país tenha começado a procurar empresas de consultoria de marketing. Com a freqüência das visitas e o tempo de permanência nos shoppings em declínio, eles começam a reconhecer que as respostas não serão encontradas mediante a análise de dados ou do volume de vendas por metro quadrado. Espaços públicos, bancos para sentar, banheiros e estacionamentos do lado de fora de sua porta são tão importantes para as vendas quanto a política de preços e a colocação de produtos no ponto-de-venda.

Uma loja não precisa atender a todas as pessoas – nem estou falando sobre questões étnicas. Você pode montar um shopping focado em famílias jovens, ou em adolescentes, ou mesmo em cidadãos da terceira idade. Posso quase garantir que cada membro dessas comunidades agradeceria a você do fundo do coração.

Desde a primeira edição deste livro, tenho tido mais oportunidades do que nunca de viajar. Hoje, costumo estar na estrada aproximadamente 150 dias por ano. O bônus de nosso acordo de licenciamento é que eu passe determinado período com cada licenciado Envirosell. Nada me dá mais prazer.

Hoje, tenho mais de 4 milhões de milhas em meus programas de milhagem. Quando tenho algum tempo de folga, prefiro ficar em casa. Mas, alguns dias depois, não consigo me conter – começo a me coçar. No mundo dos guerreiros das estradas, existem pessoas que viajam mais do que eu, mas conheço muito poucas que passem por tantos fusos horários quanto eu. Minhas olheiras foram bem conquistadas. E aquele assento no corredor? Você não pode ocupá-lo. Ele é meu.

CAPÍTULO 20

Reflexões finais

Quando se pensa no assunto, chegamos à conclusão de que as pessoas vendem, compram e trocam produtos desde o tempo em que abandonamos cavernas, abrigos e acampamentos do leste da África e iniciamos nossas migrações pelo mundo. Há alguns anos, tive uma lição de humildade ao ouvir o relato do dono de um carrinho de verduras na Turquia, que me contava como costumava organizar sua faina diária. Ele falou sobre os ângulos da luz do sol, sobre a ordem em que os consumidores preparavam os vegetais antes de cozinhar e o que se passava na cabeça deles quando decidiam o que iriam comprar primeiro: beringelas ou tomates. Ele tinha idéias formadas sobre onde deveria ficar posicionado em relação ao carrinho e sobre como deveria interagir com a larga variedade de clientes potenciais. Eu poderia ficar ali ouvindo-o pelo resto de minha vida. À medida que ele falava, eu podia ouvir os ecos de seus ancestrais e dos ancestrais de seus ancestrais. Foi um monólogo revelador. Ainda mais porque nem 1% dos gerentes de loja que já conheci na vida poderia tê-lo duplicado.

Isso me fez relembrar que a ciência das compras é mais antiga do que pensamos. Da mesma forma que a disposição de ficar ou fugir e de como nosso cérebro regula o ar que respiramos, o ato de fazer compras está praticamente inculcado no DNA da espécie humana. Na realidade, esse, provavelmente, foi o primeiro modo como um ser humano conseguiu avançar na hierarquia social que não fosse competindo por tamanho, força ou velocidade.

Consideremos, por um instante, Istambul, a cidade que se localiza na mais antiga encruzilhada cultural da humanidade. Os turcos, como povo, vêm em todas as cores, formas e tamanhos, e, andando pelas movimentadas ruas cobertas, é possível ver evidências dessa mistura genética caleidoscópica no rosto das pessoas e respirar uma variedade de aromas entrelaçados – suor, tônico capilar, especiarias pungentes e comidas diversas. Tudo isso ao som de um burburinho oriental – música metálica, gritaria de crianças, os gritos dos jovens vendedores na frente das lojas implorando para que os passantes entrem. O Grande Bazar tem mais de 500 anos de história e permanecer no presente é um desafio. A maioria das vitrines tem elaborados displays de jóias em ouro, potes de especiarias, caixotes de henna colorida e cartazes. Muitos cartazes. Desde cartazes eletrônicos de LED a luminosos de néon, mais antigos, e outros com um estilo que lembra os anos 20. Mas a visão comum em qualquer lugar é um endereço de internet. Sim, o próprio Grande Bazar tem seu endereço na grande rede, o que permite que você faça uma pré-seleção e contate o dono da loja diretamente. A convergência de cimento e tijolo e de cliques está bem ali, diante de seus olhos, em uma cidade que acolhe comerciantes e shoppers há mais de três mil anos.

Visitantes de terras distantes? Não são difíceis de encontrar. A cidade é anfitriã de estrangeiros desde tempos imemoriais. A Turquia é muito mais refinada que muitas das ex-repúblicas do bloco soviético e atrai visitantes do que costumavam ser as fronteiras do Império Otomano. O país é barato e tornou-se um destino popular de férias para a classe média alemã (os dois países mantêm relações desde 1920).

Os comerciantes do Grande Bazar também se anteciparam às necessidades e preocupações da indústria do turismo. As lojas de alimentação anunciam caviar iraniano embalado e pronto para viajar de volta com você, já liberado pela alfândega. O produto vem embalado em gelo-seco em pacotes lacrados para garantir sua completa confiança na compra. O vendedor local de açafrão oferece aos shoppers até mesmo preleções, feitas várias vezes por hora, sobre a qualidade do produto. Ele mistura vários tipos em tigelas d'água e espera enquanto as pessoas se admiram com a variedade de tonalidades e a riqueza das cores. Ele vende seus produtos tão bem, ou melhor, que qualquer vendedor que eu já tenha visto.

Seja o Grande Bazar de Istambul ou o Gold Souk de Dubai, as regras e ferramentas do comércio são tão antigas quanto as montanhas. Certa vez, fui com um amigo levar meu laptop para conserto em uma loja de reparos de computadores em Ankara, capital da Turquia. Entramos, tomamos chá com o proprietário, falamos da família, do tempo e do campeonato local de futebol. O preço do reparo caiu de $50, quando entramos, para $7, quando saímos.

Muito do que está neste livro tem a ver com a eternidade do ato de fazer compras – e também com bom senso. No entanto, se 20 anos atrás você me dissesse que um dia eu seria um reconhecido expert sobre a maneira como as mulheres fazem compras de cosméticos – e à custa de incontáveis horas de observação –, eu teria recomendado procurar um psiquiatra. O mesmo aconteceria se você me dissesse que eu seria um estudioso das dinâmicas que governam a fila de um restaurante de fast-food. Na verdade, ainda hoje me sinto um tanto deslocado quando, em uma reunião de negócios, as pessoas se referem a mim como um pesquisador sênior. A maioria das pessoas que passa sua vida no varejo o faz por vocação. Ainda assim, sou grato por ter encontrado um caminho para esse mundo. Meus colegas e eu fomos picados por um inseto estranho – não nos consideramos homens (ou mulheres) de negócios e, no entanto, gastamos um bocado de nosso tempo resolvendo problemas e questões que afligem o mundo de pessoas, espaços, produtos e serviços. Não conseguimos andar por uma rua de compras, ler um cardápio de restaurante ou entrar em um aeroporto sem desconstruir a experiência e tentar descobrir como melhorar essas coisas. Os comerciantes de meu bairro estão todos cansados de todos os conselhos gratuitos que lhes ofereço. Quando eu e minha mulher saímos de férias, ela tem de me lembrar de desligar o analisador automático dentro de meu cérebro. Mesmo assim, sempre acabamos em algum shopping para que eu possa fazer algumas observações. Diferentemente de Margaret Mead, não preciso ir muito longe para fazer trabalho de campo.

A ciência das compras é uma disciplina híbrida – parte ciência física, parte ciência social e apenas parcialmente ciência de um modo geral, uma vez que também é uma arte. Mas é um campo objetivo, preocupado em fornecer informações que possam melhorar a vantagem competitiva de um comerciante ou de uma empresa e diminuir os custos de uma decisão errada. Nosso valor está em nossa capacidade de ir além de sermos meros colecionadores de dados e de darmos boas e calculadas sugestões sobre o que esses dados significam e como devem ser tratados. Embora eu possa afirmar que, em nossas interpretações, estivemos certos na maioria das vezes, também cometemos erros em outras. Assim, continuamos nossa busca. Mesmo nossos gerentes mais experientes gastam 90 dias por ano viajando, dedicando seus fins de semana a lojas, agências bancárias, restaurantes e shopping centers em várias partes do mundo. Posso garantir que, para nossa vida pessoal, tem sido um inferno.

E, mesmo com isso tudo, na ciência das compras, a verdade é transitória. Os fatos básicos de anatomia humana permanecem mais ou menos os mesmos, mas as lojas em si, os gostos e o comportamento dos shoppers continuam a evoluir. Da mesma forma que os fazendeiros de 1900 tinham mais em comum com seus ancestrais agrários de milênios do que com seu neto agrotécnico em 1950, o comerciante de 1900 teria muito o que aprender hoje. Se olharmos não muito para trás, para os anos 70, veremos que muitos dos líderes do varejo de então desapareceram ou ficaram muito menores. Hoje, Korvetes, Woolworth's e Montgomery Ward estão consignados aos livros de história, e muitos outros os seguirão em breve. Será que o Wal-Mart tropeçará? A Starbucks entrará em declínio? Será que a Topshop se globalizará? O mundo está em constante transformação. Antigamente, o adágio sustentava que, com o produto certo e o preço justo, o sucesso estava garantido. Hoje, esses dois elementos são o mínimo necessário para sua mera sobrevivência e todo mundo compete com todo mundo. A ameaça pode vir de qualquer lugar. É uma perigosa ingenuidade o dono de loja julgar que sua única concorrência se constitui de outras lojas da mesma categoria. Na verdade, os varejistas competem por praticamente qualquer demanda por tempo e dinheiro do consumidor. Recentemente, fomos contratados para realizar um estudo sobre freqüentadores de cinemas, o que nos faz lembrar que duas horas e $20 gastos com um filme estão perdidos para sempre do ponto de vista do resto do varejo. Da mesma forma, se a experiência de gastar os 20 minutos restantes do horário de almoço dentro de uma loja de computadores for mais agradável que visitar uma livraria, então provavelmente haverá mais pacotes de software sendo vendidos – e será impossível vender livros. A era do varejista visionário ou do rei da manufatura já não existe mais. No século XXI, o consumidor é rei. Se a moda nasce na rua e cresce para dominar os desfiles, o mundo do varejo deve acompanhar os shoppers aonde quer que estejam indo.

Acima de tudo, o ato de fazer compras acompanha as transformações sociais – e pobre do homem de negócios que não conseguir perceber isso.

Sem dúvida, a principal transformação social que ocorre hoje no mundo se refere à vida das mulheres. Em suas palestras, o renomado crítico social, pesquisador e futurólogo Watts Wacker, argumenta que, com base em evidências de que dispomos hoje, os homens estão a caminho de se tornar exóticos animais de estimação domésticos. O varejo deve prestar atenção em como as mulheres querem viver, no que desejam e do que precisam, ou então ficarão para trás. Mesmo as enormes mudanças que ocorreram na vida de homens e crianças são conseqüência da vantagem conquistada pelas mulheres. Vale a pena ouvir e ser humilde. Hoje em dia, os shoppers são cheios de caprichos e sua fidelidade à marca – seja de um produto ou de uma loja – dura apenas enquanto a excitação experimentada durante a mais recente visita a algum shopping ainda não passou.

Se maus resultados durante um trimestre fiscal reverberarem em toda uma rede nacional de varejo, os próximos dois ou três trimestres deverão ser dedicados a algum procedimento de emergência. A melhor defesa contra a complacência é eliminar a distância entre o chão da loja e os homens e mulheres que tomam as decisões sobre o que acontece ali. A mais inteligente ação gerencial que se pode implementar hoje é transferir maiores responsabilidades e autoridade para o nível da gerência das lojas. A administração superior deve desenvolver as ferramentas para ensinar os gerentes a terem certeza de que a loja está servindo aos shoppers. Em 1998, falei para um grupo majoritariamente masculino no Wal-Mart que eu podia adivinhar o sexo do gerente em qualquer das lojas de sua rede com base unicamente no período decorrido desde a última vez em que o vestiário feminino havia sido pintado. Não sei se fui o responsável, mas, alguns meses depois, percebi que boa parte dos vestiários femininos do Wal-Mart havia sido recém-pintada. Gerentes do sexo masculino odeiam a seção de roupas de cama e vestuário porque, assim como a seção de cosméticos, elas têm altos custos de mão-de-obra, além de serem mais propensas a sofrer de problemas de furtos. Já as seções de bens duráveis, como a de eletrodomésticos, têm produtos mais fáceis de expor e de administrar. As mulheres têm, por natureza, um melhor entendimento de como os bens não-duráveis funcionam e de como eles podem contribuir para o negócio. Dez anos depois de eu ter feito aqueles comentários sobre os vestiários femininos, o Wal-Mart ainda não conseguiu desenvolver adequadamente seu negócio de vestuário.

Um modo simples de melhorar seria aumentando o número de gerentes do sexo feminino.

Mesmo com tudo que há para ser aprendido sobre a ciência das compras, reconhecemos que há espaço para um comerciante criativo que jogue o manual para o alto e quebre as regras. Você diria que uma das premissas básicas do varejo seria que os shoppers devessem ser capazes de pronunciar o nome de sua loja. Contudo, tenho um amigo que é dono de um negócio on-line altamente bem-sucedido, administrado a partir de uma minúscula loja cujo nome é Mxyplyzyk, uma sopa de letras intencionalmente impronunciável extraída de um obscuro personagem das histórias em quadrinhos do Superman. É um lugar superlotado por um mix eclético de produtos, desde acessórios de banheiro a livros. E os preços são malucos. O processo de check-out é primitivo e os recibos são escritos à mão. Mas não há nada que eu possa ensinar a Kevin, o dono, sobre varejo – ele inventou uma máquina de vendas à sua imagem e, ao que parece, está se divertindo muito com isso. Apesar de todo o nosso discurso sobre ciência, compreendemos que, se você tem garra e determinação, talvez saiba o caminho.

Como observadores profissionais, desempenhamos um papel meio estranho no mundo do comércio. Às vezes, brinco que sou a única pessoa na indústria do varejo que fica encantada ao testemunhar um furto em uma loja. Isso mostra que somos capazes de subverter o Princípio da Incerteza, de Heisenberg, e observar as pessoas dentro das lojas sem alterar seu comportamento. Afinal, se alguém furtar alguma coisa na frente de uma equipe de monitores, isso significa que a pessoa não percebeu nossa presença (nas raras vezes em que somos descobertos, geralmente é por alguma criança observadora). Na verdade, alguns de nossos momentos mais inesquecíveis envolvem furto de lojas. Lembro-me de estar estudando um vídeo de uma senhora bem-vestida em uma das extremidades do balcão de perfumes da Filene's Basement, na Washington Street, em Boston. Ela, repetidamente, mandava a respeitável balconista em missões a partes distantes da seção enquanto enchia a bolsa com frascos de perfume que estavam no balcão. Na verdade, é comum vermos ladrões de loja comprando um produto e furtando outro. Em uma drogaria em Spartanburg, Carolina do Sul, nossos monitores, vez por outra, encontravam fraldas descartáveis (limpas) espalhadas por cantos discretos da loja. O mistério se esclareceu quando viram um shopper enchendo uma embalagem meio vazia de fraldas com frascos grandes de um caríssimo remédio para dor de cabeça. Um dos casos mais patéticos que testemunhamos envolvia um pai que escondeu um jogo de chaves de fenda dentro da fralda de seu filho adormecido.

Mas nosso trabalho é como o da tripulação da nave Enterprise, em "Jornada nas Estrelas" – observar e relatar, sem interferir.

Preservamos a privacidade das pessoas que filmamos. É o modo de manter a confiança de nosso cliente final – o público que faz compras. Como minhas raízes de pesquisador se baseiam na advocacia pública, sou muito sensível a questões de invasão de privacidade em nosso trabalho. Fiquei chocado quando uma das primeiras grandes matérias de jornal sobre a Envirosell nos chamava de "espiões de supermercado". Alguns anos atrás, a rádio BBC nos convidou para uma entrevista de 60 minutos. Disse que ficaria feliz em participar, mas, quando cheguei lá, deparei-me com uma espécie de armadilha. O outro convidado era um expert em advocacia de consumo. O tema? Privacidade.

Agora, o que quer que você ache, não me venha com aquela história do Grande Irmão, de George Orwell, em *1984*. Se você acredita que nossas câmeras estão se intrometendo na vida das pessoas, talvez seja melhor que, antes, possamos dar um passeio pelas ruas de Londres. Descobriremos que nosso rosto aparecerá em algumas das cerca de 500 mil câmeras de circuito fechado espalhadas pela cidade, muitas delas com software de reconhecimento facial. E isso é apenas uma pequena porção das sete milhões de câmeras que ficam sutilmente clicando sem parar por todo o Reino Unido.

Se Londres está fora de seu raio de ação, podemos, em vez disso, nos "logar" na internet. Em 10 minutos, posso descobrir quanto você ganha, o partido político a que está afiliado, que livros pegou emprestado na Biblioteca Pública, quantas vezes já foi fichado na polícia, e os nomes e telefones de seus vizinhos. Ora essa, posso buscar sua casa com o Google Map e verificar se sua chaminé está soltando fumaça.

Nossas câmeras estão ligadas em supermercados, lojas de departamento ou bancos. Não me interessa saber quem você é, qual seu nome, telefone, onde mora, se tem um cachorro de estimação ou se é apicultor.

Tudo que me interessa são padrões relativos ao ato de fazer compras. Para mim, você é o shopper n. X3. Você veste jeans surrados, camiseta colorida e um par de botas bastante usado.

E isso é tudo.

Alguns colegas insinuaram que, ao escrever este livro, estaria revelando todos os meus segredos. Que uma empresa poderia ler o que está aqui e não precisaria nos contratar. Mas este livro é apenas o começo em certa direção. Uma empresa que preste atenção em seus clientes provavelmente já deverá estar praticando muito do que discuto aqui. Para nós, é sempre mais prazeroso trabalhar com empresas que já estão no caminho certo. Nossos clientes têm sempre duas observações sobre as descobertas que apresentamos. A primeira é que nossas pesquisas parecem confirmar aquilo que o bom senso lhes diz sobre como as pessoas fazem compras e, quando entregamos nosso relatório, uma lâmpada acende sobre a cabeça deles e você percebe que, meu deus do céu!, é claro que eles já sabiam (em algum lugar lá no fundo do seu inconsciente) que uma shopper, com uma bolsa em uma das mãos e o casaco na outra, não conseguiria apanhar tantas mercadorias quanto se uma de suas mãos estivesse livre. Parece mesmo ocorrer a eles que tudo é muito simples – depois de termos passado alguns dias observando os shoppers em ação e contando quantas coisas compraram e, em seguida, comprando os volumes com as mãos ocupadas e com as mãos desocupadas. Em outras palavras, uma vez que tenhamos provado tudo cientificamente, de repente parece que eles já sabiam, o que é um bom sinal, eu acho. A ciência, supostamente, deveria fazer sentido. Até então, no entanto, todo o bom senso do mundo não induziu muitos varejistas a melhorar a forma como eles oferecem cestos de compra para os shoppers. Essa, ainda hoje, é uma questão tratada de modo espetacularmente equivocado por muitas lojas, até mesmo por aquelas pertencentes a megaempresas.

A outra observação comum é que muitas das recomendações que fazemos seriam mais de ajuste fino do que de uma renovação efetivamente significativa – mas, quando se implementa uma dezena de pequenas mudanças em uma loja, às vezes chega-se à conclusão de que a melhoria foi expressiva. Como gosto de dizer, em um mundo em que o marketing está focado em estratégia, a tática está sendo ignorada.

Por exemplo, mencionei no Capítulo 1 que mulheres mais velhas estavam sendo pessimamente atendidas na seção de cosméticos das drogarias, onde produtos não muito glamourosos, como cremes para rugas, são expostos rente ao chão, literalmente forçando as shoppers a ficar de joelhos. Na verdade, havíamos compilado alguns vídeos que mostravam shoppers mais velhas engatinhando para que pudessem verificar os produtos da categoria – imagens, em minha opinião, realmente patéticas e eficazes. Enquanto alguns planogramas de cosméticos foram efetivamente modificados para acomodar a shopper madura, tenho filmes de 2005 que são virtualmente idênticos àqueles de 12 anos atrás – mulheres de mais idade de joelhos para encontrar seu produto. Sim, reposicionar os produtos em prateleiras meio metro mais altas fez uma enorme diferença no conforto das pessoas e nas vendas. Contudo, ainda hoje, vemos os mesmos erros acontecerem repetidamente.

Há mais ou menos uma década, fomos contratados por um supermercado na Austrália para estudar o modo como as pessoas fazem compras de flores. As vendas do departamento estavam muito abaixo do previsto, até que percebemos o que estava acontecendo. O método de exposição do produto – grandes barris de plástico contendo muitas flores – era mistificador para os shoppers. Ninguém conseguia descobrir o preço das flores, se eram vendidas misturadas ou em buquê. E uma grande quantidade de flores em grandes barris de plástico não ajudava o shopper a ter uma idéia clara de qual seria a aparência delas quando as levassem para casa. Em outras palavras, as coisas mais simples não haviam sido pensadas. O display era particularmente desencorajador para quem compra flores vez ou outra, ou seja, a maioria de nós. Pequenas mudanças foram feitas – buquês individuais eram expostos na frente dos grandes barris e os preços foram claramente marcados – e, repentinamente, as flores sumiram do supermercado.

O fato de que uma pequena alteração possa provocar uma enorme melhoria não deveria ser uma surpresa. Afinal, ciência é principalmente o estudo de pequenas diferenças. Às vezes, verdades cruciais são descobertas dessa forma. Charles Darwin costumava medir o tamanho do bico das aves, o que é um trabalho extremamente minucioso, até mesmo segundo nossos padrões. Entretanto, em decorrência de seus estudos, houve uma mudança fundamental nas teorias sobre a sobrevivência das espécies e de por que algumas são bem-sucedidas, enquanto outras fracassam. As principais descobertas de Darwin também parecem ser um reflexo do bom senso – a idéia de que organismos bem-sucedidos são os que mais se adaptam a seu ambiente. Nas lojas, ocorre algo semelhante, só que ao contrário: é o ambiente que deve adaptar-se ao organismo.

Tudo isso pode parecer profundo demais para um trabalho tão mundano quanto o varejo. Mas as lojas e o ato de fazer compras nunca foram unidimensionais. Se olharmos para o passado, do nascimento da atividade de fazer compras, passando pelo escambo e pelos mercados a céu aberto, sempre existiu, por exemplo, um aspecto social no ato de fazer compras que não tem nada a ver com comprar e vender. Fazer compras é uma atividade que une as pessoas. Quando as mulheres eram escravas do trabalho doméstico, fazer compras as levou para fora de casa. Em tempos mais primitivos, fazer compras era uma oportunidade de as pessoas se juntarem e organizarem em atividades de grupo, como conversar, passar informações, dar notícias, fazer fofocas e emitir opiniões. Fazer compras, ainda hoje, atende a esse propósito – quando as pessoas trabalham fora e precisam estar na companhia de outras pessoas, talvez fazer compras não seja uma atividade de interação social tão fundamental. Mas, quando passeamos por lojas ou shopping centers examinando produtos, de certa forma temos permissão de examinar uns aos outros de forma aberta. A observação de pessoas é um passatempo extremamente gratificante – foi assim na Idade Média, é assim nos dias de hoje.

Fazer compras é uma forma de entretenimento, assim como ir ao cinema ou ao zoológico. Hoje, as tendências apenas reforçam essa função. Varejistas como Williams-Sonoma, Whole Foods e Selfridges, de Londres, elevam o nível de exigências todos os dias. Antigamente, somente a Woolworth's e a drogaria local reuniam fazer compras e fazer refeições sob o mesmo teto. Hoje, a poucos minutos de meu escritório, posso ir a uma livraria que abriga também um café, a uma loja de móveis ou de roupas com um bistrô ou a um banco que serve café expresso grátis para clientes. Quando você visita um Hard Rock Café, um Harley-Davidson Café ou uma Cracker Barrel, na estrada, fica difícil saber se aquilo é um restaurante com uma loja em anexo ou se é uma loja com um restaurante em anexo. A diferença não importa mais. Alguma coisa ali está à venda (e, portanto, alguém está fazendo compras).

Grandes repositórios públicos de cultura e de ensino, museus, casas de ópera e zoológicos foram originalmente fundados pelas virtuosas fortunas de magnatas com preocupações cívicas. Hoje, a maioria desses estabelecimentos já descobriu que há um fluxo confiável de receitas independentes, fruto da atividade de varejo. Isto é, foram criadas oportunidades para que se façam compras expressivas. Lojas instaladas dentro dessas instituições oferecem uma enorme variedade de artigos – de lápis que custam alguns centavos até jóias e obras de arte que saem por milhares de dólares. Agora, são os shoppers que se sentem virtuosos e que têm preocupações cívicas, pois sabem que é seu dinheiro que ajuda a sustentar aquelas notáveis instituições. No entanto, trata-se apenas de uma atividade de varejo – e de natureza inovadora. (Inteligentemente, os museus, em geral, posicionam suas lojas perto da porta de entrada. Dessa forma, é possível comprar sem pagar entrada ou ver a exposição.) A atividade de compras em museus se tornou tão popular entre as pessoas cultas e de boa educação que hoje já vemos empresas como a Museum Store – essencialmente, lojas de museu sem o museu.

Em determinado nível, em nosso negócio, tratamos as lojas como se elas *fossem* museus – locais nos quais aprendemos coisas que nos interessam, seja a mais recente manifestação da moda, uma inovação em softwares, o estado-da-arte em carburadores de automóveis ou o que há de novo na literatura policial. Para muitos, a abertura de uma nova temporada de alta-costura na Saks é o equivalente à inauguração de uma nova megaexposição no Museu de Arte Moderna de Nova York. Há 10 anos, quando a primeira edição deste livro foi publicada, eu me reuni com o diretor financeiro do Lincoln Center (um antigo cliente da Time Inc.) que havia recuperado de algum arquivo morto empoeirado um relatório que eu havia produzido há mais de 25 anos, o mesmo a que me referi no começo deste livro sobre a gestão do tráfego e do varejo no complexo cultural. Sua argumentação era a seguinte: "Agora estamos preparados." Considere a tendência de design de lojas que abandonam a prática de exposição de produtos por detrás de um vidro em favor de displays "abertos" – mesas e estantes de produtos que os clientes podem olhar e examinar de perto – e pergunte a si mesmo: será que isso é tão diferente de um museu? Também as tendências de embalagens reconhecem a necessidade de aprendizado do cliente. Nunca antes existiram tantas informações impressas nas caixas, frascos e pacotes que compramos.

Não seria absurdo afirmar que as lojas se tornaram locais de adoração – lugares para a exaltação de coisas feitas pelo homem, templos nos quais podemos expressar, reafirmar e compartilhar nossas crenças no autoaperfeiçoamento, na beleza, no conhecimento e no entretenimento. Não é coincidência que, dos dois principais feriados do calendário cristão, Natal e Páscoa, seja o primeiro – aquele com o maior potencial de atividades de compra – que, a cada ano, se torna menos exclusivamente religioso e mais secular, para não dizer comercial. Para a maioria dos varejistas, o Natal é um fator decisivo quanto à sobrevivência da loja – como a chegada anual de um salvador, se é que me entendem.

Fazer compras é uma experiência universal. Mas nosso trabalho permanece o mesmo: descobrir quais são as partes universais de Paris ou Tóquio e que partes são eternas, elementos biológicos como visão, sexo ou capacidade de usar a mão direita, isto é, descobrir o que está mudando e o que não está. A comunidade de comerciantes dos dias de hoje já não é líder, mas deve ser seguidora. Como mencionei, fazer compras é um bom aferidor de mudança social e até, ouso dizer, de revolução social. Portanto, que significado tem o fato de a H&M e da Steve and Barry inventarem roupas baratas e descartáveis que podem ser usadas por qualquer um? Por que o mercado do agronegócio está em crescimento? As mulheres hoje são proprietárias de casas – como isso altera o cenário? Quais seriam as implicações para o design de lojas de cimento e tijolo da convergência tecnológica da telefonia on-line e dos telefones celulares?

Espero que este livro tenha desembaçado seus óculos e que o ajude a voltar para seu mundo com uma visão diferente das coisas. Obrigado pela leitura.

Índice

nosso trabalho para atendê-lo(la) melhor e aos outros leitores.
Por favor, preencha o formulário abaixo e envie pelos correios ou acesse www.elsevier.com.br/cartaoresposta. Agradecemos sua colaboração.

Seu nome: ______________________

Sexo: ☐ Feminino ☐ Masculino CPF: ______________

Endereço: ______________________

E-mail: ______________________

Curso ou Profissão: ______________________

Ano/Período em que estuda: ______________________

Livro adquirido e autor: ______________________

Como conheceu o livro?

- ☐ Mala direta
- ☐ E-mail da Campus/Elsevier
- ☐ Recomendação de amigo
- ☐ Anúncio (onde?) ____________
- ☐ Recomendação de professor
- ☐ Site (qual?) ____________
- ☐ Resenha em jornal, revista ou blog
- ☐ Evento (qual?) ____________
- ☐ Outros (quais?) ____________

Onde costuma comprar livros?

- ☐ Internet. Quais sites? ____________
- ☐ Livrarias ☐ Feiras e eventos ☐ Mala direta

☐ Quero receber informações e ofertas especiais sobre livros da Campus/Elsevier e Parceiros.

Siga-nos no twitter @CampusElsevier

ELSEVIER

SAC ELSEVIER | 0800 026 53 40
sac@elsevier.com.br

Cartão Resposta
050120048-7/2003-DR/RJ
Elsevier Editora Ltda
CORREIOS

CARTÃO RESPOSTA
Não é necessário selar

O SELO SERÁ PAGO POR
Elsevier Editora Ltda

20299-999 - Rio de Janeiro - RJ

Qual(is) o(s) conteúdo(s) de seu interesse?

Concursos

☐ Administração Pública e Orçamento ☐ Arquivologia ☐ Atualidades ☐ Ciências Exatas ☐ Contabilidade ☐ Direito e Legislação
☐ Economia ☐ Educação Física ☐ Engenharia ☐ Física ☐ Gestão de Pessoas ☐ Informática ☐ Língua Portuguesa
☐ Línguas Estrangeiras ☐ Saúde ☐ Sistema Financeiro e Bancário ☐ Técnicas de Estudo e Motivação ☐ Todas as Áreas
☐ Outros (quais?) ____________________

Educação & Referência

☐ Comportamento ☐ Desenvolvimento Sustentável ☐ Dicionários e Enciclopédias ☐ Divulgação Científica ☐ Educação Familiar
☐ Finanças Pessoais ☐ Idiomas ☐ Interesse Geral ☐ Motivação ☐ Qualidade de Vida ☐ Sociedade e Política

Jurídicos

☐ Direito e Processo do Trabalho/Previdenciário ☐ Direito Processual Civil ☐ Direito e Processo Penal ☐ Direito Administrativo ☐ Direito Constitucional
☐ Direito Civil ☐ Direito Empresarial ☐ Direito Econômico e Concorrencial ☐ Direito do Consumidor ☐ Linguagem Jurídica/Argumentação/Monografia
☐ Direito Ambiental ☐ Filosofia e Teoria do Direito/Ética ☐ Direito Internacional ☐ História e Introdução ao Direito ☐ Sociologia Jurídica
☐ Todas as Áreas

Media Technology

☐ Animação e Computação Gráfica ☐ Áudio ☐ Filme e Vídeo ☐ Fotografia ☐ Jogos ☐ Multimídia e Web

Negócios

☐ Administração/Gestão Empresarial ☐ Biografias ☐ Carreira e Liderança Empresariais ☐ E-business
☐ Estratégia ☐ Light Business ☐ Marketing/Vendas ☐ RH/Gestão de Pessoas ☐ Tecnologia

Universitários

☐ Administração ☐ Ciências Políticas ☐ Computação ☐ Comunicação ☐ Economia ☐ Engenharia
☐ Estatística ☐ Finanças ☐ Física ☐ História ☐ Psicologia ☐ Relações Internacionais ☐ Turismo

Áreas da Saúde ☐

Outras áreas (quais?): ____________________

Tem algum comentário sobre este livro que deseja compartilhar conosco?

____

Atenção: